标志性重大成果丛书

高水平制度型开放

总 主 编——汪荣明

副总主编——闫海洲

RCEP区域经贸争端解决机制研究

唐琼琼　吴　岚　毛真真　柳菲菲 ————— 著

Research on the
Resolution Mechanisms for Economic and
Trade Disputes in RCEP Region

经济管理出版社

ECONOMY & MANAGEMENT PUBLISHING HOUSE

图书在版编目（CIP）数据

RCEP 区域经贸争端解决机制研究 / 唐琼琼等著.

北京 ： 经济管理出版社， 2025. 6. -- ISBN 978-7-5243-0113-4

Ⅰ. F744

中国国家版本馆 CIP 数据核字第 2025YU4993 号

组稿编辑：张巧梅
责任编辑：张巧梅
责任印制：张莉琼
责任校对：王淑卿

出版发行：经济管理出版社
　　　　　（北京市海淀区北蜂窝 8 号中雅大厦 A 座 11 层　100038）
网　　址：www. E-mp. com. cn
电　　话：（010）51915602
印　　刷：北京飞帆印刷有限公司
经　　销：新华书店
开　　本：720mm×1000mm/16
印　　张：12. 5
字　　数：231 千字
版　　次：2025 年 6 月第 1 版　　2025 年 6 月第 1 次印刷
书　　号：ISBN 978-7-5243-0113-4
定　　价：88. 00 元

前　言

　　《区域全面经济伙伴关系协定》（RCEP）是当前参与人口最多、经贸规模最大、最具发展潜力的区域贸易协定，是我国高水平对外开放的重要成果和新的里程碑。RCEP 相关议题的研究是当前学术界的热点。

　　上海对外经贸大学的《高水平制度型开放标志性重大成果丛书》项目旨在资助本校应用经济学及相关学科的研究团队出版相关研究成果。综合考虑该项目的立项目的、法学院国际法学系青年教师的研究专长以及 RCEP 相关议题研究的现状，本书写作团队选择了"RCEP 区域经贸争端解决机制研究"作为写作的主题。

　　RCEP 第十九章所规定的争端解决机制效仿了 WTO 的争端解决机制，但又结合协定自身特点作出调整，特别是排除适用了投资、竞争等类型的争端。本书第一章至第三章分别从 RCEP 争端解决机制的一般规定及例外适用事项的角度进行写作，以期有助于我们更好地理解和运用 RCEP 争端解决机制，以解决区域内成员间的经贸争端。除成员间的经贸争端外，RCEP 区域内企业和个人间的跨境经贸争议也是值得研究的主题。跨境诉讼、仲裁、调解是解决跨境经贸争议的主要法律手段，相关领域的国际条约、国内立法、国际商事争议解决机构等在近些年均有不同程度的发展和变化。因此，本书第四章至第六章分别从诉讼、仲裁、调解三个方面分析 RCEP 区域内企业和个人间的跨境经贸争议的解决机制。

　　本书包含六章内容。第一章、第三章由毛真真老师撰写，第二章由吴岚老师撰写，第四章、第六章由唐琼琼老师撰写，第五章由柳菲菲老师撰写。本书写作过程中参考了大量文献资料，都尽可能地在参考文献中列出引文作者，在此特别感谢引文中的所有作者！

限于知识修养和学术水平，书中有诸多疏漏与不足之处，恳请同仁和读者批评指正。

目　录

第一章

RCEP 争端解决专章的相关问题

争端解决机制可谓是当前区域贸易协定的标准配置，为缔约国之间和平解决贸易纠纷发挥了巨大作用，同时对于区域贸易协定的稳定运作具有重要意义。2022 年 1 月 1 日，《区域全面经济伙伴关系协定》（RCEP）正式生效，这是亚太经济一体化的重大实践与成效，为世界经济恢复注入了新的活力。在规则实施的过程中，区域内的贸易纠纷、投资纠纷、竞争纠纷等必然增加，因此，有必要对 RCEP 的争端解决机制进行深入研究。

第一节　RCEP 第十九章的程序与规则

RCEP 第十九章共有 21 个条款，是争端解决机制专章。该章的目标是为 RCEP 项下产生的争端提供有效、高效和透明的解决规则与程序。[①] 本章内容主要涉及定义、适用范围、场所选择、磋商程序、斡旋调解程序、专家组程序、执行补偿规则以及特殊与差别待遇。

一、RCEP 争端解决机制流程规定

当成员国之间因协定解释和适用而发生争议，或是一成员国认为另一成员国的措施与协定项下的义务不符，或认为另一成员国并未履行协定项下规定的义务

---

① RCEP 第 19.2 条。

而引发争议时，可援引第十九章"争端解决"相关规定启动争端解决程序。

与世界贸易组织（WTO）争端解决机制类似，RCEP 第十九条同样存在磋商程序前置的规定。双方应在善意的基础上进行磋商，尽一切努力通过磋商达成一致的解决办法。被诉方应当在起诉方提出磋商请求之日起 7 日内对该请求做出答复。磋商持续的时间一般为 15~30 天（紧急情况下 15 天）。

如果被诉方没有对磋商请求做出答复，或者未在规定的期限内进行磋商，或者磋商未在 60 天内（紧急情况下 20 天）解决争端，则起诉方可以通报被诉方请求设立专家组审查争议事项。与 WTO 不同的是，RCEP 主要采用专家组裁定终局制，并未规定上诉程序。专家组由 3 名专家组成，自其设立之日起 150 天内（紧急情况下应在 90 天内）向争端各方发布中期报告，并在中期报告发出之日起 30 天内向争端各方发布最终报告。

争端各方可以随时同意专家组中止其工作，中止期限不得超过 12 个月。如果专家组连续中止超过 12 个月，则设立专家组的授权应当终止。在达成一致的解决方法的情况下，争端各方可以同意终止专家组程序，并共同通报专家组主席。专家组做出的裁决具有终局效力，对争端双方具有约束力。

争端各方可以在任何时候自愿同意采取争端解决的替代方式，比如斡旋、调解或调停。此类争端解决的替代方式可以在任何时间段开始，并且可以由任何争端方在任何时间终止。

二、RCEP 争端解决机制的特点

一般认为，国际争端具有以下三个方面的特征：第一，国际争端双方是国际法主体；第二，根据客体原因的不同，国际争端可分为法律争端、政治争端、混合型争端和事实争端；第三，缺乏类似于国内社会居于全体社会成员之上的统一集权的立法、行政和司法机关分别行使立法、行政和司法职能，没有如国内社会那种统一、完备的解决争端的实体法律与程序规则（钟立国，2012）。RCEP 争端完全具备上述特征，既是可进行裁判的经济型和法律型争端，又可根据其自身特征具有其独特性。

尽管存在多种因素的影响，每个区域贸易协定的争端解决方式及程序规则存在一定的差异，但是各争端解决机制仍存在一定的共性。根据区域贸易协定对各种争端解决方法的不同，可以将争端解决机制概括为政治解决模式、混合解决模式和司法解决模式三大类（钟立国，2012）。其中政治解决模式是指以传统的国际争端的政治解决方式或外交解决方法解决区域贸易协定成员间发生的争端，主要包括磋商、斡旋、调停与调解。混合解决模式是指在争端解决程序中将国际争端解决的政治解决方法与法律解决方法结合在一起的争端解决方法，这也是当前区域贸易协定中最常用的一种争端解决方式。司法解决是指在区域贸易协定框架下设立国际常设司法机构，由其以司法方法解决成员间的贸易争端，该模式并不常用，仅在以建立关税同盟、共同市场等追求更高经济一体化为目标的区域贸易协定中才会适用这种模式。

RCEP 争端解决机制呈现出明显的混合解决模式特征，其规定了磋商、斡旋和调解三种政治解决方式，同时又规定了一裁终裁的专家组制度。这种争端解决的设置方式既能保证争端得到有效解决，又具有一定的灵活性，能较好平衡成员国之间的利害关系。从上述对其规则的介绍可以看出，RCEP 争端解决机制主要具有以下七个方面的特点：

（一）RCEP 争端解决机制具备灵活性和多样性

与 CPTPP 等以发达国家为主的大型自由贸易协定不同，RCEP 成员国数量众多，成员国之间发展水平差距较大，既包括日本、韩国、澳大利亚等资本主义发达国家，也包括缅甸等发展相对落后的国家，成员所选择的经济模式也各不相同，这种成员构成决定了在设计 RCEP 争端解决机制的相关规定时必须衡量不同经济发展水平缔约国的具体需求，以及平衡规则的制定水平，充分考虑成员国的具体情况与多样化需求。因此，RCEP 争端解决机制采取灵活的安排和方式，充分考虑到各缔约国的基本国情，满足各缔约国的基本诉求，平衡规则强度和国家利益之间的关系。

（二）RCEP 争端解决机制呈现出规则导向性

一直以来，区域贸易争端解决机制中的"规则导向"和"权力导向"之间的互动与博弈都是引人注目的议题，区域贸易争端解决机制也经历了从"权力导向"向"规则导向"发展的全过程。在国际争端解决机制中，"规则导向"的法律特征更多注重以下四个维度：第一，有既存的规则和规范；第二，规则和规范较为明确，能界定当事人的行为合法与否；第三，由独立的第三方（司法机关、仲裁机构或其他组织）实施上述规则和规范；第四，有相应的机构或机制执行由第三方机构做出的裁决，对国内法产生直接作用（孙志煜，2017）。从 RCEP 争端解决机制的内容来看，符合该判断标准，可以认定为规则导向型的争端解决机制更加符合公正公平的特征。

（三）RCEP 争端解决机制更加高效

与 WTO 相比，RCEP 争端解决机制更加高效且自治，这主要体现在 RCEP 争端解决机制的程序安排方面。首先，RECP 主要采用一裁终裁制度，程序上加快了争议的解决进程。比较 RCEP 和 WTO 的争端解决机制可以发现，专家组在二者中都占据了重要地位，担任主要审理案件的责任。但 WTO 还设置了常设上诉机构，当成员方认为专家组报告存在法律错误时，可以提交上诉机构寻求救济。上诉机构主要发挥着"二审"的作用和功能，颇具司法属性。不可否认的是，这种二审制度能够在最大限度保证裁决的公正性，但相应地也存在审理效率低下、耗时过长的缺陷。而 RCEP 规定专家组一裁终裁制度，能够大大加快审理流程，推动争议的解决，具有高效性的特征。其次，从争端解决机制流程中的时间限制来看，RCEP 整体缩短了各个审理阶段的审限，例如，RCEP 第十九章规定磋商的时间为 30 天，而 WTO 为 60 天；专家组审理时间为 150 天到 180 天，而 WTO 为 9 个月等。最为重要的是，RCEP 专家组报告一经作出，自动生效，大大提高了争议解决的效率。最后，RCEP 争端解决机制尽量降低了外部力量的过度干预。RCEP 争端解决机制吸取了 WTO 的教训，在专家组的组成上强调缔约国的自主性。在专家组的设立上采用"起诉方和被诉方分别任命+双方合意任命第三名专家组成员"的方式，避免了从争议审理机构设立层面被他国干预进程而妨碍争端解决机制正常运转的情况（李诗娴，2024）。

（四）RCEP 争端解决机制不适用于非违反之诉

在适用范围方面，RCEP 争端解决机制不同于 WTO 争端解决机制之处在于，RCEP 第十九章第三条明确规定非违反之诉（Non-Violation Case）不得在本协定项下适用。所谓非违反之诉是指一缔约方所采取的措施虽不违反 WTO 涵盖协定，但若该措施导致其他成员在 WTO 涵盖协定下利益的丧失或损害，或者阻碍了 WTO 目标的实现，则其他缔约方也可以向争端解决机制对实施该措施的缔约方提出诉讼（曹建明、何小勇，2011）。

除此之外，RCEP 在争端解决的适用范围方面设置了诸多例外情形，这些规定散见于 RCEP 其他条款之中。具体来看主要有以下几个方面：第一，RCEP 第 7 条第 16 款明确规定，有关反倾销和反补贴的事项不得适用 RCEP 争端解决机制；第二，在投资方面，明确排除了由投资便利化引发的争端和由一缔约方主管的机关，包括外国投资机关，作出的是否批准或承认外国投资建议的决定，以及对批准或承认投资必须满足的任何条件或要求的执行对 RCEP 争端解决机制的适用；第三，在服务贸易方面，因透明度清单所引发的争端以及因补贴所引发的争端不适用RCEP争端解决机制；第四，成员国因电子商务、中小企业、竞争、经济技术合作和政府采购所引发的争端被排除在RCEP争端解决机制的适用范围之外。

（五）RCEP争端解决机制规定了场所选择条款

RCEP第五条规定，如若产生的争端同时涉及本协定和争端缔约方之间另一国际贸易或投资协定项下实质相等的权利和义务时，起诉方可以选择争端解决的场所，并且应当在使用该场所的同时排除其他场所。但场所选择可通过争端各方以书面形式同意不适用的方式排除。与此同时，一旦起诉方在RCEP下请求设立专家组，或在其他国际贸易或投资协定项下请求设立或将一事项向争端解决专家组或裁判庭提交，则可视为起诉方已经选择了解决争端的场所。

（六）允许第三方参加争端解决程序

为了保证争端各方的利益和其他缔约方的利益在专家组程序中被充分考虑，对专家组审查的事项具有实质利益的任何缔约方均可以将其利益通报给争端各方。相较于WTO，RCEP制定了更加详尽的第三方参与争端解决的程序及其权利义务。

根据RCEP第十九章第十条的规定，第三方有权利在遵循保护保密信息的前提下，在中期报告发布前，出席专家组与争端各方举行的第一次听证会和第二次听证会，并且在第一次听证会前至少提交一份书面陈述。在第一次听证会期间，第三方可以在为此专门安排的一场会议上向专家组进行口头陈述和答复专家组的提问，以书面形式答复专家组向第三方提出的任何问题。同时，经过争端各方同意，专家组也可以就任何第三方参与专家组程序授予其附加权利或补充权利。

（七）充分考虑缔约国之间的发展差异

RCEP争端解决机制继承了WTO中关于特殊与差别待遇的相关规定。由于RCEP成员国数量众多，成员国之间发展水平差距甚大，因此RCEP并未机械性地追求规则的高标准，而是更多地考虑到不同成员国的实际情况，针对缅甸、文莱、柬埔寨、老挝等不发达国家制定了过渡期等安排（李诗娴，2024）。作为首个在争端解决机制中制定特殊与差别待遇的自由贸易协定，RCEP第十九章第十八条规定"在确定涉及最不发达国家缔约方争端的原因时，以及在争端解决程序的所有阶段，应当特别考虑最不发达国家缔约方的特殊情况"。如果发现利益丧失或减损是由最不发达国家成员国采取的措施造成的，起诉方应当根据此类程度对补偿和中止减让或其他义务涵盖的事项保持适当的克制。同时，如果争端双方有一方为最不发达国家时，专家组报告应当明确表明对构成本协定一部分的最不发达国家缔约方在争端解决程序过程中提出的关于特殊和差别待遇相关规定的考虑形式。

第二节　RCEP 第十九章程序与 WTO 争端解决程序的关系

自 20 世纪 90 年代以来，自由贸易协定便进入了高速发展期。当前，根据 WTO 的统计，截至 2024 年，已有 607 个区域贸易协定通报给 WTO。区域贸易协定之所以呈现出高速发展的情况，主要是因为受到区域一体化运动的推动，其中亚太地区成为自由贸易协定签订最为活跃的区域。自由贸易协定的数量不断增加，其内容也不断演变，不仅涵盖与《马拉喀什建立世界贸易组织协定》（WTO 协定）平行的权利和义务，而且还包括更多的高水平规则，即通常所说的"WTO plus"条款，如可持续发展、投资、国有企业、环境和劳工等方面的条款。

而蓬勃发展的自由贸易协定也带来了一定的困扰，主要体现在不同贸易协定规则之间的混杂适用。同一缔约国可能出现在不同的贸易协定之中，受到多个自由贸易协定的约束。美国的著名经济学家巴格沃蒂在其 1995 年出版的《美国贸易政策》一书中将这种多个优惠规则和原产地规则混杂在一起的现象称为"意大利面碗"现象。这可能会引发 WTO 规则的实质性条款与 FTA 的实质性条款之间的潜在冲突，也可能引发这些协议规定的争端解决机制之间的潜在冲突。作为当前国际大型自由贸易协定，RCEP 争端解决机制自然同 WTO 争端解决机制存在上述类似问题。因此，有必要对 RCEP 争端解决机制和 WTO 争端解决机制之间的关系进行梳理。

一、WTO 争端解决机制与 RCEP 争端解决机制规则对比

在分析 WTO 与 RCEP 争端解决机制之间的关联之前，应首先对比二者的具体规定，在此基础上更有利于进一步透析二者之间的关联（见表 1-1）。

表 1-1 WTO 与 RCEP 争端解决机制规则对比

比较事项	所属规则	具体内容
基本原则	RCEP	有效、高效、透明度
	WTO	平等、迅速、有效、双方合意
适用范围	RCEP	仅适用于因履行 RCEP 规则的"违反之诉"
	WTO	同时适用于"违反之诉"和"非违反之诉"
可采用的争议解决方式	RCEP	斡旋、调解、调停、合作、磋商、专家组审查
	WTO	斡旋、调解、调停、磋商、专家组审查、上诉机构审查
磋商程序	RCEP	被诉方应在不迟于收到根据第一款提出磋商请求之日后 7 天对该请求作出答复；在紧急情况下，收到根据第一款提出磋商请求之日后 15 天、其他任何事项提出磋商请求之日后 30 天内进行磋商
	WTO	被要求磋商的成员应自收到请求的 10 天内，对该请求作出答复，并在收到请求后不超过 30 天内进行磋商，磋商应在 60 天内完成
斡旋、调解和调停	RCEP	争端各方可在任何时候同意自愿采取争端解决的替代方式，如斡旋、调解或调停。此类争端解决的替代方式的程序可以在任何时间开始，并且可以由任何争端方在任何时间终止
	WTO	争端的任何当事方在任何时候均可要求斡旋、调解和调停，并可在任何时候开始，也可在任何时候终止。若在提出请求磋商的 60 天期限内，已进入斡旋、调解和调停，则该起诉方必须允许从提出磋商要求之日起，在要求设立专家组之前留出 60 天的期限
专家组设立	RCEP	被诉方未能在提出磋商请求之日后 7 天内做出答复，或者未在提出磋商请求之日后 30 天内（紧急情况下 15 天）进行磋商，或者在提出磋商请求之日后紧急情况 20 天内、其他情况下 60 天内未能解决争议
	WTO	如果在收到磋商请求之后的 60 天内未能经磋商解决争端，起诉方可要求设立一个专家组。如果进行磋商的所有当事方一致认为磋商无法解决该争端，起诉方可在 60 天期限内提出成立一专家组的请求
专家组的选任	RCEP	自收到设立专家组请求之日起 20 天内，争端各方未能就专家组组成达成一致意见，任何争端方可在其后的任何时间通报另一争端方。起诉方和被起诉方应分别在收到通报之日起 10 天内和 20 天内各自任命一名专家组成员，然后共同任命第三名专家组成员。通报之日起 35 天没有任命任何专家组成员，任何争端方可以在其后的 25 天内，请求 WTO 总干事在提出此类请求之日起的 30 天内任命余下的专家组成员
	WTO	当起诉方提出设立专家组的请求，则最迟应在此请求列入 DSB 的正式议程的会议之后的下一次会议上成立专家组，除非在那次会议上 DSB 以协商一致方式同意不成立专家组。如果在专家组成立的 20 天内，并未就成员组成达成协议，并在任一当事方的请求下，总干事应按照争议所涉及的各有关协议的任何有关的专门或附加的规则和程序，在与 DSB 主席有关的委员会或理事会主席协商的基础上，并与争端各当事方磋商后，通过任命最合适的人选来决定专家组的组成

比较事项	所属规则	具体内容
专家组报告的效力	RCEP	具有终局性, 对争议各方具备约束力
	WTO	在向各成员分发专家报告的 60 天内, 该报告在 DSB 的会议上应予通过, 除非某一当事方向 DSB 正式通报其上诉的决定, 或者 DSB 一致决议不通过该报告
上诉机构审查	RCEP	无
	WTO	设置由 7 名法官组成的常设上诉机构, 自争端某当事方正式通知其上诉决定之日, 到受理上诉机构分发其报告之日的程序, 不应超过 60 天
最终裁决的出具	RCEP	专家组应当其设立之日起 150 天内向争端各方发布中期报告, 如需延迟不得超过 30 天。专家组应当在中期报告发出之日起 30 天内向争端各方发布最终报告
	WTO	从 DSB 设立专家组到 DSB 通过专家组报告或上诉机构报告这段时间, 如对专家组报告没有提出上诉时, 不应超过 9 个月; 如果有上诉时, 则不应超过 12 个月

二、WTO 争端解决机制与 RCEP 争端解决机制之间存在管辖权冲突

(一) 造成管辖权冲突的原因

从争端解决的适用范围来看, RCEP 和 WTO 都专注于处理贸易纠纷, 因而需要引起关注的一个问题就是如何处理二者的关系。从法律上讲, 贸易措施具有普遍影响, 即一项被认为违反 RCEP 的贸易措施很可能也被认定为违反 WTO 规则, 进而引发 RCEP 和 WTO 的争端解决机制均可被诉诸来解决该贸易纠纷, 从而出现管辖权的积极冲突问题 (纪文华、黄萃, 2006)。

1. RCEP 成员国的多重身份问题

当前区域贸易协定数量急剧增多, 导致出现了一些兼具 WTO 成员方以及区域贸易协定成员方多重身份的问题。尤其是当争端方之间产生争议的条款既可以主张区域贸易协定争端解决机构进行裁决, 也可以提交至 WTO 争端解决机构 (DSB) 时, 即 WTO 协定的相关规则同区域贸易协定的规则产生重叠时, 就会发生管辖权的冲突问题 (史晓丽, 2008)。这一问题必然将阻碍争端顺利解决。部分区域贸易协定主要通过"场所选择条款"处理管辖权冲突问题 (Richard Taylor, 2008), 但在某些情况下, 如果相关规定缺乏严谨性, 就会出现争端一方对先裁判结果不满, 随后选择将争端提交至另一个争议解决机构或 WTO 专家组。

这种做法无疑会造成恶劣的影响，不仅影响了仲裁庭的权威性和合法性，也浪费了另一争端方的诉讼成本，甚至造成裁决重复，阻碍裁决的顺利执行。而 RCEP 成员国都是 WTO 成员国，因此，成员国多重身份所导致的管辖权冲突也存在于 RCEP 与 WTO 争端解决机构之间。

2. RCEP 在 WTO 下的合法性基础

多重国际管辖权的存在日益成为国际法领域关注的焦点，学界普遍认为这将加剧国际法的碎片化和矛盾。但是，导致 RCEP 和 WTO 之间产生管辖权冲突的核心原因在于 GATT 第 24 条和 GATS 第 5 条赋予了 RCEP 合法存在的基础。

根据 GATT 第 24 条和 GATS 第 5 条的规定，WTO 明确授权在特定条件下建立自由贸易协定，承认了建立自由贸易协定的权利。只要自由贸易协定符合 GATT 第 24 条和 GATS 第 5 条规定的条件，就允许并有必要建立专门的争端解决机制，以执行自由贸易协定的规定；否则，自由贸易协定可能成为一纸空文。事实上，如果没有有效的争端解决机制，一旦一方违反其义务，相关自由贸易协定就无法执行。

WTO 和区域贸易协定有着内在联系，它们共同组成了当前全球贸易体系，两者在追求贸易自由化方面相辅相成。然而，它们之间的关系很难界定。WTO 成员使用 DSU 的权利与他们在特定自由贸易协定及其规定的争端解决机制下的权利之间存在着内在的紧张关系。关于区域贸易协定争端解决机制与 DSU 之间的法律关系的争论非常激烈，目前没有任何专家组报告或上诉机构报告明确回答 DSB 是否可以在认为区域贸易协定争端解决机制更为方便的情况下，或因为同一争端已提交此类争端解决机构的情况下，而拒绝行使管辖权。

（二）通过"场所选择条款"解决管辖权冲突问题

作为解决区域贸易协定争端解决机制与 WTO 争端解决机制冲突的方式，近些年的区域贸易协定在争端解决机制中大多规定了"场所选择条款"，但采用了不同的模式。首先，以"场所选择"作为单独一条。近年来签署的大多数区域贸易协定均采用此模式。RCEP 便是如此，其第 19.5 条以"场所的选择"为题，规定当争端涉及本协定项下和争端各方均为缔约方的另一国际贸易或投资协定项下实质相等的权利和义务时，起诉方可以选择解决争端的场所，并且应当在使用该场所的同时排除其他场所。其次，以独立的一条规定"场所选择"的内容，但并未以"场所选择"为题，而是以其他名称为题。最后，在某一条中以一个款项或若干个款项规定"场所选择"的内容（史晓丽，2008）。

无论选择何种模式，从内容来看，区域贸易协定争端解决机制中的"场所选择条款"基本上都是具有排他性的，一旦选择其一就意味着排除了其他争端解决机构。RCEP 和 CPTPP 都做出了类似的规定。RCEP 进一步规定，如果起诉方开展实际行动（如请求设立专家组或将争议事项提交到某一裁判庭），则可认为已经进行了实际的争端场所选择。另外，如果争端各方以书面形式同意场所选择条款不适用于某一个特殊争端，则场所选择条款不得适用。

一项争端同时违反两个或者两个以上国际贸易协定的情形主要发生在区域贸易协定将 WTO 协定或者缔约方所参加的其他贸易协定中的某些内容纳入该区域贸易协定的情况下（Céline Todeschini-Marthe，2018）。如果一项措施或者行为违反某一区域贸易协定，那么也将违反 WTO 协定或者缔约方所参加的其他贸易协定。如果原告选择在区域贸易协定下的争端解决机构解决纠纷，则区域贸易协定争端解决机构有权适用 WTO 规则裁决该案，因为区域贸易协定已经将该规则纳入协定，适用 WTO 规则就等于适用区域贸易协定。因此，区域贸易协定争端解决机构在解释该规则时，可以参照 WTO 专家组和上诉机构做出解释（史晓丽，2008）。但是，如果在 WTO 争端中，争端方援用区域贸易协定的规定进行抗辩，WTO 专家组和上诉机构不应予以考虑，除非该区域贸易协定的规定被明文纳入了 WTO 规则。

三、RCEP 争端解决机制对 WTO 争端解决机制的影响

（一）RCEP 的谈判与发展对 WTO 改革具有消极的阻碍作用

从 WTO 规则的改革与发展来看，RCEP 对 WTO 形成了消极的阻碍作用。一方面，RCEP 动摇了 WTO 的根本——最惠国待遇原则。无论是 RCEP 抑或是 CPTPP，区域贸易协定的本质是对 WTO 最惠国待遇原则的根本违反。因为 RCEP 主要采取的是对内开放、对外封闭的政策。区域内的成员国都是 WTO 的成员国，成员国之间互相给予彼此最大限度的税收和非税收优惠待遇，但这一优惠并未惠及 WTO 其他成员国。从根本上来看，这是对最惠国待遇原则和非歧视原则的违背。更有甚者，随着区域贸易协定的不断增多，区域内优惠力度不断加大，逐渐演变成区域贸易协定中的优惠规则才是"最惠国待遇"。

另一方面，每一个区域贸易协定——包括 RCEP——谈判的展开都是对 WTO 改革谈判的阻挠。每个国家能够投入到国际贸易规则谈判的精力、财力、人力等都是有限的，RCEP 谈判必然会转移多边贸易体制成员方的注意力，间接导致 WTO 谈判止步不前，使本就进展缓慢、困难重重的谈判进程更难有实质性突破。

同时，由于成员国认为在区域贸易协定中更能获得自己在 WTO 无法满足的利益，加剧了 WTO 成员对多边贸易体制的忽视，加深了 WTO 被边缘化的风险。

（二）RCEP 对 WTO 争端解决形成积极的补充作用

作为经济全球化发展下的产物，WTO 和 RCEP 都承担着消除贸易与非贸易的壁垒、促进贸易流通、加速世界贸易化进程的作用。两者本质上是实施经济全球化的有效手段，两者之间的关系是平行且互补的。

一方面，RCEP 建立在 WTO 合法授权的基础之上，RCEP 的成立可以发展各成员间密切结合的经济关系，促成区域间贸易的深化，这对于世界贸易自由化的整体发展有正面帮助。此外，RCEP 使得各国的谈判无论是在广度上还是在深度上都比 WTO 走得更远，在 WTO 基础上扩大了适用范围，增添了 WTO 尚未规制的最新事项，是对 WTO 多边贸易体制的有益补充。例如，新增电子商务、竞争、政府采购、国有企业、中小企业等领域，这些是 WTO 尚未涵盖或是一直难以在谈判中取得实质性进展的议题，这些事项所引发的争议无法在 WTO 层面下解决，但可以适用 RCEP 争端解决机制。

另一方面，二者具有高度的共同性。WTO 为 RCEP 设定了总体目标，并提供框架性指导和约束。RCEP 也在序言中表明了对 WTO 的重视，并承认其是在《WTO 协定》框架下发展的贸易协定，甚至 RCEP 在设计争端解决机制具体规则时还参考了 WTO 的相关规定。除此之外，RCEP 还要求专家组和联合委员会必须恪守特殊义务，在解释和适用协定解决争议时，需要参考 WTO 专家组和上诉机构的观点，以便于保持一致性。甚至在专家组成员的任命上，RCEP 规定主席和成员名单可以从 WTO 的各机构进行选取。

总体来看，RCEP 第十九章的规定无时无刻不体现着对 WTO 规则的重视，二者在处理国际贸易争端和推动经济全球化发展方面是相辅相成、共同发展的关系（中国自由贸易区服务网，2024）。因此应当正确认识两者之间的关系，充分发挥平行互补的作用，推动经济全球化进一步发展。

四、WTO 争端解决机制仍发挥重要作用

（一）WTO 争端解决机制适用现状

自 2019 年 12 月起，上诉机构因成员不足 3 人而暂停审理未召开听证会的上诉案件，上诉机构首次遭遇停摆。自此，WTO 规则体系的权威性和执行力受到了严重影响。面对这一危机，以中国和欧盟在内的成员国采取积极的行动应对上诉机构的危机，其中重要成果就是 2020 年根据 DSU 第 25 条达成的《多方临时上诉仲裁安排》，以临时上诉仲裁机制临时替代原来的上诉机构机制。除此之外，WTO 争端解决机制改革的呼声也不可忽视。由此可见，面对当前危机，WTO 争端机制改革刻不容缓。但鉴于 WTO 成员国数量过多，处于不同发展阶段的成员利益诉求差距较大，WTO 争端解决机制改革举步维艰。此外，伴随着包含争端解决机制的大型自由贸易协定的签订，产生了自由贸易协定与 WTO 之间贸易争端的管辖权冲突，成员国对于贸易争议可以在包括 WTO 在内的争端解决机制选择适用。

无论是 WTO 争端解决机制面临的危机，还是区域贸易协定争端解决机制的爆发式增长，似乎都预示着 WTO 争端解决机制已经走向没落，各国在发生贸易争端时将会有更好的选择。但查询相关资料可知，WTO 争端解决机制仍在处理成员国的贸易纠纷中发挥重要作用。

以 CPTPP 和 RCEP 的争端解决机制为例，作为当前贸易体量最大的两大区域贸易协定，其争端解决机制的适用情况也备受瞩目，但从现阶段来看，各成员国并未将其作为解决争议的首选。于 2018 年 12 月 30 日正式生效的 CPTPP，目前仅有新西兰在 2022 年 5 月 12 日请求与加拿大就 CPTPP 项下乳制品关税配额（TRQ）管理措施进行磋商，将一项争议提交到 CPTPP 的争端解决机构处理，澳大利亚作为第三方参与该项争议。2023 年 3 月 9 日，该争议正式成立专家组。甚至在 CPTPP 生效之后，日本、韩国两国分别于 2019 年 11 月、2020 年 1 月将两国间的贸易纠纷选择提交到 WTO 的争端解决机构而非 CPTPP。此时 WTO 的上诉机构已名存实亡，难以发挥实质性功能。而 RCEP 由于生效时间尚短，还未有提交到其争端解决机构的具体案例。

由此可以看出，虽然 WTO 争端解决机构因为上诉机构的停摆而陷入危机，但是当成员国之间发生贸易争议时，仍愿意选择提交至 WTO 争端解决机构处理。自 2019 年底至今，大约有 25 件案件提交到 WTO 争端解决机构，专家组已就其中 22 个案件作出了裁决。

（二）各成员国仍偏向于选择适用 WTO 争端解决机构的原因

为何在每个自由贸易协定都有争端解决机制的情况下，各成员国在发生贸易争议后仍倾向于选择 WTO 的争端解决机构，笔者认为主要有以下几方面的原因：

首先，WTO 的争端解决机制以 GATT 40 多年的争端解决经验为基础，经过发展和重新谈判而确立，并且经过近 30 年的实践检验，已建立起一套完善的审理执行程序，能够有效地为多边贸易体系提供可靠性，保证可预测性。WTO 还制定了相关制度以保证审理的合理性以及裁决能够得到有效执行，例如"反向一致"的投票制度保证裁决能够得到顺利通过，"报复机制"确保裁决能够切实得到执行，对先例的援引帮助实现裁决结果的一致性等，而 WTO 争端机制的长期运行也验证了上述制度的合理性与科学性。

其次，作为国际上第一个处理政府间贸易争端的争端解决机构，DSB 作出的裁决更加具有权威性与说服力。自 1995 年 WTO 成立以来，争端解决机构在其长达 30 年的运作中有效处理了成员国之间的贸易争端，为国际法治提供了重要实践，并为国际法的发展作出了重要贡献（杨国华，2021）。虽然现在上诉机构停摆，DSB 遇到了前所未有的重大危机，但过往案件的出色解决使得依然有成员国愿意将案件提交至 DSB 解决。另外，WTO 争端解决机制的权威性也令案件的裁决更加具有说服力，即便最终裁决可能因为败诉方恶意提交至上诉机构导致审理陷入僵局，但胜诉方仍可因此获得道德优势，主张权益时更加合法有据。

最后，专家组和上诉机构在进行案件裁决的过程中，对 WTO 协定进行解释，保证了 WTO 规则的确定性、稳定性和可预见性，有助于多边贸易体制的稳固，增强了成员国的信心和积极性。同时，专家组和上诉机构在进行 WTO 规则的解释时，在 WTO 的宗旨和目标的指导下，根据《维也纳条约法》解释规则的规定，使 WTO 的法律制度更为清晰、明确（张玉卿，2024）。

第三节　RCEP 第十九章中的法律适用

与 WTO《关于争端解决规则和程序的谅解》（DSU）相似，RCEP 第十九章并未明确指明专家组处理成员国之间的贸易争端时适用法律的具体范围。WTO 仅在 DSU 第 3.2 条和第 7.2 条规定了 DSB 在裁判案件时应当适用的具体方式。DSU 第 3.2 条规定："WTO 争端解决机制在为多边贸易体制提供可靠性和可预测性方面是一个重要因素。各成员国认识到该体制适于保护各成员在适用协定项下的权利和义务，及依照解释国际公法的惯例澄清这些协定的现有规定。DSB 的建议和裁决不能增加或减少适用协定所规定的权利和义务。"第 7.2 条规定："专家组应当指明争端当事方引用的任何涵盖协议和协议的有关规定。"并且，DSB 的裁决不能减少或增加成员国在协定中的权利或义务。RCEP 采取了与 DSU 类似的方式，仅原则性规定了专家组进行案件裁决时应当考虑的方式和方法。鉴于 RCEP 生效时间尚短，还未有充足案例对规则予以进一步澄清，因此为保证未来争端的顺利解决，有必要结合 WTO 相关实践，对 RCEP 争端解决适用法律进行分析。

一、RCEP 协议及其附件

RCEP 第十九章第三条范围规定，争端解决应适用于：①缔约方之间与协定解释和适用相关的争端解决；②一缔约方认为另一缔约方的措施与协定项下的义务不相符或另一缔约方未履行协定项下的义务。该条事实上指明了 RCEP 争端解决的法律适用问题，即应当依据 RCEP 协议及其附件进行裁判。

RCEP 协定正文共计 21 章，内容包括序言、定义条款、货物贸易、原产地规则、海关程序和贸易便利化、卫生与植物卫生措施、标准技术法规和合格评定程序、贸易救济、服务贸易、自然人临时移动、投资、知识产权、电子商务、竞争、中小企业、经济技术合作、政府采购、一般条款和例外、机构条款、争端解决、最终条款，均为当前最为前沿的贸易和投资问题。

在序言中，RCEP 提出了协定的目的在于在缔约方之间现有经济联系的基础上，扩大并深化本地区经济一体化，增强经济增长和公平的经济发展，推进经济合作；希望增强缔约方的经济伙伴关系，以创造新的就业机会，提高生活水平，改善各国人民的普遍福利；寻求建立清晰且互利的规则，以便利贸易和投资，包括参与区域和全球供应链。这为日后条约进行目的解释奠定了基础，并指明了方向。

除正文以外，RCEP 协定还包括 4 个附件，分别为各国的关税承诺表、服务具体承诺表、服务和投资保留及不符措施承诺表、自然人临时移动具体承诺表。此外，在正文的部分章节中，还针对不同问题单独制定了附件。有些附件是对章节规则的进一步细化，如在原产地规则中规定了产品特定原产地规则和最低信息要求，在海关程序和贸易便利化中通过附件的形式明确了执行承诺的期限，在贸易救济中利用附件规定了与反倾销和反补贴调查相关的做法（RCEP 第十九章争端解决不适用于反倾销和反补贴问题），在服务贸易的附件中对金融服务、电信服务和专业服务进行了细化规定。有些附件是针对部分成员国制定了特殊与差别待遇，如竞争章节在附件中规定文莱、老挝、柬埔寨和缅甸的过渡期条款等。

上述规定共同组成了 RCEP 协定的详细内容，也直接规定了各成员国具体的权利义务，RCEP 争端解决机构主要处理的是成员国之间在履行义务、条款解释和适用方面所引发的争议，因此，RCEP 协定及其附件是争端解决最基本的适用法律。

二、国际公法解释的习惯规则

RCEP 第十九章第 4.1 条明确规定："本协定应当依照国际公法解释的习惯规则进行解释"，但条款并未指明所谓"国际公法解释的习惯规则"究竟是什么。由于本条款的规定同 DSU 第 3.2 条的规定类似，因此笔者认为可以借鉴 DSB 在这个问题上的做法。

条约解释工作贯穿于 DSB 审理案件的全过程。无论是专家组阶段还是上诉机构阶段，都避免不了对 WTO 协定相关条款的解释。因此，如何运用条约解释规则就显得十分重要。在 WTO 成立以来的第二个案件①——美国标准汽油案中，上诉机构明确指出了条款解释的具体规则（WT/DS2/AB/R，1996）。在该案中，上诉机构认为不能将 WTO 协定独立于国际法体系，应当认识到 WTO 协定也是国际法的一部分。同时，条约的解释应当以善意原则为基础，按上下文并参照条约的目的和宗旨，推定条约用语的通常意义。DSB 应当将《维也纳条约法公约》第 31 条作为条款解释的依据和基本原则。"美国标准汽油案"的意义在于，由于它是 WTO 成立后第一起完整走完全部审理流程的案件，为保证案件审理的一贯性，意味着上诉机构在报告中提到的解释规则将适用于其后的全部案件，无论是法律的适用还是争端程序都应以该案为准。随后在"日本酒类税案"中，上诉机构又将《维也纳条约法公约》第 32 条规定的补充性解释规则纳入到了条约解释的依据范畴（WT/DS8/AB/R，1996）。

《维也纳条约法公约》第 31 条"解释之通则"主要规定了条约解释的一般规则，即对条约用语的通常含义应善意地进行解释，并以约文解释为原则，结合上下文、宗旨和目标进行解释。② 第 32 条"解释之补充资料"主要适用于条约

---

① 第一起案件因起诉方撤诉而宣告结束。
② 《维也纳条约法公约》第 31 条"解释之通则"的规定："一、条约应依其用语按其上下文并参照条约之目的及宗旨所具有之通常意义，善意解释之。二、就解释条约而言，上下文除指连同弁言及附件在内之约文外，并应包括：（a）全体当事国间因缔结条约所订与条约有关之任何协定；（b）一个以上当事国因缔结条约所订并经其他当事国接受为条约有关文书之任何文书。三、应与上下文一并考虑者尚有：（a）当事国嗣后所订关于条约之解释或其规定之适用之任何协定；（b）嗣后在条约适用方面确定各当事国对条约解释之协定之任何惯例；（c）适用于当事国间关系之任何有关国际法规则。"

用语的通常含义难以确定时，可以参考的补充资料，包括条约准备资料及其缔结的情况，从而确定在谈判期间各缔约国订立条约的意图是什么①。

除此之外，在"中美出版物市场准入案"中，上诉机构还借助国际法院2009 年 6 月在一项裁决中有关"商业"术语的解释来进一步证明其在该案中有关"录音产品分销"术语解释上的正确性和说服力（曾令良，2010）。

三、WTO 专家组和上诉机构报告

RCEP 第十九章第 4.2 条规定："关于纳入本协定的《WTO 协定》的任何条款，专家组也应当考虑 WTO 争端解决机构通过的 WTO 专家组报告和 WTO 上诉机构所作出的相关解释。专家组的裁定和决定不得增加或减少本协定项下的权利和义务。"该条款主要规定了当 RCEP 协定和 WTO 协定中存在相同条款时应当如何处理条约解释问题，即应当如何处理 RCEP 争端解决机构做出的裁决和 DSB 做出的裁决之间的关系。

从内容上来看，RCEP 与 WTO 之间存在较多关联规则，如货物贸易规则、卫生和植物卫生措施、贸易救济等。在这些规则中，有些规则直接援引自 WTO 协定，并未做进一步详细规定，有些规则在援引的基础上提出了更为详细的要求（杨国华，2021）。

首先，RCEP 仅援引 WTO 的条款数量较多，所涉及的范围也相对广泛，其中货物贸易领域相对集中，例如，货物贸易章节（第二章）中的国民待遇和国内税及管理（第 3 条）规定："每一缔约方应当根据 GATT1994 第三条给予其他缔约方的货物国民待遇。为此，GATT1994 第三条经必要修改后应当纳入本协定，并且成为本协定的一部分。"海关估价（第 8 条）规定："为确定缔约方之间贸易货物的完税价格，GATT1994 第七条的规定以及《海关估价协定》的第一部分和附件一解释性说明的规定经必要修改后应当适用。"农业出口补贴（第 13条）规定："缔约方重申 2015 年 12 月 19 日于内罗毕通过的《2015 年 12 月 19 日关于出口竞争的部长级决定》② 中所作的承诺，包括取消已计划的对农产品使用出口补贴的权利。"在普遍取消数量限制（第 17 条）中规定一般例外的具体内

---

① 《维也纳条约法公约》第 32 条"解释之补充资料"规定："为证实由适用第 31 条所得之意义起见，或遇依第 31 条解释而：（a）意义仍属不明或难解；或（b）所获结果显属荒谬或不合理时，为确定其意义起见，得使用解释之补充资料，包括条约之准备工作及缔约之情况在内。"

② 即 WT/MIN（15）/45，WT/L/980。

容时，选择将 GATT 和 GATS 的一般例外条款纳入该部分内容。在海关程序与贸易便利化（第四章）中的装运前检验（第 8 条）规定："第二款所提及的装运前检验，涵盖在《装运前检验协定》中，并且不排除以卫生和植物卫生为目的的转运前检验。"在原产地规则（第三章）的区域价值成分计算（第 5 条）规定："本章项下货物的价值应当依照 GATT1994 第七条和《海关估价协定》经必要修正进行计算。"

其次，部分 RCEP 规则是在援引 WTO 协定的基础上，又进一步提出了具体的要求。例如，在货物贸易（第二章）规则中，进口出口规费和手续（第 20 条）规定："每一缔约方应当根据 GATT1994 第八条第一款，确保对进口或出口征收的或与进口或出口有关的所有任何性质的规费和费用（除了进口或出口关税、等同于国内税的费用或其他符合 GATT1994 第三条第二款的国内费用以及反倾销税和反补贴税）的数额限于所提供服务的近似成本，并且不构成对国内货物的间接保护，也不构成为财政目的对进口或出口征收的一种国内税。"在第 2 款对费用细节的公布和提供进行了规定，并在第 3 款中要求任何缔约方不得要求与另一缔约方某一货物的进口相关的领事事务，包括相关的规费和费用。在卫生与植物卫生措施（第五章）和标准、技术法规和合格评定程序（第六章）中都在原 WTO 的相关规则基础上分别强调了具体的权利和义务。而在贸易救济（第七章）章节中，除了援引 WTO "两反一保"的相关规定之外，RCEP 还对过渡性的保障措施、临时性的保障措施、归零法等方面细化了具体的细节。

根据 RCEP 第十九章第 4.2 条的规定，当上述报告纳入到 RCEP 中的 WTO 条款，如果在 RCEP 成员国因这些条款的履行和解释发生争议时，DSB 已经在专家组或上诉机构出具的报告中作出相关解释，那么 RCEP 所组成的专家组应当考虑上述报告中对于这些条款的解释。

值得注意的是，在专家组的设立方面，RCEP 第十九章第 11 条规定，当争端方提出设立专家组请求之日起 35 天内没有任命任何专家组成员，则争端方可以请求 WTO 总干事任命专家组成员。在此情况下任命的专家组成员应当具备曾在 WTO 专家组或 WTO 上诉机构或 WTO 秘书处任职的经历，曾讲授或出版国际贸易法或政策著作，或曾担任 WTO 成员高级贸易政策官员。而专家组主席则要求曾在 WTO 专家组或上诉机构任职。结合第 4.2 条的规定可以发现，RCEP 非常注重同 DSB 保持一致，并且强调 WTO 专家组的裁定和决定不得增加或减少 RCEP 协定项下的权利和义务。

四、援引先例裁决理由

无论是 WTO 的 DSB 还是 RCEP 的第十九章，都未有援引先例的类似规定。对于 WTO 争端解决报告的效力问题，学界认为经由专家组或上诉机构做出的报告，一旦 DSB 通过，仅对争端双方产生约束力，则并不能对后续案件构成具有法律约束力的先例（Mitsuo Matsushita，Thomas J. Schoenbaum，Peteros C. Mavroidis & Michael Hahn，2019）。但从 DSB 的争端解决实际来看，大量案件的裁决报告都存在援引先例中上诉机构对相关条款进行的解释，并同其裁判结果保持一致的情况。美国认为在这个过程中，上诉机构的先例裁决报告发挥着判例的作用，这也是美国控诉上诉机构在审理案件的过程中存在大量越权造法行为的原因（U. S. Statement at the December 18，2018，DSB Meeting）。鉴于现阶段尚无具体争端提交至 RCEP 争端解决机构，但可以预见 RCEP 争端解决机构在未来的案件处理中必然会遇到类似问题，因此有必要在 WTO 实践的基础上预先进行分析。

上诉机构所做出的裁决对于后续案件来说具有较高的参考价值，更确切地说，后续案件的裁决机构只有存在"令人信服的理由"的情况下才能予以背离（彭岳，2019）。事实上，一般情况下，仲裁庭援引先例的核心原因在于为了保证裁决前后的一贯性。而 RCEP 第十九章第 4.2 条的规定更是体现了 RCEP 希望能通过 WTO 的 DSB 做出一致裁决的意图。作为多边贸易体系的代表，WTO 前后签订的区域贸易协定或多或少同 WTO 规则有所重叠，这种重叠也使区域贸易协定同 WTO 之间建立起了联系。因此，WTO 的裁决报告可以被认为是联合国《国际法规约》中"司法裁决"的一种，也可以将其视为国际习惯法的一种潜在渊源（陈咏梅，2014），作为区域贸易协定中法律规则的辅助渊源予以适用。但这种适用同样应当符合《维也纳条约法公约》关于条约解释的规定。

虽然上诉机构在美国不锈钢案中提出了"令人信服的理由"的标准，但却缺乏对这一标准的进一步解释。首先，没有对"令人信服的理由"的构成进行解释，将导致在何种情况下能够适用这一标准的决定权完全掌握在 DSB 手中；其次，先例的形成往往需要做出裁决的机构同援引裁决的机构之间存在一定的层级要求（韩立余，2008），但"令人信服的理由"并没有明确层级要求。尽管对于这一标准的适用细节还有待完善，但在实践中专家组越来越多地接受了该项标准。但美国认为，WTO 成员的权利义务来源于 WTO 协定而不是专家组或上诉机构的报告，只有在专家组认为此前上诉机构报告的推理有说服力的情况下，专家组才会予以考虑（彭岳，2019）。

　　可以预见，在 RCEP 长久运营、成员国之间因条款的适用引发争议后，RCEP 争端解决必然也会面临是否应当援引前例的问题。笔者认为，援引先例能够保证审理的一贯性和延续性，使得条约的适用更加具有可预见性。因此在遇到类似案件时，可以对先例进行援引。但也应注意 WTO 上诉机构的经验和教训，避免在这一过程中从援引案例演变为"造法"行为，应细化先例援引程序，使之合理化、合法化，并在权限之内行使。

第二章

RCEP 下投资争端的解决

作为中国参加的自由贸易协定中涵盖范围最广者，RCEP 纳入了货物贸易、服务贸易、投资、知识产权和电子商务等多项议题，同时设置了争端解决专章以确保这些规范和纪律得到各缔约方的一致遵守。但该章仅用于解决以缔约各方为争端解决主体的条约解释和履行争议，对于外国投资者与东道国政府间投资争端的解决则授权缔约各方在投资章节中另行确定。鉴于 RCEP 投资者—东道国投资争端解决机制（以下简称"ISDS 机制"）磋商的时限未满，本章将结合全球 ISDS 机制改革的最新成果、RCEP 各缔约方就此问题的基本立场以及中国在磋商过程中应当发挥的作用就 RCEP 的 ISDS 机制的模式选择、内容架构及规则设置进行合理分析和建议。①

第一节　国际投资争端解决机制的发展态势

20 世纪 90 年代开始，全球双边投资保护协定（以下简称"BITs"）经历了发展的"井喷"时期。据统计，整个 20 世纪 90 年代，全球范围内的 BITs 从不足 200 陡升至接近 1200。大量 BITs 的缔结与生效极大激励了全球范围内的对外投资并为外国投资者以国际仲裁方式解决其与东道国政府之间的投资争端提供了

---

① 根据 RCEP 第 10 章第 18 条的规定，各缔约方应当在 2024 年 1 月 1 日之前就 ISDS 机制开始讨论，并在 2027 年 1 月 1 日前结束讨论。

充足的法律依据。随之而来的是国际投资争端解决中心（以下简称"中心"）仲裁受案量的迅速攀升和各界对国际投资争端解决机制（以下简称"IS-DS 机制"）合法性的批评和质疑，ISDS 机制改革的大幕也随之徐徐拉开。

一、ISDS 机制改革的主要内容

从 1987 年中心受理第一起国际投资争端仲裁案件开始，截至 2022 年底，中心共受理仲裁案件 1257 起，涉及 132 个主权国家或经济体。这些案件的受理和裁决结果揭示了以国际仲裁为主要形式的 ISDS 机制的重大缺陷，引发了国际社会的广泛关注和改革呼声。作为最早提出 ISDS 机制"合法性危机"概念的学者，Susan D. Franck（2005）早就指出 ISDS 机制由于脱胎于商事仲裁，因而透明度和第三方参与严重不足，公众的知情权受损。仲裁裁决不一致现象严重，对错误的裁决也没有统一的纠错机制，导致 ISDS 机制缺乏可预见性。之后，与此相关的研究渐次繁荣，并推动了 ISDS 机制的多轮改革。

当前 ISDS 机制改革的主要内容涉及仲裁透明度和第三方参与的增强、对第三方资助的合理规制、加强仲裁员行为规范和道德管理、强化裁决纠错机制以及促进投资争端解决机制的多元化。

（一）增强仲裁透明度及第三方参与

增加投资争端仲裁的透明度和第三方参与是 ISDS 机制改革最先触及的领域。中心先后于 2003 年、2006 年和 2022 年对其仲裁规则进行了三次修订。其中，中心 2003 年仲裁规则规定，仅在争端双方都表示同意的情况下，仲裁庭方可允许非争端方参加庭审（第 32 条第 2 款）以及公布仲裁裁决（第 48 条第 4 款）。2006 年仲裁规则将其进一步修订为在争端任何一方未提出反对的前提下，允许仲裁庭在与秘书长协商后安排非争端方参加庭审（第 32 条第 2 款）。就裁决书的公开条件和范围，2006 年仲裁规则没有做出进一步改进，但第一次就第三方书面材料的提交新增了一款规则，规定仲裁庭在与争端双方协商后可以允许第三方向仲裁庭提交书面材料并就仲裁庭接受该材料应当考虑的要素做了简要规定（第 37 条第 2 款）。ICSID 仲裁规则在 2003 年和 2006 年的两次修订并没有令批评者满意，龚柏华和朱嘉程（2019）认为 ICSID 在扩大仲裁透明度和加强第三方参与领域取得的进展不足，并没有在本质上提高仲裁程序的透明度。

之后，联合国国际贸易法委员会（UNCITRAL）于 2009 年开始《联合国国际贸易法委员会投资人与国家间基于条约仲裁透明度规则》（UNCITRAL Rules on

Transparency in Treaty-based Investor-State Arbitration，以下简称"透明度规则"）的制定工作。5 年后，透明度规则正式生效。透明度规则要求存储处在仲裁程序启动后立即向公众公布争端各方名称等基本信息；除了第 7 条中规定的机密、受保护的信息、披露会导致被申请方根本安全利益受损的信息以及披露会破坏仲裁完整性的信息之外，仲裁庭应当公布争端各方提交的所有书面材料、庭审笔录、证据清单以及仲裁庭的决定、命令、裁决等仲裁程序中产生的所有文书和材料。除了部分因涉密而需要受到保护的庭审或者个案中确有必要保护时，庭审应当向公众公开。就第三方对仲裁程序的参与问题，透明度规则规定，在与争端各方协商之后，仲裁庭可以允许第三方（包括非争端条约缔约方）向仲裁庭提交书面材料。同时就第三方提交的书面材料应当披露的信息、提交的时间、内容篇幅以及不得干扰仲裁程序或不公平地损害争端一方等事项做了明确细致的要求。鉴于透明度规则仅默示适用于依据 2014 年 4 月 1 日之后缔结的条约提起的国际投资争端仲裁，为扩大透明度规则的适用范围，联合国随后拟定了《联合国投资人与国家间基于条约仲裁透明度公约》（United Nations Convention on Transparency in Treaty-based Investor-State Arbitration，以下简称"透明度公约"），规定将透明度规则的适用范围扩展到依据 2014 年 4 月 1 日之前缔结的条约提起的国际投资争端仲裁。

2016 年，为进一步弥补中心仲裁机制的不足，建立更加透明、高效、节约成本以及环境友好的 ISDS 机制，ICSID 启动了新一轮的争端解决机制改革。历时 6 年多次修订及征求公众意见，ICSID2022 年仲裁规则于 2022 年 7 月正式生效，对透明度和第三方参与问题采取了专章规定。ICSID2022 年仲裁规则部分参考了透明度规则的内容，规定在裁决及与裁决相关的文书发出之后 60 日内，如争端方未提出书面反对意见，仲裁庭应公布前述裁决及与裁决相关的文书。即便争端的任何一方在上述期限内提出了书面反对，仲裁庭仍可以在考虑反对意见的基础上公布上述文件的摘录。仲裁庭发布的决定和命令则无须争端方的默示同意即可在发布后 60 天内向公众公开，前提是去除机密及受保护的信息。经争端双方同意，仲裁庭还可以公布双方提交的任何书面意见或支持文件。在争端双方均不反对的情况下，仲裁庭应当将庭审向公众公开。ICSID2022 年仲裁规则对向仲裁庭申请提交书面材料的第三方提出了更加明确的条件限制并规定为了避免干扰仲裁程序或对争端任何一方造成过度负担和不公平的损害，仲裁庭可以对第三方提交的书面材料施以格式、长度、范围以及提交时限等方面的限制。

　　除了 ICSID 和 UNCITRAL 在多边层面做出的上述改革之外，在双边及区域层面，增强投资争端仲裁透明度和第三方参与的努力也从未停止。在双边层面比较有代表性的是欧盟近期与加拿大、新加坡和越南等国缔结的一系列双边自贸协定。欧盟与加拿大缔结的《综合性经济贸易协议》（Comprehensive Economic and Trade Agreement，CETA）投资章节不仅全面并入了透明度规则，还将应当向公众提供的文件范围扩大至协商请求、要求答辩人作出决定的通知、答辩人作出决定的通知、调解协议、对仲裁员提出质疑的意向通知、对仲裁员质疑要求的决定以及合并程序的请求。此外，证物也将向公众展示，庭审在屏蔽机密和受保护的信息之后也将向公众公开。为了增强非争端缔约方的参与，CETA 还规定被申请方必须在 30 日内将协商请求、请求被申请方作出决定的通知、被申请方作出决定的通知、根据第 8.23 条提出的索赔、合并程序请求以及其他附加文件递交给非争端缔约方，以及应非争端缔约方请求，将其向仲裁庭提交的诉请、备忘录、摘要、其他请求、意见书、证据、庭审记录、仲裁庭的决定、命令和裁决等递交给非争端缔约方，以便其及时了解仲裁情况。经与争端双方协商，仲裁庭还可以接受或主动邀请非争端缔约方就条约解释提交口头或书面意见。与新加坡随后缔结的双边自贸协定中，关于第三方参与的规定基本复刻了透明度规则中的相关内容。欧越双边自贸协定除了全面并入透明度规则的内容之外，就第三方书面意见的提交额外规定：除非争端双方在仲裁庭组成之后 3 日内提出异议，否则仲裁庭可以自主决定接受来自任一争端方或其所属国境外的第三方的书面材料提交，前提是该书面材料是在仲裁庭组成后 10 日提交的并与仲裁庭审议的事实或法律事项直接相关。

　　在区域层面，以 CPTPP 为代表的新一代区域性自由贸易协定对于加强争端解决程序的透明度与第三方参与也有细致的规定。就透明度问题，CPTPP 第 9.24 条要求将意向通知、仲裁通知、争端一方向仲裁庭提交的诉状、备忘录、摘要以及其他书面陈述、仲裁庭庭审记录或笔录、命令、裁决和决定及时向公众公开。庭审（或者听证会）在剔除了受保护信息之后应向公众开放。对于第三方参与，CPTPP 在其投资章节的第 9.23 条规定仲裁庭有权在与争端双方磋商后决定是否接受第三方书面意见，并要求在书面意见中披露撰写人、第三方与争端双方是否存在从属关系、在准备该书面意见时是否接受了或将会接受其他主体的资助等信息，并授权仲裁庭根据个案实际情况决定第三方书面意见的篇幅和提交期限。相对于 ICSID 仲裁规则、透明度规则等，CPTPP 在第三方参与这一问题上给予了仲裁庭更大的自由裁量权。

在增强透明度的改革进程中，欧盟目前走在最前列。其近期缔结的双边自贸协定中不仅全面纳入了透明度规则，还将向公众公开的文件扩展到协商请求、要求答辩人作出决定的通知、答辩人作出决定的通知、调解协议、对仲裁员提出质疑的意向通知、对仲裁员质疑要求的决定以及合并程序的请求等透明度规则没有涵盖的书面材料。同时还规定将证物和庭审也向公众公开，其公开的范围和力度均高于多边层面和区域层面的其他条约和规则。而对于第三方参与的规定则以透明度规则规定得最为明确和细致，不仅具体规定了仲裁庭决定是否接受第三方书面意见应当考虑的要素，还对第三方书面意见应当披露的信息、提交的时间、内容篇幅等事项做了明确细致的要求。欧盟对此采取了跟透明度规则一致的规定。CPTPP 的透明度要求也较高，对仲裁过程中提交或产生的主要书面文件均要求向公众公布，同时规定必须向公众公开庭审。但在第三方参与方面，相对于透明度规则和欧盟对外缔约实践，其赋予了仲裁庭更大的自由裁量权。而 ICSID 公约因缔约国众多且在国际投资活动中的利益诉求纷繁复杂，其规则修订更加困难，在透明度的提升方面相对比较落后。

（二）对第三方资助的合理规制

因国际投资仲裁费用昂贵且耗时冗长，近年来原本主要活跃在国际商事仲裁中的第三方资助行为在国际投资仲裁中逐渐兴起。[①] 第三方资助在为投资者带来提取国际投资仲裁所必需的巨额资金、帮助投资者转移仲裁失败的风险之余，也带来了诱发滥诉、加剧利益冲突、排挤和解等其他争议解决程序以及对东道国更加不利的仲裁后果（Brooke Guven & Lise Johnson，2019）。

源自英美法系"帮讼或助讼"制度的第三方资助，原本由各国国内法进行调整。在扩展至国际争端解决领域之后，相关行业协会、国际仲裁机构、各主权国家先后通过软法性文件、仲裁规则或者投资协定对国际仲裁中的第三方资助行为进行规制，以避免前述弊端。目前对第三方资助国际投资仲裁的规制措施主要包括信息披露和费用担保制度。

国际律师协会（International Bar Association，IBA）发布的《国际仲裁利益冲突指引》（IBA Guidelines on Conflicts of Interest in International Arbitration，以下

[①] 根据 OECD 于 2012 年所做的一项调查，每一个国际投资仲裁案件中争端双方的平均费用约为 800 万美元，在某些案件中甚至高达 3000 万美元。

简称"IBA 利冲指南"）可谓是最早关注和规范国际仲裁中第三方资助引发的利益冲突问题的软法性文件。IBA 在 2004 年发布第一版利冲指南之时就注意到与争议有关的第三方资助人与仲裁裁决有直接的利益关系，因此第三方资助的存在可能加重仲裁员的利益冲突，在其披露清单中列入了相当一部分仲裁员与第三方资助方有密切联系的情形，要求仲裁员予以披露。IBA 利冲指南虽然不是法律规则，并没有强制约束力，但鉴于其反映了国际仲裁的"最佳实践"，在很多情况下被国际仲裁机构援引作为要求仲裁员或仲裁员候选人进行相关信息披露的准则。

新加坡国际仲裁中心是较早在其投资仲裁规则中对涉及第三方资助的信息披露进行规定的国际仲裁机构。其 2017 年的投资仲裁规则第 24 条即明确授权仲裁庭，在仲裁准据法没有强制性规定禁止的情况下，可以命令当事人披露关于第三方资助存在的事实和/或第三方资助人的身份。如果认为适当，还可以要求披露第三方资助人从仲裁结果中可能获得的利益的详情以及第三方资助人是否承诺承担不利的费用责任等情况。

关于第三方资助的信息披露要求，ICSID2022 年仲裁规则第 14 条规定：受资助方应当在仲裁申请被登记时或缔结第三方资助协议之后立刻向秘书长披露资助方的姓名和地址，如果资助方是法人实体，还应披露拥有和控制该法人的个人和实体的姓名。上述信息如果在仲裁过程中有所变化，受资助方还应当立即披露此种变化。秘书长应将上述信息及信息的变化及时通知各方当事人以及即将或已经被任命的仲裁员。仲裁庭可以要求进一步披露关于资助者或资助协议的其他信息。

除了 ICSID 之外，斯德哥尔摩商会仲裁院（Arbitration Institute of the Stockholm Chamber of Commerce，以下简称 SCC 仲裁院）是另一个受到外国投资者欢迎的国际投资争端解决平台。SCC 于 2019 年 9 月开始在其管理的国际仲裁中实施《关于对争端结果具有利益关系的第三方披露政策》（Policy on Disclosure of Third Parties with an Interest in the Outcome of the Dispute，以下简称"SCC 第三方披露政策"）。SCC 第三方披露政策规定：鼓励争端各方在其首次向仲裁庭提交的书面材料中披露与争端解决结果有重大利益关系的第三方的身份信息以供已经或即将被委任的仲裁员在进行信息披露或做出独立性和公正性声明时予以考虑。如果与争端解决结果有重大利益关系的第三方是在首次提交书面材料之后出现的，鼓励争端各方及时披露其身份信息。对于与争端解决结果有重大利益关系的第三方的范围，

SCC 第三方披露政策列明了最终收益拥有者（ultimate beneficial owners）、有义务根据赔偿协议或其他协议支付赔偿的人、有权根据第三方资助协议或其他协议获得赔偿收益的人员以及一方的母公司四种类型，但同时也指出这仅仅是指引性的，并不意味着与争端解决结果有重大利益关系的第三方仅限于这四种类型。

国际商会仲裁院（International Chamber of Commerce，ICC）虽然主要提供国际商事争议解决服务，但近年来也开始提供国际投资仲裁。其 2021 年仲裁规则的修订也增加了第三方资助信息披露的要求，该规则第 11 条第 7 款规定：为了协助仲裁员保证履职的公正性和独立性，任一争端方必须立即将已经与其缔结资助协议并据此对仲裁结果享有经济利益的非争端第三方的存在及其身份通知秘书处、仲裁庭以及其他争端当事方。

对第三方资助的规制也是 UNCITRAL 第三工作组就 ISDS 机制改革所做的主要讨论、探索事项之一。2019 年 10 月，第三工作组发布了其针对第三方资助的最新工作成果——《投资人与国家间争端解决（投资争端解决）制度可能进行的改革：第三方出资——可能的解决办法》（以下简称"可能的解决办法"）。可能的解决办法概述了现有的改革方案，即完全禁止和进行必要监管两种。在对第三方资助采取完全禁止的方案下有必要通过设置法律援助机制等应对投资者诉诸司法的机会可能受到限制的问题，在进行必要监管的改革方案下则应进一步确定：允许第三方资助的条件、需要披露的第三方信息范围、第三方出资所涉费用的偿付以及第三方出资对费用担保裁定的影响等问题。就信息披露问题需要进一步确定应该披露的信息范围是否应当包括第三方资助协议还是仅限于第三方的存在与姓名（或名称）等基本信息；是否应当事先明确披露信息的具体范围还是仅授权仲裁庭根据个案的实际情况自主决定需要披露的信息范围；不履行披露义务的责任以及是否需要设立透明度登记处并要求将第三方资助协议向其进行登记等。在可能的解决办法之后，第三工作组还发布了第三方资助草案，草案要求应当予以披露的信息包括第三方、第三方的最终获益所有者以及为了或者代表第三方实施决策权的任何自然人或法人的姓名（或名称）和地址以及第三方资助协议或其条款。除了上述必须披露事项之外，仲裁庭还可以根据个案需求要求被资助方披露：第三方资助者是否同意支付不利裁决所产生的费用、第三方资助者的预期回报金额等仲裁庭认为必要的任何信息。被资助方应当于提出仲裁申请时、如果第三方资助协议是在仲裁申请之后签订的，则需要在第三方资助协议签订后立即披露必须披露的信息。对于仲裁庭要求披露的信息也应尽快披露。受资助方的信息披露义务是持续性的，也就是上述信息在仲裁过程中发生的变化也要随时向仲裁庭以及争端另一方进行披露。受资助方不履行信息披露义务的，仲裁庭可以暂停或终止争端解决程序、在决定程序费用分担的时候酌情增加其分担比例以及采取其他适当措施以敦促其履行信息披露义务。

由于部分仲裁机构是通过仲裁规则授予仲裁庭命令受资助方进行信息披露的权力，而这一权力的行使以仲裁庭已经获悉存在第三方资助为前提，这就势必造成在大多数情况下，受资助方未披露第三方资助的存在仲裁庭就不知悉，仲裁庭不知悉也就无法行使命令受资助方披露的权力这一怪圈（徐树、陈雪雯，2020）。即便仲裁规则直接规定了受资助方的披露义务，当资助者与受资助者之间就资助行为签订有保密协议的时候，仲裁规则中的信息披露要求与第三方资助协议中的保密义务要求就会出现冲突，此时信息披露义务的优先性并无充分的法律依据（郭华春，2014）。因此，近年来各主权国家开始在投资协定（或带有投资章节的经贸协定）中直接规定受资助者的信息披露义务。例如，CETA第8.26条即明确规定第三方资助的受资助方应当向仲裁庭和争端另一方披露第三方的姓名和地址。同时要求披露应当于提交诉请时进行，如果资助协议或资助行为是在诉请提交之后发生的，则应在资助协议缔结或者资助行为发生之后立即进行。同样的要求也出现在随后缔结的《欧盟—越南投资保护协定》及《欧盟—新加坡投资保护协定》中。2023年《加拿大—乌克兰自由贸易协定》第17.38条的标题为第三方资助，该条不仅为受资助者设定了在提交诉请同时向仲裁庭和争端另一方披露第三方姓名和地址的义务，而且就第三方资助发生于诉请提出之后的情形，要求受资助方必须在第三方资助安排发生之日起10日内履行上述信息披露义务。对于上述应披露信息在仲裁过程中发生的变动，包括第三方停止资助等事实，受资助方也要进行持续披露。

为了避免因第三方资助的负外部性，尤其是因资助者不承担败诉后的裁决履行责任而导致东道国胜诉利益受损，在信息披露要求之外，近期的仲裁规则或投资协定中多规定了仲裁费用担保制度（王晓杰，2023）。例如，前述新加坡国际仲裁中心2017年投资仲裁规则第24（j）项授权仲裁庭命令争端一方为律师费用或其他费用提供担保。该项虽然没有明确将第三方资助列入仲裁庭在决定是否命令一方提供费用担保的时候应当加以考虑的事项，但结合第24（j）项的规定，显然第三方资助的具体情况将对仲裁庭的此类命令产生影响。ICC仲裁规则就费用担保问题采取了几乎与新加坡仲裁中心投资仲裁规则一样的做法。即概括地规定仲裁庭有命令争端一方对仲裁费用提供担保的权力，然后由仲裁庭结合个案的具体情况做出相应的决定。ICSID2022 年仲裁规则第 52 条第 3 款规定：仲裁庭可在任何时候自行或应争端一方的请求就费用作出临时决定。第 53 条规定，应争端一方申请，仲裁庭可以决定命令另一方提供费用担保，在做出此类决定时应当考虑包括第三方资助等在内的所有相关情况。如果一方未能遵守费用担保命令，仲裁庭可以中止程序，如果程序中止持续了 90 天以上，经与争端双方协商，仲裁庭可下令终结程序。

针对涉及第三方资助的费用担保，UNCITRAL 第三工作组发布的第三方资助草案提供了两种规制条款供各方参考。其一是规定存在第三方资助的情况下，仲裁庭应当命令被资助方提供费用担保，除非被资助方证明：①被申请方东道国应当对其无支付能力的状况负责；或②在没有第三方资助的情况下其无法继续进行追索；或/和③第三方资助者将支付对其不利的任何有关费用的决定。其二是规定，在存在第三方资助的情况下，仲裁庭可以要求被资助方提供费用担保。

前述部分投资协定或者包含投资章节的自贸协定也就涉及第三方资助的费用担保问题做了具体规范。《欧盟—越南投资保护协定》第 3.48 条规定：在有合理事由相信仲裁申请方可能无法履行对其发布的有关费用的决定时，仲裁庭可应另一方申请命令仲裁申请方为全部或部分费用提供担保。在决定是否做出费用担保命令时，仲裁庭可以考虑有关第三方资助的情况。同时规定在仲裁庭发出费用担保的命令之日起 30 日内或者在仲裁庭确定的其他期限内，如果另一方没有提供费用担保，仲裁庭应通知争端各方中止或终止争议解决程序。无独有偶，《加拿大—乌克兰自由贸易协定》和《新加坡—太平洋联盟自由贸易协定》就第三方资助的信息披露做出了几乎与《欧盟—越南投资保护协定》完全相同的规定。唯一的不同在于《新加坡—太平洋联盟自由贸易协定》对于应当披露的信息范围做了更加宽泛的要求，将资助者的最终实益拥有者及其公司结构信息也涵盖在内。

（三）加强仲裁员行为规范和道德管理

随着国际投资争议仲裁实践的不断丰富，现行 ISDS 机制中仲裁员委任制度的很多缺陷和不足不断暴露。21 世纪初，国际著名仲裁员 Jan Paulsson（2010）就在其名为《国际争议解决中的道德风险》的演讲中指出：目前国际争议解决中采取的仲裁员单边委任机制会诱发道德风险，使仲裁员代理人化，影响了国际仲裁的合法性。继而提出改由双方当事人共同委任，或者由一个中立的机构委任所有的仲裁员的建议。Jan Paulsson 的建议虽然在此后并没有得到仲裁机构的响应，但其对仲裁员单边委任制度的批评却引发了很多探讨，继而使仲裁员的行为规范及道德管理成为 ISDS 机制改革的主要内容之一。

IBA 利冲指南在规范国际仲裁员行为，尤其是信息披露方面一直走在国际前列。其结合国际仲裁实践罗列出可能会对仲裁员的独立性和公正性产生合理质疑的各类事项，并根据该事项引发利益冲突的可能性及严重程度将其归入不同清单，分别对仲裁员提出不同的信息披露要求。自 2004 年发布第一版利冲指南之后，IBA 分别于 2014 年和 2024 年对指南进行了两次修订。最新版本在延续清单式归类的基本方式之外，在 2014 年利冲指南的基础上进一步将适用范围扩展至公司法务或其他非律师身份的仲裁员。规定受到当事方控制的法人或自然人应被视为与该当事方具有同一身份，增加了对国家与各类国家机关或国有实体之间关系的说明。进一步明确要求当事方应当披露其代理人团队的所有成员（而不仅是在仲裁程序中"显名"的成员）的身份信息及其与仲裁员之间的关系。对不可弃权的红色清单中的情形 1.4 做了进一步限制，限定为仲裁员本人正在或经常性地向当事方提供咨询，且仲裁员本人或其律所/雇主从中获得重大财务收入。针对可弃权的红色清单中"仲裁员本人正在或经常性地代表当事方或其关联实体或者向其提供咨询的情形"，仅在仲裁员本人没有从中获得重大财务收入时，才允许争议当事方共同豁免。橙色清单是本次修订的主要部分，针对橙色清单，本次修订将第 3.1 节和第 3.2 节予以合并；将情形 3.1.4 更换为仲裁员于过去 3 年中曾两次以上在无关案件中被当事方或其关联实体聘请来协助进行模拟庭审或开庭准备；删除原来的情形 3.2.3；在情形 3.1.5 中增加了一项"仲裁员于过去 3 年中曾在涉及当事一方或其关联实体的仲裁或相关事项中担任代理人"。仲裁员在过去 3 年内被同一律师或律所聘请为专家证人超过三次、仲裁员正在或于过去 3 年内担任过一方当事人或其关联实体的专家证人等 8 种情形也被新增入橙色清单。绿色清单则仅新增了"仲裁员曾在担任其他案件的仲裁员时听取了本案专家证人的证词"一项。IBA 利冲指南虽然不具有强制约束力，但被广泛认可为国际最佳范例并被很多国家的司法机关以及国际仲裁机构援引和适用以决定是否要求受资助方进行相关信息披露。例如，《美墨加协定》第 14 章在其关于仲裁员选任的条款中即将 IBA 利冲指南的规定直接并入，要求仲裁员必须遵守 IBA 利冲指南并且不得在程序进行过程中接受任何组织或政府关于争议的指示，以及在争端解决程序进行期间，不得在本章附件规定的任何未决仲裁中担任律师或当事人指定的专家或证人。CETA 也在第 8.30 条明确规定仲裁员应当遵守 IBA 利冲指南或根据第 8.44.2 条通过的任何补充规则，不得隶属于任何政府，也不得接受任何组织或政府与争端有关的指示，一经委任，仲裁员不得在 CETA 或任何其他国际协议项下的任何未决或新的投资争议中担任律师或当事人指定的专家或证人。

除 IBA 利冲指南之外，UNCITRAL 于 2023 年 9 月发布了《国际投资争端解决仲裁员行为守则》（以下简称"行为守则"）。行为守则共 12 条，主要从确保独立性与公正性、多重身份的限制、禁止单方通信以及信息披露义务等五方面对国际投资仲裁员的行为进行了更加明确具体的规范。就独立性与公正性的确保，有别于既往仲裁规则对仲裁员独立性和公正性的抽象描述，行为守则明确列举了受对争端任何一方或其他个人或实体的忠诚义务的影响等 6 项不符合独立性和公正性要求的具体行为。针对广受批评的多重身份问题，行为守则要求除非争端双方另有约定，仲裁员不得同时在涉及相同措施、相同或相关当事人，或相同同意文书的相同条款的任何其他程序中担任法律代表或专家证人。① 但这种多重身份的禁止仅限于一定时间内，针对涉及相同措施和相同/相关当事人的其他程序中同时担任法律代表或专家证人的时限是 3 年，针对涉及相同同意文书的相同条款的任何其他程序中担任法律代表或专家证人的时限则是 1 年。仲裁员/仲裁员候选人与争端一方的单方通信则仅在两种例外情况下被允许。② 行为守则明确要求仲裁员/仲裁员候选人必须披露过去 5 年内与争端方及其法律代表、该程序中的其他仲裁员和专家证人以及第三方资助人等与争议解决结果有直接或间接利益的任何个人或实体之间的经济、商事、专业或个人关系等五类信息。除以上信息之外，如果仲裁员/仲裁员候选人对是否应该披露其他相关信息不确定的，则应当尽可能予以披露。如果仲裁员/仲裁员候选人因受保密义务所限无法披露可能对其独立性或公正性产生合理怀疑的情况，则其不应接受任命或应辞职或回避该国际投资争端程序。此外，行为守则还对仲裁员的勤勉义务、诚信和能力、保密义务、费用及开支等做了具体规定。行为守则对国际投资仲裁员和仲裁员候选人乃至已卸任仲裁员的职业道德义务做了比较全面和具体的规定，尤其对于多重身份

---

① 同意文书指的是据以同意仲裁的条约、关于外国投资的立法或者投资合同。

② 这两种例外分别是据以进行仲裁的同意文书或仲裁规则允许以及一方当事人是为了考虑是否委任特定仲裁员而与仲裁员候选人单方面通信以考察其专业知识、经验、能力、技能、办案时间以及潜在利益冲突。

的限制和信息披露义务的进一步明确，回应了对于仲裁员委任缺陷的改革呼声，有助于排除私人利益因素，特别是商业因素对仲裁程序的侵蚀（傅攀峰，2017）。在对仲裁员委任进行更加严厉监督的同时也兼顾了争端方对仲裁员专业性和权威性的需求。

以 ICSID 为代表的国际仲裁机构也在相关的仲裁规则或参与仲裁程序的指引等规范性文件中对仲裁员的独立性和公正性、信息披露等义务设置了更加明确和严格的规定。ICSID 秘书处不仅与 UNCITRAL 第三工作组共同起草了前述行为守则，在其 2022 年仲裁规则第 19（3）条要求仲裁员在接受指定后，依照中心公布的格式提供一份关于确保独立性、公正性、可到岗时间以及对仲裁程序保密的承诺等事项的声明。对于仲裁员应当披露的信息则体现在中心公开的《仲裁员声明书》模板第 4 条。① ICC2021 年仲裁规则中对仲裁员声明的规定与 ICSID 基本相同，但在《ICC 当事人与仲裁庭在国际商会仲裁规则下参与仲裁程序的指引》中对于可能引发对仲裁员独立性和公正性合理质疑的情况做了比 ICSID 更为详细的列示，具体包括"仲裁员或仲裁员候选人或其所在的律师事务所担任或曾经担任一方当事人或其关联方的代理人，或为一方当事人或其关联方提供或曾经提供法律意见"等 9 种。

（四）裁决纠错机制改革

现行 ISDS 机制的另一为人诟病之处是纠错机制不足。ISDS 机制脱胎于国际商事仲裁，自然也承袭了其有限的纠错机制。21 世纪初，国际投资仲裁裁决的不一致性引发了众多讨论，尽管有不一致意见，但绝大多数参与者均认为仲裁裁决的不一致会损害国际投资协定的严肃性和确定性，导致无论是投资者还是东道国都无法预见投资争议解决的结果，也使未来的国际投资仲裁实践缺乏必要的、稳健和可信赖的先例指引，继而损害了 ISDS 机制的合法性基础（刘笋，2009）。然而，无论是 ICSID 提供的裁决撤销机制还是仲裁地司法机关对非 ICSID 裁决的审查均因适用范围有限而无法实现对错误裁决的有效纠正或有效应对裁决不一致问题（Noah Rubins，2006）。设立上诉机制的建议随之而起。当然，反对设立投

---

① ICSID 2023 年 2 月 15 日最新公开的《仲裁员声明书》模板第 4 条列举了 3 类仲裁员在接受指定前应当披露的事实，具体包括：过去 5 年内与争端当事方、当事方代表、其他仲裁庭成员以及任何已披露的第三方资助者之间的任何专业、商业或其他重大关系；过去 5 年内作为律师、调解人、仲裁员、临时委员会成员、事实调查委员会成员、调停人或专家参与的投资者—国家案件以及其他可能导致其独立性或公正性受到合理质疑的情况。

资仲裁上诉机制的声音也有很多，例如，Constain 和 Sylvia（2015）等学者认为当前国际投资仲裁裁决的不一致仅仅是生长痛，是一个新生法律领域发展的必经阶段。Barton Legum（2006）指出国际投资条约与 WTO 条约不同，后者是多边条约体系，所有缔约国受同一套规则体系约束，自然希望该条约体系得到一致的解释和适用。但国际投资条约体系主要是由上千个双边投资协定组成的，这些协定对于同类规则的具体规定本身就有不同，体现的是缔约国希望给予不同缔约对方的投资者以不同待遇的真实意图。而对这些同类规则进行统一解释和适用以及达成一致性裁决则违反了缔约国的本意，毫无必要。造成国际投资仲裁裁决不一致的原因有很多，为数众多的双边投资协定及其对于同类规则的不同规定仅是其中之一。

当前，通过设立上诉机制解决现行 ISDS 机制纠错机制不足的问题已经在国际社会达成一定程度的共识，但具体通过哪个平台搭建、上诉机构审裁人员的资格和选任方式以及上诉事由的范围等具体事项上，不同国家有不同的主张。

欧盟在建立 ISDS 上诉机制上态度激进并已率先在其与加拿大、越南、新加坡缔结的双边投资保护协定或含有投资章节的经贸协定中搭建起司法化的投资法院（含上诉机制）。根据 CETA 的规定，欧盟对既往以当事人意愿为核心的投资仲裁机制进行了颠覆性的改造。首先，放弃了仲裁员由当事人选任的做法，无论是初审法庭还是上诉法庭，法官的人选都是由缔约国事先选任的长期任职人员随机轮换组成的。对于上诉事由，CETA 规定对于初审法庭解释或适用法律错误；认定事实明显错误以及 ICSID 公约第 52 条第 1 款（a）到（e）项所列且不能为前两项所涵盖的事项均可提起上诉。CETA 还将初审法庭做出的最终裁决的期限限定在仲裁请求做出之后的 24 个月内。相比当前 ICSID 仲裁 49 个月的平均期限有了极大的效率提升（ICSID Secretariat，2018）。尽管新修订的 ICSID 仲裁规则也将裁决的期限限定在 24 个月，但其起算时间是争端方提交最后一份书面材料。相较而言，CETA 在仲裁效率的提高上依然领先。2021 年 1 月，欧盟和加拿大共同通过了《上诉法庭的运作规则》等四项具体规则，对上诉机构的组成及上诉程序等事项进行了进一步明确。

除了欧盟之外，UNCITRAL 第三工作组于 2020 年开始就 ISDS 上诉机制的构建问题进行调研并于 2022 年 11 月提出了构建 ISDS 上诉机制的草案。草案规定：争端任意一方就初审审裁机构关于管辖权及实体问题所作之决定均可提起上诉，但对仲裁庭做出的临时措施及认定自身对案件没有管辖权的决定则不能提起上诉。上诉事由包括初审审裁机构解释或适用法律错误；认定事实明显错误（包括对国内法的认定错误和对损害的评估错误）以及仲裁协议无效等其他 7 项事由。就认定事实明显错误这一上诉事由中的"明显"一词如何判定，ICSID 秘书处在随后所作的说明中指出："明显"一词应当被理解为错误的存在没有争议和歧义，正如仲裁庭对 ICSID 仲裁规则 41（5）条（早期异议）中的"明显"一词的解释，错误的存在必须是清晰的、明显的，很轻松即可被上诉方证明而无须复杂的分析。同时，由于仲裁协议无效等 7 项上诉事由中大部分与 ICSID 公约第 52（1）条中所列裁决撤销事由重合，为了避免平行程序，草案规定在上诉期间暂停撤销裁决等任何其他针对同一初审决定的审查程序。上诉法庭可以维持、修改或推翻初审决定，亦可发回重审。草案对上诉机制应该采取临时或是常设、双边或是多边模式并未提出明确的建议，但是指出：上诉机制的运作与根据《IC-SID 公约》、国内仲裁法或《纽约公约》等做出的裁决及其撤销、承认和执行等现存机制密切相关，这些机制间的协调在多边机制下显然更易于处理。

（五）投资争端解决机制的多元化发展

认识到现行 ISDS 机制在合法性、兼容性以及技术层面存在多种缺陷之后，世界各国开始思考其他争端解决方式与 ISDS 机制的互补问题，促进了近年来国际投资争端解决机制的多元化发展。

国际投资争端解决机制多元化发展的方向之一是东道国救济的回归。主张国际投资争议解决回归东道国救济的国家既有在现行 ISDS 机制之下饱受败诉困扰的发展中国家，如玻利维亚、委内瑞拉、洪都拉斯、印度、印度尼西亚等国，也包括利用 ISDS 机制最多的投资母国加拿大、澳大利亚等。在回归当地救济的方式选择上，玻利维亚、委内瑞拉及洪都拉斯等国家主要通过退出 ICSID 公约并单方面退出 BITs 等方式以排除现行 ISDS 机制对其将来的适用；① 而印度则通过终止旧有 BIT（包含 ISDS 条款）并制定排除 ISDS 机制的 BIT 范本的方式以指导今后 BIT 的缔结；南非则直接通过国内立法否定 ISDS 机制的适用；早在 2004 年的美国—澳大利亚自由贸易协定中，澳大利亚就坚持采用国内救济的方式解决双方之间未来发生的投资争端并获得了美国的首肯（陈辉萍，2007）。2014 年的澳大利亚—日本经济伙伴关系协定投资章节也没有规定 ISDS 条款，仅规定双方定期

---

① 玻利维亚于 2007 年提出退出 ICSID 公约，委内瑞拉于 2012 年提出退出通知，洪都拉斯的退出通知提出于 2024 年 2 月。

对投资章节进行审查以便建立包括投资争议解决机制等制度以进一步改善投资环境。2021 年的澳大利亚—英国自贸协定的投资章节亦未提及投资争端的解决。随后，澳大利亚政府高官更是公开表明了澳大利亚将在未来的自由贸易协议中取消 ISDS 条款的意愿。澳大利亚虽然并没有公开宣称支持通过当地救济解决国际投资争议，但其在与发达国家缔结的 FTA 中不再设置 ISDS 条款的实践表明了其在一定前提下更倾向于通过当地救济解决国际投资争端的意图已经十分明显。在替代北美自由贸易协定的《美墨加协定》中，加拿大退出了 ISDS 条款（未决诉请和遗留投资除外），只有美国和墨西哥之间的投资争端解决继续适用 ISDS 机制，但同时要求一般投资者在提交国际仲裁之前必须首先用尽东道国当地救济。① 与此同时，《美墨加协定》对于一般投资争议的可仲裁范围做了很大的限缩，仅限于因涉嫌违反国民待遇、最惠国待遇和直接征收及其补偿的事宜引发的投资争议。不仅如此，《美墨加协定》附件 14D 第一条直接禁止"非市场经济投资者"利用 ISDS 机制解决国际投资争端。② 进一步限制了可以适用 ISDS 机制的投资者范围。《美墨加协定》对于投资争端解决条款的重大变更反映了北美三国对于现行 ISDS 机制的质疑和强化其本国规制权的意图。

除了不同程度的回归东道国当地救济之外，国际投资争端解决机制多元化发展的另一方向是加强调解在解决国际投资争端中的作用。早在 1966 年，华盛顿公约中即规定了仲裁和调解两种国际投资争端解决方式并分别制定了仲裁规则和调解规则。然而迄今为止在 ICSID 平台通过调解解决的国际投资争端数量仅有 14 个。调解在解决国际投资争端中长期遇冷主要源于调解庭/员只能提出调解方案的建议，无权决定最终和解方案以及和解协议缺乏强制执行力等不足。同时，由于国际投资争端产生于私法权利与公权力的冲突，其中被诉的东道国政府措施系公权力的行使。基于"公权力不可处分"的原则，行政机关无权自由处分公权力，因而导致现行 BITs 中的绝大多数都没有在争端解决条款中规定调解，这也给投资者选择通过调解解决国际投资争端设置了障碍（刘一行，2023）。

然而随着国际投资仲裁在实践中暴露出裁决不一致、缺乏纠错机制以及效率低下、成本高昂等一系列问题，调解机制因其尊重当事方意愿、便捷高效及成本

---

① 《美墨加协定》将投资分为一般投资方和"涵盖政府合同的投资"，提交仲裁之前必须用尽东道国当地救济是对一般投资的投资者设定的条件。

② 所谓"非市场经济投资者"按照《美墨加协定》附件 14D 第一条的规定系指被美墨一方认定为非市场经济国家的第三方所控制的对方投资者。同上注。

低廉等优点再一次回到人们的视线中。近年来，越来越多的主权国家在其新签订的 BITs 或者 FTAs 中都导入了调解规则。例如，《中国—坦桑尼亚 BIT》第 13 条第 1 款规定投资者—东道国之间因投资而产生的法律争议应尽可能由争议双方当事人通过磋商友好解决，其中包括调解程序的应用。类似的规定也出现在《美墨加协定》第 14. D. 2 条、CPTPP 第 9. 18 条以及《加拿大—乌克兰现代化自由贸易协定》第 17. 21 条等近期缔结的有代表性的自由贸易协定中。不像前述投资协定或自贸协定仅提及允许争端当事方采用调解等方式解决投资争议，而没有规定调解的具体规则，CETA 在其附件 29-C 中专门规定了投资争议的调解规则。先后规定了调解人的选定规则，具体包括选定时限、调解人国籍限制及其行为规范；调解程序规则，具体包括争端方对系争措施及其影响的意见交换、磋商和专家咨询、调解人建议和解决方案的提出、达成和解协议的期限以及调解人应争端双方请求出具事实报告。对于争端双方最终达成的和解协议的执行，CETA 规定各方应在和解协议约定的时间范围内采取必要措施执行和解协议的内容。同时，执行方应以书面形式通知另一方其为执行和解协议而采取的任何步骤或措施。同样的规定也被复制于《欧盟—新加坡投资保护协定》附件 6 和《欧盟—越南投资保护协定》附件 9 中。唯一的不同在于《欧盟—新加坡投资保护协定》和《欧盟—越南投资保护协定》针对争端双方无法选定调解员的情况规定由第三方以随机抽取的方式确定调解员。[①]

　　为了加强调解机制在解决投资争端中的实际作用，ICSID 在 2016 年也对其调解规则进行了修订。一方面，应主权国家及投资者要求，ICSID 制定了更加灵活、适用范围更加广泛的调解规则（ICSID Mediation Rules），不仅适用于投资者与主权国家间的投资争议的调解，也适用于投资者与区域经济一体化组织间的投资争议的调解。调解规则的适用不以争端一方为公约缔约国，另一方为另一缔约国国民为限制。意味着调解规则可以适用于所有投资争议的解决，只要争端当事方事前或事后就调解解决投资争端达成了合意。另一方面，ICSID 制定了独立的事实调查规则（ICSID Fact-Finding Rules），规定应争端双方请求，可以设立一个由 1 人或多人组成的（如果是多人组成则必须保证人数为奇数）事实调查委员会，对争端做出具体的事实调查。事实调查的具体程序取决于委员会与争端各方

---

　　① 　根据《欧盟—新加坡投资保护协定》附件 6 的规定，争端双方无法就调解员的人选达成一致的，由初审法庭的庭长从初审法官名单中随机抽取调解员。而《欧盟—越南投资保护协定》附件 9 则将随机抽取调解员的权利赋予了联合委员会主席或其指定的代表。

协商后制定的议定书（Protocol）的具体规定，该议定书同时还可以就事实调查报告是否对争端双方有约束力以及委员会是否应在报告中提出建议等事项做出事先规定。上述调解规则和事实调查规则既可以独立适用，也可以与仲裁程序一同适用。亦即上述两个独立程序与仲裁程序在适用上不存在相互排斥，不仅为投资争端双方提供了更多的选择，也大大提升了这两个程序对争端方的吸引力（戚彤，2023）。

UNCITRAL 第三工作组也于 2023 年 3 月提交了关于投资争端调解机制的建议草案。该草案分为六个部分，分别就调解的适用（自愿性或强制性）、邀请（或要求）调解的文书应当包含的信息、与仲裁及其他争端解决机制的关系、调解的保密性、无损条款以及和解协议做出说明并草拟了相应的建议条款。其中最值得关注的是草案关于和解协议的建议条款。该条规定：双方应确保调解产生的和解协议符合 2018 年 12 月 20 日通过的《联合国调解产生的国际和解协议公约》（以下简称"新加坡调解公约"）中规定的要求。意在使和解协议可以根据新加坡调解公约获得执行便利，前提是该缔约国没有根据新加坡调解公约第 8（1）a 条提出相关保留。[①]

投资争端的预防机制因其成本低、最大限度维护国家规制权以及有利于维护主权国家的国际形象等优势在近年来得到越来越多国家的重视。1998 年，韩国成立外国投资监察员办公室（以下简称"OFIO"），由总统直接任命的投资监察员负责投资矛盾的早期处理。投资监察员负责帮助外国投资者解决经营中遇到的困难、受理外国投资者的投诉并建议有关行政部门和公共机构采取相关纠正措施。韩国的外商投资监察专员制度受到世界银行的高度评价，认为其为促进全球外商直接投资以及预防国际投资纷争起到了典范作用。受韩国外国投资监察员制度的启发，巴西在其 2015 年发布的《合作与促进投资协定》（CFIA）示范法及随后缔结的 14 个 CFIA 中都建立了国家联络点和联合委员会制度，向投资者提供咨询、受理投诉以及敦促投资争议在早期的协调解决。

二、ISDS 机制改革的模式分歧

虽然各主权国家和相关国际组织普遍认可 ISDS 机制改革的重点应当包括仲

---

① 新加坡调解公约第 8（1）a 条规定缔约国可以对其自身、其政府机构或代表其政府机构行事的任何人作为一方缔结的和解协议作出不适用公约的声明。白俄罗斯和沙特阿拉伯即根据此条对新加坡调解公约的适用做出了保留。

裁透明度和第三方参与的增强、对第三方资助的合理规制、仲裁员行为规范和道德管理的加强、裁决纠错机制以及投资争端解决机制的多元化，但在具体的改革模式选择上却存在较大分歧。当前比较有代表性的模式主要包括以 ICSID 为代表的渐进式改革模式、以欧盟为代表的系统式改革模式和以巴西为代表的范式改革模式（Anthea Roberts，2018）。

（一）渐进式改革模式

渐进式改革模式可能是当前大多数主权国家赞同的改革模式。该模式的核心特点是在保留 ISDS 机制的前提下通过加强对投资争议的预防、配合调解等多种争议解决方式、强化仲裁透明度和第三方参与、对第三方资助及其引起的利益冲突问题加强管理、提升仲裁员多样化和代表性，提高仲裁效率、降低仲裁成本以及增加防滥诉机制等方式弥补 ISDS 机制的不足，提升其合法性和权威性。

ICSID 作为最主要的国际投资争议解决机构，也是 ISDS 机制渐进式改革的主要拥护者和实施者。在其于 21 世纪进行的三次仲裁规则修订中，除了前文已经论述过的促进仲裁程序的透明度和第三方参与、加强对第三方资助国际投资仲裁的规制以及通过全新的调解规则和事实调查规则等内容之外，还分别针对降低仲裁成本并改革仲裁费用的负担方式、增设早期异议程序以减少滥诉、通过文件送达的电子化、简化仲裁庭组成、新增快速仲裁程序以及合并仲裁规则以提升仲裁效率以及增设上诉机制的可能性等事项进行了多轮改革的尝试，并就除上诉机制之外的其他制度和规则的完善取得了显著的成果。

国际投资争端仲裁成本高昂。2021 年，英国国际法与比较法研究所（British Institute of International and Comparative Law，BIICL）对 400 多个根据 ICSID、UNCITRAL 或其他仲裁机构仲裁规则进行的国际投资仲裁裁决以及 70 多个 ICSID 撤销决定的仲裁费用进行调查。数据显示：一般而言，UNCITRAL 仲裁费用比 ICSID 仲裁费用更高，申请方支付的费用比被申请方高，且在 2013～2017 年，申请方支付的仲裁费用上升了 67%，被申请方支付的仲裁费用上升了 13.8%。随着 ISDS 机制的改革，2017 年以后，当事方的仲裁费用有所下降。到 2020 年，申请方支付的仲裁费用平均为 640 万美元，被申请方则平均支付了 440 万美元（Matthew Hodgson，Yarik Kryvoi & Daniel Hrcka，2021）。

高昂的费用给国际投资争端仲裁的当事双方都造成了沉重的负担，也导致了第三方资助在国际投资仲裁中的快速盛行（Stavros Brekoulakis，2016）。但主要以被申请方身份出现在国际投资仲裁中的东道国无法通过第三方资助转嫁费用负担。同时由于既往 ICSID 仲裁规则中没有仲裁费用负担的明确规定，导致费用分配的不合理及不确定（龚柏华、朱嘉程，2022）。经过修订之后，ICSID 现行仲裁规则第一次明确了仲裁庭在裁决费用负担时必须参考裁决结果、当事人在仲裁过程中的行为（尤其是遵守仲裁规则及仲裁庭命令的情况）、案件的复杂程度、索赔费用的合理程度以及所有其他情况。修订后的仲裁规则增加了费用负担的可预见性与合理性，也有利于敦促争端当事方在仲裁过程中合理行事。

为了防止滥诉，在 2006 年仲裁规则第一次规定了早期异议规则之后，2022 年仲裁规则将初步异议规则（Preliminary Objections）与明显缺乏法律依据（Manifest Lack of Legal Merit）分开，将后者单独规定为第 41 条并明确规定该条既适用于实体诉请，也适用于 ICSID 中心管辖权以及仲裁庭权限等程序事项，进一步加强了对滥诉行为的有效防控。

过长的仲裁时间不仅拖延了国际投资争端的有效解决，也增加了当事双方的成本负担。ICSID2022 年仲裁规则通过仲裁文件的电子提交、引入快速仲裁程序、分步仲裁与合并仲裁规则以及缩短各关键程序的具体时限等方式以加快仲裁进程、降低当事方成本以及避免冲突结果（漆彤，2023）。

除了 ICSID 之外，美国、日本等主权国家也倾向于在现有的制度框架内通过强化投资仲裁透明度与第三方参与、限制仲裁庭自由裁量权与可仲裁争端范围等方式对 ISDS 机制加以改良。这些改良化主张也反映在《美墨加协定》、CPTPP、日本—安哥拉 2023 年 BIT 等经贸/投资协定的投资争端解决条款中（呆沈洁、肖冰，2023）。渐进式改革的拥护者认为 ISDS 机制的中立性、去政治化以及一裁终局和可执行性等核心优势未变，其合法性危机可以通过特定改革措施予以解决（丁亚南，2022）。但反对者则批评渐进式的改革模式是一种打补丁的改革方式，混乱而缺乏系统性（于占洋，2023）。也有人认为美国的渐进式改革主张是源于其保护投资者的核心目标未变、在 ICSID 的话语权和主导权优势更为明显及其贸易领域的行为逻辑在投资领域的延续（靳也，2021）。

（二）系统式改革模式

系统式改革模式的强力倡导者是欧盟，因其一贯认为导致 ISDS 陷入合法性危机的问题彼此关联，具有系统性或出自系统的本质，仅仅着眼于对具体问题的修补无助于解决系统性问题。早在 2015 年，欧盟委员会即通过新闻发布表明了其拟建立一个包含两审机制的投资争议法庭（ICS）以取代 ISDS 机制的意图。该法庭的法官将从具备国际法院或 WTO 上诉机构法官同等资质的人员中公开选任，上诉机制将参照 WTO 上诉机制进行运作，通过进一步明确限制争议受理范围以确保投资争端解决的独立性、专业性、透明度以及一致性，同时使东道国政府的管制权得到尊重和保障。随后，欧盟在其与加拿大、新加坡和越南缔结的双边投资协定中建立了双边投资法庭制度并就其与美国正在磋商中的《跨大西洋贸易与投资伙伴关系协定》（以下简称"TTIP"）中的投资争议解决提出了同样的建议。

在第一个设立了投资法院及上诉机制的 CETA 中，明确要求法官应当具备其国籍国职业法官或者法学家的专业资质，应当具备国际公法尤其是国际贸易法、国际投资法以及解决国际贸易或投资争议的专业特长。投资法院的法官总数为 15 人，由缔约双方组成的联合委员会进行任命，其中欧盟成员国国民、加拿大国民以及第三方国民各占 5 人。联合委员会还可以按照 3 的倍数增减法庭成员并按前述方式任命。[①] 法院院长及副院长均由随机抽取的第三国国民担任，任期 2 年。法官任期 5 年，但 15 名法官中随机抽取的 7 名任期为 6 年，法官均可以连任一届。[②] 个案的初审法庭及上诉法庭均由法院院长随机抽取 3 名法官组成，[③] 但初审可以应争端双方的要求随机抽取第三国国民担任法官进行独任审理。为确保法官能够随时提供投资争端解决服务，欧盟投资法院的法官采取专任制，其薪酬由每月领取的固定聘用费和参与个案审裁时所获得的费用和支持组成，前者从缔约双方提前存入专用账户中支出，后者则由个案的争端双方分担。为避免法官薪酬与其所审裁的案件数量挂钩，联合委员会还可以将聘用费和其他费用和开支转变为固定工资。

欧盟建立的 ICS 机制彻底改变了 ISDS 机制实施的针对个案设立专设仲裁庭和由争端双方选定仲裁员的做法。随机抽取个案审裁法官的做法切断了争端双方与仲裁员之间的联系以及潜在的道德风险。Jan Paulsson（2010）指出，对法官

---

① CETA 的 15 名法官不分初审法官和上诉法官，也即对于个案而言，每一个法官都可能参与初审或者上诉。但与 CETA 不同，《欧盟—新加坡投资保护协定》规定初审法庭和上诉法庭的法官数量均为 6 人，其中欧盟成员国国民 2 人，新加坡国民 2 人，第三方国民 2 人，也即欧盟—新加坡双边投资法院中的初审法官和上诉法官是分开的，初审法官只负责初审，而上诉法官只负责审理上诉案件。除了初审法庭的法官人数为 9 人之外，《欧盟—越南投资保护协定》的规定与《欧盟—新加坡投资保护协定》完全相同。

② 《欧盟—越南投资保护协定》中的法官任期为 4 年，但初审法官中随机抽取的 5 位以及上诉法官中随机抽取的 3 位任期可达 6 年，法官均可连任一届。《欧盟—新加坡投资保护协定》中的法官任期为 8 年，但初审法官和上诉法官中各随机抽取 3 位法官任期为 12 年，没有提及法官是否可以连任。

③ 初审法庭和上诉法庭都必须保证一名法官为欧盟成员国国民，一名法官为加拿大国民，担任庭长的第 3 名法官则来自第三国。

数量的限制和上诉机制的设立则进一步加强了审裁结果的一致性，但也因此彻底改变了国际投资仲裁以当事人意思自治为中心的本质属性和基本架构，因此被誉为司法化的改革。

（三）范式改革模式

范式改革模式的拥护者以巴西最为典型。基于对双边投资协定能否有效引进外资、ISDS 机制涉嫌歧视国内投资者以及有损国家主权等事项的考量，20 世纪 90 年代，巴西国会一直拒绝批准时任政府对外缔结的 BITs（Campello, Daniela, Lemos & Leany，2015）。2015 年巴西颁布了《合作与促进投资协定》（CFIA）示范法，此后分别与莫桑比克等 14 个国家缔结了 CFIA。这些 CFIA 中都排除了 ISDS 机制，代之以联合委员会和监察员（国家联络点）制度，以促进投资者与东道国之间的对话并预防国际投资争议的发生。CFIA 一出现就引发了广泛关注，被誉为新的投资协议模式（Nitish Monebhurrun，2017）。

在这些 CFIA 中，针对投资争端的解决采用了双层治理机制与三阶段模式（唐妍彦，2021）。双层治理机制指的是建立国家联络点（监察员）和联合委员会，前者负责对外国投资者的询问、建议和投诉提供咨询、反馈以及向东道国政府酌情提出建议。后者负责监督协定的执行，促进双方的投资合作以及协调投资争端的解决。三阶段模式则指投资争端解决的缓解阶段、预防阶段以及国家间仲裁阶段。缓解阶段主要由国家联络点（监察员）居中联络投资者与东道国政府，及时回应投资者的询问、对投诉进行反馈以及通过加强沟通和提供合理建议及时缓解投资关系的摩擦以阻断投资争端的产生。在预防阶段则由联合委员会应任何一方的要求，就未能及时缓解的投资争端进行谈判和磋商，在规定期限内发布报告就争端的解决提出意见和建议，防止争端升级为正式的投资争端。而当事方对联合委员会报告不满意的情况下，争端将进入到国家间仲裁阶段。这一阶段，投资者母国与东道国可以将投资争端提交给特设仲裁庭或者双方同意的常设仲裁机构，由仲裁庭对系争措施是否构成对协定义务的违反进行审查。如果认定系争措施违反了协定义务，仲裁庭可以要求东道国政府调整或取消该措施。双方还可以协议要求仲裁员审查协议义务项下的有关措施是否对特定投资造成损害，并确定损害赔偿。

2019 年，巴西针对 ISDS 机制改革方案以 CFIA 为基础向 UNCTAD 第三工作组提交了自身建议。在该建议中，巴西政府指出，CFIA 是为了克服传统双边投资条约缺陷而进行的创新。作为 ISDS 机制的替代方案，CFIA 中的两级预防机制以及国家间仲裁制度更加侧重于投资争端的防止和预先化解，既有效地加强了外国投资者与东道国政府机构的对话与合作，既有助于东道国政府改善营商环境，也有助于投资争端的友好解决并更好地维护了国家的外资监管权（魏丹、唐妍彦，2019）。巴西率先将一般规定于国内立法中的投资争端预防制度上升为双边条约层面的国际投资争端预防机制，为尽早防范和化解投资风险、加强主权国家在投资争端解决过程中的合作以及国际投资规则的变革贡献了新的方案（漆彤、胡安琪，2021）。

第二节　RCEP投资争端解决模式的选择与构建

2021年正式生效的《区域全面经济伙伴关系协定》（Regional Comprehensive Economic Partnership，RCEP）是中国政府近年来缔结的最重要的区域性经贸协定。作为区域内国际经贸规则的"整合器"，RCEP整合了东亚区域内既存的多个自由贸易协定，降低了区域经济合作碎片化和复杂化的风险，有助于更高质量的区域经济一体化建设（范存祺、莫敏，2024）。在其投资章节中，RCEP就投资保护、投资促进和投资便利化做出了全面的规定，但对投资争端的解决却未作具体安排，仅在第10（18）条约定在协定生效后的两年内，由各缔约方就投资者与国家间投资争端解决机制进行讨论并设定了3年的讨论期。

RCEP投资争端解决条款的缺失反映了各缔约方对此存在较大的分歧并且在短期内难以弥合。这种分歧根本上来源于因各成员国经济社会发展程度以及利益诉求不同而产生的认知差异（张励、黎亚洲，2024）。但作为国际投资活动极为重要的保护和救济机制，投资争端解决条款的长期缺位不利于区域内投资者投资信心的提升和投资活动的促进。

一、在充分考虑缔约国意愿的基础上选择多元化的投资争端解决模式

根据RCEP第10（18）条的约定，当前缔约国应当开始就投资争端的解决机制展开协商并于2026年底之前结束协商进程。虽然RCEP并未明确要求在3年协商期内必须完成投资争端解决机制的设置，但可以预见，如果经过3年的磋商各缔约国仍不能就投资争端的解决机制达成一致，将会极大地损害区域内投

资者的投资信心继而妨碍区域内投资活动的进一步发展。同时，UNCTAD 第三工作组关于 ISDS 机制改革工作的逐步推进以及各类改革模式在多边层面的充分讨论，都将有助于 RCEP 投资争议解决机制的构建。

（一）顺应国际投资争端解决机制改革的发展趋势选取多元化争端解决机制

在 ISDS 的改革进程中，虽然有渐进式、系统式以及范式改革等不同的改革模式之争，但在晚近国际投资协定或带有投资章节的自由贸易协定缔约实践中，绝大多数都为投资者—东道国间的投资争端解决设计了多元化的争端解决机制。

例如，渐进式改革模式的主要拥护者之一美国在其主导的《美墨加协定》中，针对美国与墨西哥之间设计了包括磋商、谈判、斡旋、调解、调停以及仲裁等多种投资争端解决方式供争端双方选择。在美国退出之后，CPTPP 在日本的主导下，就投资争端的解决也采取了与《美墨加协定》相同的多元争端解决方式。

系统式改革模式的大力倡导和实施者欧盟同样在 CETA、《欧盟—越南投资保护协定》以及《欧盟—新加坡投资保护协定》中都规定了友好协商、磋商、调解以及提交法院审裁等多种投资争端解决方式并详细规定了不同争端解决方式的适用顺序、条件及程序。在投资争端发生之后，投资者首先应尽可能与东道国进行友好协商，在友好协商无法达成协议的情况下投资者方可就东道国涉嫌违反投资保护义务的行为向东道国提出正式磋商的请求。磋商请求一般应当在投资者初次获悉或应当获悉东道国政府实施了违反投资保护义务的行为之日起 30 日内提出，如果在上述期限内投资者正在寻求东道国当地救济，则磋商请求应当自当地救济停止后的 1 年内、最迟不晚于投资者初次获悉或应当获悉东道国政府实施了违反投资保护义务的行为之日起 10 年内提出。磋商作为提交法院审裁的前置条件最长持续时间为 3 个月，提出磋商请求后 3 个月内未就争端解决达成一致的投资者可以书面形式向东道国提交将争端提交法院审裁的意向通知书。投资者意向书提交欧盟后，后者应在 2 个月内做出决定并告知投资者应以欧盟还是某个欧盟成员国为被申请方。意向通知书发出之日起 3 个月之后，投资者方可向双边投资法院提交审裁投资争端的诉请。在投资争端解决的全过程中，争端双方随时可以协议进行调解。

而范式改革模式的代表国家巴西也在其缔结的多个 CFIA 中贡献了监察员预防争端、联络点缓和争端以及国与国间投资争议仲裁（SSDS）等投资争端预防和解决方式，丰富了投资争端的解决途径。

可见，无论各国关于 ISDS 机制的改革模式持何种具体主张，但对于综合运用多种方法实现对投资争端的合理预防、及时缓解、公正解决以及降低成本提高效率等目标则具有高度的一致性，更加多元化的投资争端解决机制是未来的发展方向。RCEP 作为涵盖世界最多人口和最大经贸规模的区域性经贸协定，也是全球投资活动最活跃的区域，其投资争议解决机制的构建不仅对于区域内投资活动的发展具有重要意义，对于全球范围内 ISDS 机制改革的具体走向也具有重要的影响。同时，由于 RCEP 成员国涵盖了发达国家、发展中国家以及最不发达国家，其不仅经济发展水平差异巨大、资源禀赋不同，所属法系、国内法治水平、法律文化等更是差别明显，对投资争端解决机制的多元化需求远高于经济发展水平和法律制度接近的国家间缔结的区域自由贸易协定，也是多元化投资争端解决机制最佳的试验平台。

（二）在多元化投资争端解决机制的模式选取中须体现并协调缔约国的不同意愿

前文已述，当前 ISDS 机制改革的主要内容具体包括仲裁透明度和第三方参与的增强、对第三方资助的合理规制、加强仲裁员行为规范和道德管理、裁决纠错机制以及加强其他投资争端解决方式的运用，而改革模式则主要包括渐进式改革模式、系统式改革模式和范式改革模式。在确定采取多元化争端解决机制的同时，在 RCEP 投资争端解决机制的模式设计上，选取现有改革模式之一或是在对现有模式去粗取精后进行重新整合设计则取决于当前三种改革模式与 RCEP 成员方意愿的契合程度。

巴西等国家主导的范式改革模式的核心特征是以国家与国家间争端解决机制（State-State Dispute Settlement，SSDS）替代了 ISDS。此种方式确立了主权国家在投资争端解决中的核心地位，但将投资争端提交特设仲裁庭的方式既无助于裁决一致性的提升，同时剥夺投资者对仲裁参与的决定权，本质上与外交保护无异，有将投资争端解决政治化的风险。实际上，不应该脱离当今世界经济发展的现实背景去研究和讨论 ISDS 机制改革。正如 ISDS 机制兴盛于经济全球化高速发展的历史背景下，我们也应当注意到，当全球治理的脚步跟不上经济全球化发展的速度时，ISDS 机制在对国家规制权进行限制的同时却无法充分回应东道国民众在环境、文化等领域的可持续发展诉求，民族主义和保护主义的兴起以及对全球化的反对则不可避免（林惠玲，2021）。由投资者主导国际投资争端的解决向由主权国家主导国际投资争议解决的回归反映的是在当前 ISDS 机制中处于劣势的发展中资本输入国的利益需求。而如前文所述，RCEP 成员国涵盖各类国家，既包括日本、韩国、澳大利亚等净资本输出国，也包括新加坡等净资本输入国以及中国这样资本输入和输出平衡的国家。巴西为代表的范式改革模式显然无法全面覆盖 RCEP 成员国的多种需求，在当前 ISDS 机制改革中也并未成为大多数国家的选择。

欧盟主导的系统性改革模式在双边层面得到了一定范围内的实践，但其仅能实现对同一条约的统一解释和适用，无法实现对不同条约中的相同/相近条款解释和适用的一致性，且过多双边投资法院的存在反而会加重投资条约解释的碎片化。但欧盟同时也在 UNCITRAL 主导的 ISDS 改革工作中积极推动投资法院的多边化，希望在多边层面也能够用司法化的争端解决方式全面取代以当事人意思自治为核心特征的投资仲裁制度。2024 年 4 月，UNCITRAL 第三工作组发布了《关于设立投资争端解决常设机构的章程草案》（以下简称"草案"），内容涵盖常设机构的设立及其组织机构、审裁人员的遴选与任命、初审机构、上诉机构、初审程序、上诉程序、常设机构的运作以及最终条款 8 个部分。草案就国际投资争议解决常设机构的设置提供了两种方案：方案一设计的常设机构仅包含一次审裁，对符合特定条件的审裁结果可以申请撤销。方案二设计的常设机构则包含初审和上诉两次审裁，对初审结果不满的当事方在双方均同意上诉的前提下可以向上诉机构提起上诉。在审裁人员的遴选与任命方式、薪资来源、上诉事由、上诉程序对正在进行中的初审程序（撤销程序、裁决的承认和强制执行程序以及其他复审程序）的影响等事项上，草案的规定与欧盟双边投资法院的设计如出一辙。可见，草案的设计主要参考了欧盟双边投资法院的做法，其将审裁人员的选任权从争端当事方手中转移到了审裁机构主席（或副主席）手中并要求在确定审裁庭组成的过程中对审裁人员的地域、法系、性别等因素进行综合平衡考量，增强了审裁人员的多样性和代表性。同时规定审裁人员实行年薪制，其薪酬不再与是否获得选任以及选任次数相关，在一定程度上切断了审裁人员与争端方之间的利益关系。草案的发布充分说明欧盟主张的系统性改革模式在多边层面也获得了一定程度的认可，其与渐进式改革模式将成为 ISDS 机制改革的最主要竞争方案。

RCEP 投资争端解决机制的设计既不能脱离 ISDS 机制多边改革的发展和成果，更不能无视成员国的意愿。例如，2019 年 4 月，泰国政府就 UNCITRAL 第三工作组就投资人与国家间争端解决（投资争端解决）制度的可能改革提交评论意见，认为当前 ISDS 机制改革的重点应当是争端预防而非诉讼。建立投资争端预防机制、替代性争端解决机制以及为发展中国家提供咨询和指导服务的国际投资法咨询中心应是当前改革工作的重点。同时提出在工作组讨论中有效纳入其他组织所作分析和 ICSID 仲裁规则修订的成果。同期,日本与智利和以色列联合发表的评论意见中也暗示建立投资争端解决常设机构还未在成员方间达成高度共识,也不应成为 ISDS 机制改革的优先工作事项。韩国则对结构性改革的兴趣显然更为明显,其评论意见中虽然认为应当同时探讨系统性改革方案和渐进性改革方案,但其随后提出的建议更多地集中于投资争议解决常设机制的设立。同时也提出将投资争端预防方面的国际合作作为工作组的工作重点之一。中国政府就投资人与国家间争端解决制度可能的改革提交的意见书中则重点表达了对建立多边常设上诉机制的支持以及应加强替代性争端解决措施和仲裁前磋商程序的作用等观点。针对第三工作组于 2021 年发布的关于多边常设机构审裁人员选任及相关事项的草案,新加坡提出的修改建议包括:非缔约国的国民如果符合相关条件的也可以被任命为常设机构的审裁人员以加强审裁人员的多样性与代表性。同时为了避免利益冲突,审裁人员应当全职工作。关于审裁人员的资质要求,新加坡认为其应当具备曾在东道国政府机构任职或为政府机构提供咨询服务的经历,以弥补 ISDS 机制下仲裁员不熟悉政策制定的缺陷。除了缔约国和其他利益相关方可以提名审裁人员候选人之外,符合条件的人还可以自我提名等。韩国政府也认为为了促进多样性应当允许自我提名审裁人员候选人。同时提出为了避免利益冲突,要求审裁人员在任职期间不得行使任何政治或管制权力,也不得从事任何专业性的工作是恰当的。但应当对"专业性的工作"这一模糊的术语进行进一步澄清。

除了在第三工作组主持的 ISDS 机制改革工作中参与提案或评论之外,RCEP 各缔约方近期的 BIT 或 FTA 缔约实践也在一定程度上反映出其对国际投资争端解决机制的偏好。例如,新加坡在其与欧盟缔结的投资保护协定中接受了双边投资法院及上诉机制的安排,其在第三工作组关于设置常设多边机构及上诉机制的讨论中也表现积极,但其同时作为 CPTPP 的缔约国之一,对传统的 ISDS 机制的保留也没有提出反对意见。其在 2019 年与缅甸缔结的双边投资协定及 2022 年与智利、秘鲁及哥伦比亚三国缔结的《太平洋联盟自由贸易协定》中针对投资争端的解决仍然采取了传统的 ISDS 模式。可见其关注的重点在于当前投资争端解决机制缺陷的弥补,至于采用何种模式进行弥补则并没有明显的偏好。无独有偶,在与欧盟缔结的投资保护协定中接受了双边投资法院和上诉机制的越南同时也是采用 ISDS 机制解决投资争端的 CPTPP 的成员方。可见,司法化的投资法院机制更多的还是欧盟的坚持下才得以在双边层面现实推进。韩国在 2018 年与亚美尼亚、2019 年与乌兹别克斯坦缔结的 BIT，2020 年与印度尼西亚、2021 年与以色列缔结的 FTA 中对投资争端的解决均采用了 ISDS 机制。作为渐进式改革模式的拥趸，日本在美国退出 TPP 之后继续在 CPTPP 中采用传统的 ISDS 机制解决国际投资争端，但通过允许缔约国排除 B 部分（投资争端解决）对特定国内法律或者政策措施引发的投资争端的适用，保留了 ISDS 机制的灵活性。2020 年以后，日本在先后与摩洛哥、科特迪瓦、格鲁吉亚、巴林和安哥拉等国缔结的 BITs 中，就投资争端的解决也依然沿用了 ISDS 机制。而 2018 年《日本—欧盟经济伙伴关系协定》仅就缔约双方就条约的解释和适用争议规定了磋商、调解和仲裁等解决方式，并未规定投资者可以直接通过仲裁或其他方式就其与东道国间的投资争端提出诉请。澳大利亚曾公开对现行 ISDS 机制表示不满并提出将不再在新缔结的投资保护协定中订立投资争端仲裁条款。但 2019 年《澳大利亚—乌拉圭双边投资保护协定》和《澳大利亚—香港双边投资保护协定》中就投资者—东道国投资争端的解决仍然纳入了仲裁条款。在 2021 年《澳大利亚—英国自由贸易协定》和 2022 年《澳大利亚—印度经济合作暨贸易协定》中就关于协定解释和适用引发的争端做出了与前述《日本—欧盟经济伙伴关系协定》类似的规定。新西兰自 1999 年之后就没有缔结过新的双边投资协定。其近期缔结的《新西兰—欧盟自由贸易协定》（2023）和《新西兰—英国自由贸易协定》（2022）中，关于争议解决的范围及方式与前述《日本—欧盟经济伙伴关系协定》类似。其在加入 CPTPP 时与澳大利亚、秘鲁等国通过换文直接排除了 ISDS 制度，与马来西亚、越南等国则通过换文约定对投资争端个案提交仲裁须提前获得东道国政府的同意，而东盟的主要成员国马来西亚和泰国近年来在其缔结的经济合作伙伴关系协定和自由贸易协定中就投资者—东道国投资争端的解决也继续沿用了现行 ISDS 机制。

综上所述，就投资者与东道国间投资争端的解决机制问题，RCEP 缔约国的立场和偏好并不相同。对 ISDS 机制最为不满的是新西兰，其在加入 CPTPP 时通过大量换文排除和限制 ISDS 机制的适用。新加坡作为双边投资法庭机制的实践者之一，对继续维持现有的 ISDS 机制或者采纳司法化的投资法院模式并无明显偏好，其所关注的是能否通过改革有效弥补当前 ISDS 机制的缺陷。而日本作为渐进式改革模式的支持者，对司法化的投资法院持反对态度，更加认可在保留现有 ISDS 机制的基础上对其不足进行弥补。澳大利亚虽然对传统的 ISDS 机制明确表达过不满，但其仅在与其具有密切经济关系以及相近司法制度的国家之间缔结的 BIT 或者 FTA 中才会真正放弃 ISDS，转而选取东道国当地司法救济用于解决投资争端。例如，在加入 CPTPP 时通过互惠协定声明其与新西兰之间的投资不适用 ISDS 机制。

可见，RCEP 投资争端解决机制的构建并不比 CPTPP 投资争端解决机制简单，15 个 RCEP 成员国中既有对 ISDS 机制持坚决反对态度的新西兰，也有坚决维护 ISDS 机制的日本，既有参与过并熟悉双边投资法院实践的新加坡、越南，也有更加关注投资争端预防的韩国和泰国。成员国复杂的经济社会状况和对投资争端解决机制的不同观点决定了 RCEP 必须就投资争端解决设计尽可能多样的解决方法同时借鉴 CPTPP 的做法，允许成员国通过保留、过渡期、换文等形式选择和组合最适合自己的争端解决方法。

二、多元化投资争端解决机制的具体架构

ISDS 机制自 1966 年开始实施以来，截至 2023 年底共受理了 70% 以上的国际投资争端。近 10 年来，ICSID 每年管理和服务的国际投资争端都达到 200 个以上并且该数字仍在不断上升，是解决国际投资争端的第一大国际组织。可见，现存 ISDS 机制虽有诸多不足之处，但仍然受到投资者的普遍信任和支持，是当前解决国际投资争端的主要方式。此外，经过 ICSID 的多轮改革，ISDS 机制缺乏透明度和公众参与、对东道国管制权过分限制、对投资者和东道国公共利益保护不平衡、仲裁员重复委任、代表性不足等缺陷已经得到了很大程度上的解决。例如，ICSID 发布的 2023 年年度报告中表明，2023 年 ICSID 仲裁庭中的仲裁员来自 43 个不同的国家，其中 45% 的仲裁员为女性。虽然就错误裁决的救济有限问题 ICSID 迟迟无法推进实质性改革，但 ICSID 一直就多边常设上诉机构的设立与 UNCITRAL 第三工作组进行合作。结合上文中 RCEP 各主要缔约国在投资争端解决机制问题上的立场和缔约实践，RCEP 在投资争端解决机制的设定上既不能脱离现行 ISDS 机制改革的共识和既有成果，也不能脱离经济社会发展状况复杂的成员国对投资争端解决多样化的需求，因此必须要在吸收借鉴 ISDS 机制改革现有经验的基础上，设定多样化的投资争端预防和解决机制，同时给予成员国合理的选择权，使不同成员国能够根据自身经济社会发展的客观需求在多样化的投资争端预防和解决方式中进行自主选择。

综上所述，RCEP 投资争端解决机制应当借鉴 UNCITRAL 的做法，成为涵盖

投资争端预防和缓解机制、当事人友好解决争端机制、东道国救济、投资者—东道国争端的国际仲裁机制以及对错误国际仲裁的救济机制在内的综合性争端解决机制，并允许成员国通过双边或多边协商的方式，对可仲裁投资争端的范围、具体的投资争端预防和解决方式以及是否允许对仲裁裁决提起上诉进行灵活多样的安排。

（一）明确投资争端预防及缓解机制

就 RCEP 投资争端的预防及缓解机制的具体设定，韩国和巴西的经验可资借鉴。首先 RCEP 各缔约国应当各自建立本国的外国投资监察员或国家联络点，具体负责就本国的外资立法和政策问题接受外国投资者的询问；就投资设立的条件、程序、特定行业可享受的优惠待遇等问题提供咨询和建议；接受外国投资者对东道国相关立法、政策和管理措施的投诉并向具体投诉针对的东道国主管机关进行质询以及将主管机关的回复和解释及时向外国投资者反馈；居中联络外国投资者和投诉针对的东道国主管机关之间的直接沟通以及时缓解投资管理过程中出现的摩擦和矛盾。在监察员或国家联络点之外，各缔约国应各自派出两名代表组成 RCEP 联合委员会（或者直接授权服务与投资委员会）。在监察员（国家联络点）无法缓解投资摩擦和矛盾时，投资者母国既可应投资者请求也可自主决定向联合委员会（或服务与投资委员会）提出书面磋商请求。磋商既可以在投资者母国和东道国之间进行，也可以由投资者母国和东道国共同邀请 RCEP 的其他成员国参与。联合委员会（或服务与投资委员会）可以以报告的形式就争端的解决在规定期限内提供建议和意见。实际上，RCEP 第 10 章第 17 条投资便利化已经部分借鉴了 CFIA 的做法，但其并未将监察员或者国家联络点的设置及其职责规定为成员国的条约义务，而是采用了"应当努力"（Shall Endeavour）这样的鼓励性措辞，同时也没有授权 RCEP 服务与投资委员会负责缓解投资争端。可见，RCEP 的投资争端预防机制并没有强制性，也不完整，有必要在后续磋商中对该机制进行进一步明确和完善。

（二）争端的友好解决机制

除了争端缓解和预防机制之外，RCEP 还应当提供投资争端的友好解决机制，具体包括友好协商和调解。当投资争端无法由监察员居中缓解之后，投资者既可以通过向母国提出请求将投资争端提交 RCEP 联合委员会，也可以直接向东道国政府提出友好协商的要求。友好协商的请求应当采取书面形式，在接到友好协商请求书之后的 15 日内，东道国政府必须就是否接受友好协商请求给予回复。

除友好协商之外，争端双方还可以将投资争端提交调解解决。鉴于调解关注的重点是矛盾的调和而非行为在法律上的归责，因此调解员的选任更多地应当注重对国际投资实务和 RCEP 各成员国投资管理实践的熟悉程度。RCEP 各缔约方可从具备丰富国际投资经验和本国外资管理经历的本国国民中各推荐两人共同组成 RCEP 调解员候选人名册，以供投资争端双方选择。至于调解规则则可以选择 ICSID2022 年颁布的调解规则或以此为基础进行调整形成 RCEP 投资争端调解规则。

（三）东道国救济

东道国当地救济不仅可以降低投资争端解决的成本，也给了东道国及时纠正自身违反国际义务行为的机会，应当在 RCEP 投资争端解决机制的设定过程中予以保留。对于澳大利亚、新西兰和新加坡等国家，由于其经济发展水平相当、法律制度和文化接近，加之澳大利亚和新西兰对 ISDS 机制的反对立场更为强硬，东道国当地救济不失为更受欢迎的投资争端解决方式。同样地，对于 RCEP 成员国中的发展中国家，由于大多法治化水平不高，也非常希望保留东道国救济作为自我监督自我纠正的手段，以便在快速解决投资争端的同时最大限度地维护本国的国际形象。RCEP 成员国可以具体列明允许外国投资者使用的东道国当地救济手段并以一定期限内的友好协商作为提交东道国当地救济的前提条件。

（四）国际仲裁机制

鉴于所有 RCEP 成员国均为 ICSID 成员国，RCEP 可以规定投资争端可以提交 ICSID 依其现行有效仲裁规则仲裁或者提交其他仲裁机构或临时仲裁庭依据 UNCITRAL 现行仲裁规则仲裁。同时允许成员国对可仲裁争议的范围进行限制、将经过一定期限的友好协商、调解、东道国当地救济甚至用尽东道国当地救济单独或组合之后作为提交仲裁的先决条件。

（五）对错误裁决的救济机制

针对错误裁决，RCEP 可以规定经争端双方书面同意，可将错误裁决提交未来设立的多边上诉机构。关于可上溯法律文书的范围、上诉事由、上诉程序对正在进行中的初审程序的影响以及上诉程序对裁决撤销等其他针对同一初审决定的审查程序的影响等问题可以根据前述 UNCITRAL 第三工作组颁布的《构建 ISDS 上诉机制的草案》确定。

在构建起上述多样化的投资争端综合解决机制之后，RCEP 应当进一步明确，允许各成员方以附件、换文等形式，在双边或多边协商一致之后，选择以上争端解决方式中的一种或数种作为解决涉及彼此的投资争端的具体方式。

第三节　中国如何在 RCEP 投资争端解决机制构建中发挥引领作用

受全球经济不振和疫情影响，近年来，全球投资规模不断收缩，各种保护主义和单边主义在外资管制领域大行其道。在此背景下，约占全球经济体量 1/3 的 RCEP 的生效为世界经济一体化和全球治理提供了新的动力，也为促进区域内各国投资活动的进一步发展提供了新的保障。投资章节作为 RCEP 协定的有机组成部分，其顺利有效实施不仅有助于促进各缔约国之间的投资活动，也有助于通过投资带动区域内的贸易活动、人员往来和技术、文化交流，促进区域内经济一体化水平和整体竞争实力的提升。而争端解决机制作为确保实体权利得以实现的制度，其重要性不言而喻。缺乏程序保护的实体权利因没有"牙齿"而注定沦为海市蜃楼，缺乏争端解决机制的法律制度也是不完整的无法发挥实际作用的摆设。

一、积极承担起 RCEP 缔约国间政策沟通的桥梁作用

传统的国际法规则的构建途径不外乎拥有国际规则制定话语权的国家从维护本国利益出发，利用各类国际立法机制将本国意志上升为国际社会共同意志，然后再通过国际法实施机制，要求他国遵守（彭岳，2024）。现行国际贸易和投资法律制度即通过传统的国际法规则构建途径形成，其实质是强权政治在国际法领域的反映。鉴于主权的独立性和平等性，国际法本质上应当是主权国家的意志协调，也是国际法合法性和权威性的根源之所在。因此，在现行全球治理体系日益不适应全球化与国际关系新格局的背景之下，在国际法律规则重新构建的过程中应当及时改变传统的国际法规则构建途径，以平等互利为基本目标，通过协商一致和为不同国家提供符合其客观需求的灵活解决方案的方式使新的国际法律规则回归主权国家意志协调的本质。

同时，东盟 10 国和中国、日本、韩国等 RCEP 成员国虽然经济社会发展水平各异，但因地域临近，曾长期受传统东亚"和"文化的影响，普遍在国际交

往中反对公然对抗。RCEP 成员国中发展中国家居大多数，且多有被殖民统治的历史，对通过国际法律干涉主权国家内政保持高度警惕，也决定了 RCEP 投资争端解决机制的设定无法通过大国意志强行推动，必须通过协商一致的方式进行（Henry Gao，2022）。

（一）中国有帮助 RCEP 成员国进行政策协调的客观实力

但正如前文所述，RCEP 成员国法律体系复杂多样、法治水平差异悬殊且各方对不同的争端解决方式各有偏好，更不乏日本和新西兰这样对于传统 ISDS 机制的态度极端对立的成员国。因此其争端解决机制的磋商必须要一个贸易投资体量巨大、投资协定缔结经验丰富、对各类争端解决方式持中立开放立场并奉行平等协商原则的国家发挥引领作用。

根据国家商务部发布的 2022 年《中国对外投资合作发展报告》，中国的对外投资已连续 10 年位列全球对外直接投资流量前三，对外直接投资的区域分布十分广泛，其中 70%流向亚洲地区。2022 年中国海外投资的第二大目的地是东盟，占中国对外直接投资总额的 11.4%。对澳大利亚的投资流量为 27.9 亿美元，当年占流量总额的 1.7%。而在中国设立境外企业数量前 20 位的国家（地区）中，新加坡、日本、澳大利亚等 11 个 RCEP 成员国均赫然在列。2022 年末中国对外直接投资存量前 20 位的国家中 RCEP 成员国也占据了 6 席。[①] 2022 年，对华投资前 15 位的国家（地区）中，新加坡、韩国、日本分列第 2 位、第 4 位和第 5 位。根据国际货币基金组织收集的数据，2022 年，中国香港地区是日本的第二大外资来源地、泰国和马来西亚的第三大外资来源地、新西兰和印度尼西亚的第五大外资来源地，是泰国海外投资的第一大目的地；而中国是韩国的第二大投资目的地、日本和印度尼西亚的第三大投资目的地。可见，东盟 10 国和日本、韩国、澳大利亚等国家均为中国重要的投资伙伴关系国。随着中国海外投资规模的迅速增长，近年来中国年度吸收外国投资和海外直接投资的规模在不断接近，基本上形成了引进外资与海外投资的平衡态势，是名副其实的资本输出/输入大国。这一现实表明，中国在包括投资争端解决机制在内的国际投资法律制度的改革中必然处于一个客观中立的地位，中国支持的投资争端解决机制应当是综合考量投资者和东道国双方合法权益的、更加平衡、公正的法律制度和规则体系。中国也比单纯的资本输出国或资本输入国更适合担任 RCEP 成员国间的协调者。

---

① 这 6 个 RCEP 成员国分别是新加坡、澳大利亚、印度尼西亚、马来西亚、越南和泰国。

中国不仅是东亚"和"文化的发源国，在国际交往的既往实践中也长期坚持和平解决国际争端，反对霸权主义和强权政治，提出的和平共处五项基本原则超越了社会制度和意识形态，先后被 1970 年《关于各国依联合国宪章建立友好关系及合作的国际法原则宣言》和 1974 年《关于建立新的国际经济秩序宣言》纳入，成为现代社会国际关系的基本准则。而在全球经济持续低迷不振的大背景下，中国提出的"一带一路"合作倡议，10 年来在全球范围内拉动近万亿美元投资规模，形成 3000 多个合作项目，帮助近 4000 万人摆脱贫困（徐占忱，2024）。倡导开放性、包容性、平等性，给陷入困境中的全球治理注入新的动力，给世界提供了一项充满东方智慧的共同繁荣发展方案，也充分证明了中国具有协调不同制度、不同发展水平和不同意识形态国家共同参与国际投资活动的强大实力。

中国还是世界上缔结了最多投资保护协定的国家之一，根据联合国贸易与发展委员会的统计，截至 2024 年 7 月，中国共缔结了双边投资保护协定 146 个，涵盖投资章节的自由贸易协定 30 个。自 1982 年中国与瑞典缔结了第一个双边投资协定之后，中国不断扩大对外开放，积极参与国际投资法律制度的建设，致力于为中国境内的外国投资者及其投资提供更高水平的投资保护和更加便利化的投资服务，同时促使缔约对方为中国企业的海外投资提供同等水平的待遇。40 余年来，中国政府积累了丰富的缔约经验。对外缔结的各项投资保护协定的内容也随着国际投资法的发展而不断丰富和完善，对国际投资争端的非政治化解决和国际仲裁的信任度也在不断提升，是在国际投资领域继续推行全球治理的坚定支持者。同时，我们注意到中国已经与每一个 RCEP 其他成员国缔结了至少两个 BIT 或 FTA，其中的投资争端解决条款从早期以东道国救济为主辅之以极其有限的国际投资仲裁到近期涵盖了友好协商、调解、东道国行政及司法救济、ICSID 仲裁及临时仲裁在内的多元化投资争端解决机制（见表 2-1）。这一事实表明，中国已经成功地与所有 RCEP 其他成员国进行过多次投资协定的磋商和缔结活动，充分了解他们就国际投资争端解决条款的需求与意愿，也能够通过具有足够弹性的、多元化的争端解决方法的安排与其达成协议。这些成功的缔约实践也为中国充分沟通与协调 RCEP 各成员国的多样化需求与意愿、通过更加灵活和多样化的安排就投资争端解决机制达成一致意见提供了经验借鉴。

表2-1　中国与RCEP其他成员国间投资保护协定缔结及投资争议
解决条款的具体规定统计

序号	与中国缔结有投资保护协定的RCEP成员国	协定名称	协定中的投资争端解决条款内容
1	日本	中日1988年BIT	涉及征收补偿额的投资争端在6个月内友好协商不成的提交ICSID仲裁解决，但受岔路口条款约束
2	韩国	中韩1992年BIT	涉及征收补偿额或东道国其他补偿义务的投资争端在6个月内友好协商不成的提交临时仲裁或调解解决，但提交仲裁的权利受岔路口条款约束
		中韩2007年BIT	投资争议可提交东道国法院或者在4个月友好协商（或行政复议）不成后提交仲裁，但受岔路口条款约束
		中韩2015年FTA	4个月友好协商不成（如东道国法律有本国行政复议要求，则须满足4个月内行政复议不成的要求），可将争端提交东道国法院、ICSID或临时仲裁，但仲裁须放弃其他救济途径并受3年仲裁时效限制
3	新加坡	中新1985年BIT	友好协商6个月未能解决诉诸东道国法院；涉及征收补偿额的投资争端通过临时仲裁解决
		中新2008年FTA	因违反特定条款产生的投资争议在180日内无法通过友好协商解决的，可提交ICSID或临时仲裁，但须受3年仲裁时效限制
4	澳大利亚	中澳1988年BIT	3个月友好协商不成可提交东道国法院；涉及征收补偿额的投资争端3个月友好协商不成可通过临时仲裁解决
		中澳2015年FTA	投资争端在120日内无法通过友好协商解决的可提交ICSID或临时仲裁，但须受3年（或4年）仲裁时效限制
5	新西兰	中新1988年BIT	6个月友好协商不成可提交东道国法院；涉及征收补偿额的投资争端6个月友好协商不成可通过临时仲裁解决，但受岔路口条款约束
		中新2008年FTA	6个月友好协商不成（如东道国法律要求行政复议，3个月行政复议不成）可提交临时仲裁、ICSID调解或仲裁，但须受3年仲裁时效限制
6	泰国	中泰1985年BIT	无投资者—东道国投资争端解决条款；关于条约适用的争端由缔约双方通过临时仲裁的方式解决
7	马来西亚	中马1988年BIT	涉及征收补偿额的投资争端在1年内如果不能通过东道国行政救济得以解决，可提交东道国国内司法救济或者通过临时仲裁解决

续表

序号	与中国缔结有投资保护协定的 RCEP 成员国	协定名称	协定中的投资争端解决条款内容
8	越南	中越 1992 年 BIT	6 个月友好协商不成可提交东道国国内法院；涉及征收补偿额的投资争端在 6 个月内友好协商不成的通过临时仲裁解决，但受岔路口条款约束
9	文莱	中文 2020 年 BIT	6 个月友好协商不成（如东道国法律要求行政复议，则还须满足用尽行政复议的要求）可提交东道国国内法院或临时仲裁，但受岔路口条款限制
10	柬埔寨	中柬 1996 年 BIT	6 个月友好协商不成可提交东道国国内法院；涉及征收补偿额的投资争端在 6 个月内友好协商不成的通过临时仲裁解决，但受岔路口条款约束
		中柬 2020 年 FTA	无投资争端解决条款
11	老挝	中老 1993 年 BIT	6 个月友好协商不成可提交东道国国内法院；涉及征收补偿额的投资争端在 6 个月内友好协商不成的通过临时仲裁解决，但受岔路口条款约束
12	印度尼西亚	中印 1994 年 BIT	6 个月友好协商不成可提交东道国国内法院；涉及征收补偿额的投资争端在 6 个月内友好协商不成的通过临时仲裁解决，但受岔路口条款约束
13	菲律宾	中菲 1992 年 BIT	涉及征收补偿额东道国其他补偿义务的投资争端在 6 个月内友好协商不成的通过临时仲裁解决
14	缅甸	中缅 2001 年 BIT	6 个月友好协商不成可提交东道国国内法院、ICSID 或通过临时仲裁解决，但受岔路口条款约束
15	日本、韩国	中日韩 2012 年投资保护协定	争端经 4 个月友好协商或行政复议未能解决的可提交东道国法院、ICSID 或通过临时仲裁解决，但受岔路口条款约束
16	东盟 10 国（文莱、柬埔寨、印度尼西亚、老挝、马来西亚、缅甸、菲律宾、新加坡、泰国和越南）	2009 年《中国—东盟全面经济合作框架协议投资协议》	因违反特定条款产生的投资争端在 6 个月内友好协商不成的可提交东道国国内法院（或行政法庭）、ICSID 或临时仲裁，但受 3 年的仲裁时效限制，同时印度尼西亚、菲律宾、泰国和越南要求受岔路口条款限制

可见，中国作为世界经济增长的重要引擎，RCEP 其他成员方的重要贸易和投资伙伴，资本输入和输出平衡的大国，不仅具有丰富的国际投资协定缔约经验，而且在国际交往中长期坚持平等协商和互利共赢，提出的"一带一路"合作倡议为国际经贸活动提供全新的公共平台，为包括 RCEP 成员国在内的众多发展中国家提供新的发展机遇。客观上讲，中国有充分的实力协调 RCEP 成员关于

投资争端解决机制的磋商过程，成为各方政策沟通的桥梁。

（二）中国有帮助RCEP成员国进行政策协调的主观意愿

表2-2中的统计数据显示，RCEP成员国中，中国、新加坡、澳大利亚、韩国、日本和马来西亚是ICSID为代表的国际投资仲裁机制的主要使用者。这一事实在体现了RCEP各成员国资本输入和输出体量，也即在国际投资活动中客观地位的同时也从某种程度上反映出各国的营商环境和对国际投资仲裁机制的态度。

表2-2 截至2024年7月4日RCEP成员国在ICSID的涉诉数量统计①

序号	RCEP成员国	作为被申请方的涉案数量	作为申请方母国的涉案数量
1	中国	6	15
2	日本	0	5
3	韩国	4	5
4	新加坡	0	10
5	澳大利亚	0	12
6	新西兰	1	0
7	泰国	0	0
8	马来西亚	3	8
9	越南	3	0
10	文莱	0	0
11	柬埔寨	2	1
12	老挝	3	0
13	印度尼西亚	8	3
14	菲律宾	0	0
15	缅甸	0	0

联系前文中中国与其他RCEP成员国的国际投资协定/自由贸易协定缔约情况，有人发现，即便RCEP投资争端解决机制无法达成一致，对于中国而言，既有协定已经为向RCEP其他成员国境内投资的中国投资者提供了足够的国际投资争端解决机制并继而质疑中国积极参与RCEP投资争端解决机制协商的必要性。但为进行海外投资的中国企业提供足够的保护以及进一步改善中国的营商环境并

---

① RCEP成员国在ICSID的涉诉情况来源见ICSID官方网站相关数据［EB/OL］．［2024-06-07］．https：//icsid.worldbank.org/cases/case-database.

非中国积极推动 RCEP 投资争端解决机制磋商的唯一目标。RCEP 投资争端解决机制的构建同时也是进一步凝聚区域内各国共识、积极参与国际投资争端解决机制改革、提升中国在国际经贸规则重构过程中的话语权以及在保护主义不断抬头的逆全球化背景下坚定推动国际投资领域内的全球治理的重要举措。

2008 年全球金融危机以来，世界经济长期处于低迷状态，一些国家试图通过贸易和投资领域的保护主义措施从全球经济层面纠正其国内结构失衡（董志勇、李成明，2020）。与此同时，中国经济经过 40 余年的改革开放取得了长足的发展，自 2010 年开始国内生产总值即超越日本，成为仅次于美国的世界第二大经济体。国际货币基金组织（IMF）2024 年 4 月 16 日发布的《世界经济展望》指出：自 2000 年以来，二十国集团新兴市场经济体的冲击所产生的溢出效应有所增加，目前的规模与发达经济体冲击的溢出效应相当。

综上所述，在共商、共建、共享、共赢和人类命运共同体理念指导下的“一带一路”实践和 RCEP 等大型区域性自贸协定的缔结是中国追求与自身国际经贸地位和贡献相匹配的国际规则话语权的客观需求，也体现了中国积极承担大国责任、为促进世界经济一体化深入发展提供公共服务平台和公共产品的主观意愿。积极参与并协调 RCEP 成员方关于投资争端解决机制的谈判，也是中国参与国际投资争端机制改革、国际经贸规则重构和全球治理改革的一个侧面。在 RCEP 早期谈判阶段，中国就争端解决机制的设计积极提出具体议案的行为也足以证明中国参与国际经贸规则制定的愿望。以上事实充分说明中国有充分意愿也有足够的实力协调乃至引领 RCEP 投资争端解决机制的构建。

二、尽早形成投资争端解决的中国方案以供各方据此展开进一步谈判

尽管因新西兰等四国反对设立 ISDS 条款和其他原因，RCEP 搁置了投资争端解决机制的设立（Pat Ranald，2019）。但各方也一致同意投资者—东道国间投资争端解决机制的重新谈判应在协定正式生效后两年之内开始并于 3 年之内完成。这意味着投资者—东道国间投资争端机制的谈判最晚应该在 2023 年底开始，2026 年底之前结束。[①]

（一）拟订中国方案时需要考虑的多种因素

为了促使 RCEP 投资争端解决机制的谈判顺利进行并取得令各方满意的成

---

① RCEP 于 2022 年 1 月 1 日正式生效。

果，首先，中国应当尽早拟定关于 RCEP 投资争端解决机制的具体方案，以此为基础引导和协调各方展开后续磋商。关于 RCEP 投资争端解决机制的中国方案，有学者认为《中华人民共和国政府、日本国政府及大韩民国政府关于促进、便利及保护投资的协定》（以下简称"中日韩投资协定"）反映了中日韩三国政府的基本立场和诉求，而《东盟全面投资条约》则反映了东盟诸国的立场和诉求，两者就投资争端解决的规定大体一致，都对 ISDS 机制做了友好磋商、东道国当地救济以及国际仲裁等争端解决方式，因此可以以两者作为 RCEP "重述"的模板（赵玉意、董子晖，2022）。但考虑到《东盟全面投资条约》缔结于 2009 年，《中日韩投资协定》缔结于 2012 年，两者距今均已超过十年。事实上，马来西亚、印度、印度尼西亚和新西兰在 RCEP 既往谈判中明确反对 ISDS 机制和越南、新加坡先后与欧盟缔结了包含双边投资法庭制度的投资协定这些事实足以说明，当前 RCEP 各成员国对于投资争端解决机制的立场存在较大分歧。中国要想实现对 RCEP 投资争端解决机制谈判的有效协调乃至引领，其提出的具体方案必须照顾到每一成员国的需求，体现足够的包容性和灵活性。

其次，当前在亚太地区主要存在 CPTPP 和 RCEP 两个具有竞争关系的区域性自贸协定，但这并不意味着 RCEP 必须采取与 CPTPP 具有明显区别甚至截然相反的制度安排。原因在于制度竞争的胜利主要取决于其是否以及具体能在多大程度上尊重参与者的主观意愿、满足其客观需求。与此同时，我们必须考虑到 CPTPP 与 RCEP 存在成员国范围上的重叠以及中国已经正式提出加入 CPTPP 的申请这些事实。可见，中国方案的拟定除了考虑到当前 RCEP 成员国的不同立场和主张之外，还需考虑到与 CPTPP 投资争端解决机制的协调性，以便争取更多 CPTPP 成员国的信任，为中国顺利加入 CPTPP 打下坚实的基础。

最后，中国方案的具体设计应当反映当前中国引进外国投资和海外投资活动的客观需求。前文引用的各类统计数据表明，虽然中国当前引进外资和对外投资的总量比较均衡，但在 RCEP 区域内，中国主要还是以资本输出国的面目出现的。而区域内成员国经济社会发展水平、法治程度及国内司法制度差异巨大，加之中国海外投资中存在大量基础设施投资项目，本身亦是投资争端高发领域，中国方案必须对以上中国在区域内投资活动的状况和特点予以充分考虑，为投资者提供丰富有效、公正合理的投资争端解决手段。

（二）中国方案应当突出投资争端解决方法的多样性和适用的灵活性

充分尊重 RCEP 各成员国在投资争端解决问题上的基本立场、结合亚太地区经济一体化发展和参与国际经贸规则制定的客观需求、借鉴吸收多边层面 ISDS 机制改革的现有成果并考虑中国在区域内投资活动的特点和需求，RCEP 投资争端解决机制的中国方案应当囊括前述多元化投资争端解决机制的所有内容，具体包括投资预防及缓解制度、投资争端的友好解决制度、东道国国内救济、国际仲裁以及国际仲裁的上诉机制。同时借鉴 CPTPP 的做法，允许成员国通过双边和诸边谈判从上述争端解决方法中进行选择、组合和施加条件限制，作为解决涉及彼此的投资者—东道国投资争端的个性化方案。

目前，RCEP 第 19 章已经就协定本身的解释和具体适用，包括因成员国违反协定义务的行为引发的争端设置了谈判、斡旋、调解或调停以及专家组裁决等解决方法。与此同时，RCEP 第 10 章第 17 条第 5 款已经明确排除 RCEP 协定中任何争端解决机制对投资便利化措施引发争议的适用。[①] 第 17 章第 11 条（审查制度与争议解决）则将东道国主管机构对投资是否批准与承认以及对批准或承认投资必须满足的任何条件或要求的执行问题排除出了第 19 章（争端解决）的适用范围。因此，中国方案的设计必须注意与 RCEP 上述规定的协调并对其不足进行弥补。

首先，中国方案应当重点设计投资争端预防与缓解机制，尤其应当补充联合委员会（或服务与投资委员会）为缓解投资争端而进行谈判和磋商，以及在规定期限内发布报告就争端的解决提出意见和建议的权力，并明确规定投资争端缓解机制适用于投资便利化措施，以便促进 RCEP 成员国不断加强投资便利化措施并及时缓解因此而产生的误解和矛盾。由于投资争端预防及缓解机制的功能在于预防投资争端的发生及避免投资过程中产生的误解和矛盾转化为投资争端，严格意义上讲其实质并非争端解决机制，因此将其适用于投资便利化措施并没不会造成与 RCEP 第 10 章第 17 条第 5 款在适用上的冲突。

其次，中国方案在提供争端方友好协商、调解、东道国国内救济（包括行政救济和司法救济）、国际仲裁和错误裁决的上诉等多样化的争端解决方法之外，还应当参考 ICSID2022 年调解规则、UNCITRAL《关于投资争端调解机制的建议草案》或者其他代表性自贸协定中的投资争端调解规则制定专门的调解规则，就调解是否可以在争端解决的任何阶段进行、调解员的资质与选任、调解的最长期

---

① 根据该条的具体措辞，RCEP 协定中的任何争端解决机制，包括未来缔结的争端解决机制均不适用于投资便利化措施，详见 RCEP Chapter 10，Article 10.17（5）[EB/OL]．[2024-06-07]．https：//investmentpolicy. unctad. org/international-investment-agreements/treaty-files/6031/download.

限限制以及调解达成的和解协议的效力与执行问题做出明确规定。借鉴前述关于提升投资仲裁透明度和第三方参与、合理规制第三方资助以及加强仲裁员行为规范和道德管理等 ISDS 机制改革成果设置投资争端仲裁条款。

最后，中国方案应最大限度地体现灵活性，允许成员国在双边或诸边协商一致的基础上从上述争端解决方法中自主选择、组合和对任何争端解决方法的适用施加条件限制。具体包括允许对争端方友好磋商的最长时限进行不同约定；允许排除任意一种争端解决方法的适用；允许以一定期限内的东道国救济或者用尽东道国当地救济作为同意投资者将投资争端提交国际仲裁的前提条件；允许增加岔路口条款；允许将特定投资争端排除在可仲裁争端范围之外；允许以争端方书面同意作为上诉的前提条件等。但应当明确规定，投资者就国际投资争端提交 RCEP 投资争端解决机制解决以其母国没有就同一争端根据第 19 章提交争端解决或已经撤回第 19 章争端解决申请为前提，以避免平行程序以及因此造成的司法资源浪费和争端解决结果不一致。

第三章

RCEP 下竞争争端解决机制

将竞争政策纳入规范范围内，已成为当代自由贸易协定发展的重要特征之一。伴随着自由贸易协定在国际贸易中发挥着越来越大的作用，竞争政策越发受到重视。在自由贸易协定中制定竞争政策规则已成为发展趋势，RCEP、CPTPP、USMCA 等现今重要的自由贸易协定中都以专章的形式出现。越来越多竞争规则的出现，势必引发对竞争争端解决机制适用问题的关注。

整体来看，现有的自贸协定的竞争争端解决机制可分为四类：①直接适用协定统一规定的争端解决机制；②采用磋商方式解决竞争政策争端；③兼采磋商和统一的争端解决机制；④未设立竞争政策争端解决机制。

第一节　RCEP 与 CPTPP 等区域贸易协定竞争规则的异同

作为当前贸易体量最大的区域贸易协定，RCEP 与 CPTPP 中规定的竞争规则最具有代表性和先进性。比较二者规定可以发现，由于成员国经济发展模式不同、经济发展水平差距不同，导致在竞争规则的制定上也存在较大区别。整体来看，CPTPP 的竞争规则更为严格，对成员国的要求更高。

一、RCEP 竞争政策规则主要规定

RCEP 的竞争规则主要包含在第十三章，共计 9 条以及四个国别附件，内容

涉及目标、基本原则、针对反竞争行为的适当措施、合作、信息保密、技术合作和能力建设、消费者保护、磋商、不适用争端解决等。

（一）RCEP竞争政策规则的主要内容

1. 目标和基本原则

根据第一条的规定，RCEP竞争规则的目标在于促进成员方之间的市场良性竞争，以此提高成员方的经济效率和消费者福利。为实现这一目标，成员方之间应采取或维持禁止反竞争行为的法律和法规，并注重缔约方在制定和实施竞争法律和法规方面的区域合作。在实现上述目标的过程中，缔约方应当承认每个其他缔约方在制定、规定、管理和执行其竞争法律、法规和政策的主要权利，并且缔约方之间在竞争法和竞争政策领域的能力和发展水平存在重大差异。

2. 针对反竞争行为的适当措施

缔约方都应当采取或维持禁止反竞争活动的竞争法律和法规，同时应当建立一个或多个拥有独立决策权的主管机关，保证竞争法律和法规的有效实施。缔约国在适用竞争法律法规时应基于相关实体主要从事商业活动。除此之外，缔约方应保证其竞争法律法规的任何指南可公开获得。

主管机关在对违反竞争法律法规的主体进行处罚或救济之前，应当尽可能以书面的形式向其提供受到指控的原因，并在公正公平的基础上保证该主体有机会表达自己的意见提交和相应证据，给予其对该处罚或该救济独立审查或上诉的权利。

3. 合作

RCEP强调缔约方之间在竞争执法方面的协调与合作。该合作可以通过以下几种形式做出：第一，一缔约方认为其竞争执法活动可能对另一缔约方重大利益产生实质性影响的，应当尽快通报另一缔约方；第二，应请求缔约方之间进行讨论，以解决任何与争议执法相关的事项，该事项对提出请求的缔约方的重大利益有实质影响；第三，应请求，缔约方之间交换信息，以增进谅解或便利有效竞争执法；第四，应请求，协调缔约方之间就相同或相关的反竞争行为采取执法行动。

4. 信息保密

在信息的共享和保密方面，第十三章不得要求缔约方共享与其法律、法规和重大利益相抵触的信息。如果一缔约方请求另一缔约方提供保密信息，则应当向被请求方提供以下信息：请求的目的、被请求信息的预期用途以及请求方可能影响信息保密性的任何法律或法规。接收信息的缔约方应当：第一，对收到的信息保密；第二，在缺乏提供方另外授权的情况下，信息仅能用于请求该信息时披露的目的；第三，不得在刑事诉讼中适用收到的信息作为证据；第四，不向未经提供信息的缔约方授权的任何其他机关、实体或个人披露收到的信息。

5. 技术合作和能力建设

除了竞争执法合作之外，RCEP 第十三章还规定了技术合作，以便建设必要的能力用于增强竞争政策的制定和竞争执法工作符合其共同利益。具体来看，技术合作活动可以包括以下几个方面：第一，共享制定和实施竞争法律和政策相关的经验和非保密信息；第二，竞争法律和政策方面的顾问和专家之间的交流；第三，为培训目的而进行的竞争主管机关官员之间的交流；第四，竞争主管机关官员参与倡议项目。

6. 消费者保护

将消费者保护纳入到竞争政策条款的自由贸易协定并不算多，这也是 RCEP 先进性的体现之一。RCEP 竞争政策的第七条首先肯定了消费者保护在维护公平市场竞争的重要性，强调应就消费者保护相关事项开展合作。具体来说，每一缔约方应当采取或维持禁止在贸易中适用误导性做法、虚假或误导性描述的法律或法规。每一缔约方也应当认识到提高对消费者投诉机制的认识和利用这些机制的重要性。此外，缔约方也可以在具有共同利益的与消费者保护相关的事项上进行合作。

7. 磋商和争端解决

根据 RCEP 竞争规则的规定，缔约方之间有关竞争规则的争端，应当通过磋商的方式解决。提出请求的缔约方应当在请求中表明相关事项如何影响重大利益。此外，第九条明确规定，有关竞争规则的任何争议不得诉诸第十九章规定的争端解决。

（二）RCEP 竞争政策规则的主要特点

从总体来看，虽然 RCEP 并未规定国有企业与指定垄断企业的相关内容，但在竞争政策方面保持较高的水准，尤其是考虑到 RCEP 成员国之间存在较大的经济差距，因此根据成员国的发展程度给予了特殊及差别待遇。具体来说，RCEP 竞争政策规则主要有以下几方面的特点：

1. 高水平的国内竞争法和竞争执法的合作与协调

国内竞争法的协调一致是自由贸易协定竞争政策条款规范的核心问题，也是竞争政策规则的基础性条款，自由贸易协定向来重视这一问题。在RCEP的竞争政策规则的9个条款中，有4个条款涉及了这一问题，由此可见对这一问题的高度重视。

这部分内容的高水平性首先体现在协调国内竞争法的方式上。现阶段的自由贸易协定主要通过三种方式协调成员国的国内竞争法：第一，仅在协定中做出原则性规定，对成员国概括性要求设立或维持竞争立法，但缺乏竞争法规范的具体范围，这部分仍属于各成员国国内立法的范围。由于缺乏对违反竞争法行为的规制措施，因此这种协调方式水平最低。第二，明确要求成员国的国内竞争法对特定的反竞争行为进行规制。由于此方法对成员国的国内竞争法提出了明确的要求，因此协调水平较高。第三，综合上述两种措施，既有原则性规定，又明确要求成员国国内竞争立法对特定的反竞争行为进行规制（钟立国，2021）。此种方式要求成员国内竞争立法规制所有的反竞争行为，因此协调水平最高。RCEP即采用的第三种方式。

除此之外，这一特点还体现在为竞争执法制定了非歧视、程序公正和执法透明的义务。根据世界贸易组织的统计可知，仅有少数自由贸易协定有此方面的规定。RCEP不仅为成员国竞争执法方面设立了上述三大义务，并且还一一做出了详细的规定。

但也应认识到，虽然RCEP已在国内竞争法的合作和协调方面有了巨大优势，但仍同CPTPP存在一定的差距。相较而言，CPTPP的规定更加丰富，具体条款的规定更加详细、更具有可操作性。

2. 将消费者保护纳入竞争政策议题的规范范围

竞争政策与消费者保护之间是相辅相成、相互依赖的经济政策工具，二者具有共同的政策目标。随着自由贸易协定的大量签订，自由贸易在不断加深，也使得贸易与竞争政策、消费者保护之间的关系更为密切。对各成员国来说，提高市场有效的竞争水平与提高消费者保护水平之间已经成为维护市场健康的必要措施。

但现阶段大多数的贸易协定仅对消费者保护的合作问题做了概括性的规定，缺乏进一步的操作细节。RCEP不仅在第十三章的目标中指出，制定本章的目标就是通过采取和维持禁止反竞争行为的法律和法规，以及通过缔约方在制定和实施竞争法律法规的合作，促进市场竞争，提高经济效率和消费者福利，还在第七条"消费者保护"中用较多的篇幅详细地规定了消费者保护问题。

3. 给予发展中国家以特殊与差别待遇

考虑到 RCEP 区域内成员国的发展水平各不相同，国内竞争法的制定与实施状况也相去甚远，在制定竞争政策规则时，RCEP 针对相对落后的成员国制定了特殊与差别待遇。

首先，在第 2 条中明确规定每一缔约方拥有制定、规定、管理和执行其竞争法律、法规和政策的主权权利；以及缔约方在竞争法和竞争政策领域的能力和发展水平存在重大差异，并将其作为基本原则，为竞争政策规则定下了基调。

其次，在第十三章的附件中为部分欠发达缔约方设定过渡期。根据规定，由于文莱、柬埔寨、老挝和缅甸尚未制定国内竞争法，因此给予上述缔约方采取或维护竞争法律和法规、建立或维持竞争执法机构方面的义务 3~5 年的过渡期完成该项义务，并在过渡期内暂不承担"针对反竞争行为的适当措施""合作"的相关义务，在一定期限内豁免上述义务。

4. 国有企业和指定垄断企业规则的缺失

作为竞争规则的一部分，RCEP 缺少对国有企业和指定垄断企业的相关规定，影响了 RCEP 竞争规则的完整性。在当前包括了竞争政策规则的 241 项自由贸易协定中，有 149 项协定对国有企业和指定垄断企业做出了明确规定，由此可见该条款的重要地位。

作为 RCEP 谈判的主导者，国有企业在东盟的经济发展中发挥着重要作用，因此其并不希望在竞争规则中出现国有企业和指定垄断企业相关规则。无独有偶，作为 RCEP 经济体量最大的中国，也对在竞争规则中纳入国有企业和制定垄断企业规则持以保守态度。

二、CPTPP 等区域贸易协定竞争政策规则主要内容

虽然随着美国的退出，CPTPP 在经济规模和战略影响力大不如前，但其在新一代高水平国际贸易规则的制定方面仍具有代表性。尤其是在竞争政策方面，该协定以竞争中立为原则，首次将传统竞争政策规则一分为二，分别通过第十六章"竞争政策"规制反限制竞争行为，第十七章"国有企业和指定垄断规则"规制国有企业和指定垄断企业的行为。这部分将以 CPTPP 为核心，综合世界其他主要区域贸易协定，分析竞争规则的主要内容。

（一）竞争政策规则主要内容

1. 规则目标和宗旨

各国在制定本国竞争政策的目标和宗旨时往往会考虑诸多因素，包括国家整体经济情况、司法制度、国际环境等，这些因素都将影响竞争政策目标的制定。作为竞争政策规则的出发点，几乎所有纳入竞争政策规则的自由贸易协定都在第一条明确规定了自己的目标与宗旨。

CPTPP 第 16.1.1 条明确规定："每一缔约方应采用或维持禁止限制竞争商业行为的国家竞争法，以提高经济效率和消费者福利，并应针对该行为采取适当的行动。"从上述规定可以看出，CPTPP 竞争政策的核心目标是提高经济效率和消费者福利。为实现该目标，CPTPP 规定每一个缔约方应当努力将国家竞争法适用于其领土内的所有商业活动，并设立一个或多个负责执行其国家竞争法的主管机关。①

当前大部分的自由贸易协定在制定竞争政策目标与宗旨时，都会规定应当通过竞争政策的有效实施以保证经济效率和消费者福利的提高，同时还强调保证自由贸易协定的实施以及确保协定贸易投资自由化的利益得到实现（钟立国，2023）。例如《澳大利亚—韩国自由贸易协定》《欧盟—日本经济伙伴关系协定》等都有上述类似规定，但 CPTPP 缺少这部分的内容，仅提及经济效率和消费者福利两个方面。

2. 国内竞争法的协调

CPTPP 第 16.1 条规定了缔约国国内竞争法的协调。第 1 款规定每一缔约方应采用或维持禁止限制竞争商业行为的国家竞争法，以提高经济效率和消费者福利，并应针对该行为采取适当行动。这些法律应考虑 1999 年 9 月 13 日订于奥克兰的《APEC 关于加强竞争与监管改革的原则》。

第 2 款规定每一缔约方应努力将国家竞争法适用于其领土内的所有商业活动。然而，每一缔约方可规定某些免于适用其国家竞争法的情况，只要这些免于适用情况是透明的且基于公共政策理由或公共利益理由。这一规定要求各缔约国应当一视同仁地适用于境内的所有企业，而不应当因所有权的不同有所差异。但如果缔约方出于公共利益的需要，在满足透明度原则的前提下，可以豁免某些反竞争商业行为的实施。

---

① CPTPP 第 16.1 条。

第 3 款规定竞争法的实施问题。每一缔约方应设立一个或多个负责执行其国家竞争法的主管机关（国家竞争主管机关）。每一缔约方应规定，其一个或多个主管机关的执行政策依照第 1 款中所列目标行事且不因国籍不同而有所歧视。

3. 竞争法的具体执行与合作

CPTPP 从第 16.2 条到第 16.5 条规定了在竞争法执行方面的详细内容，主要涉及程序公正、私人诉权、合作以及技术合作四个方面。整体来看，CPTPP 并未直接规定协调缔约国成员的实体竞争法，仅要求缔约国采纳和维持其国内的竞争法，保证成员国竞争执法机构能公正执法便成为该协定的首要任务。

第 16.2 条第 1~4 款规定，每一缔约方应保证在对一人因违反其国家竞争法而实施处罚或救济之前，向其提供：关于国家竞争主管机关的竞争关注的信息；由律师代理的合理机会；以及听取意见和提交证据抗辩的合理机会，但是一缔约方可规定在其实施临时处罚或救济后的一合理时间内听取该人的意见并允许其提交证据。特别是，每一缔约方应向该人提供提交证据或证词进行抗辩的合理机会。每一缔约方应采取或设立程序和证据规则，适用于对涉嫌违反其国家竞争法行为的执行程序及据此作出的处罚和救济决定。每一缔约方应向因违反其国家竞争法而被施以处罚或救济的人提供寻求对处罚或救济进行审查的机会。

第 16.2 条第 5~9 款规定了缔约国竞争执法机关应当承担的责任和义务。每一缔约方应授权其国家竞争主管机关，经该机关和执法行动相对人同意，自愿解决涉嫌违法行为。一缔约方可规定此类自愿解决需获得法院或独立法庭批准，或在最终解决前设置公众评议期。如一缔约方的国家竞争主管机关发布公告，披露一项未决或正在进行的调查，则该机关应避免在公告中暗示公告中所指之人已经从事涉嫌行为或已经违反该缔约方的国家竞争法。如果竞争主管机关指控存在违反其国家竞争法的行为，则该机关应在执法程序中负责就其指控的违法行为确定法律和事实基础。每一缔约方应规定保护国家竞争主管机关在调查过程中获得的商业机密信息和根据其法律按密信息处理的其他信息。应保证其国家竞争主管机关向可能违反该缔约方国家竞争法的被调查人提供合理机会，就调查过程中产生的重大法律、事实或程序问题咨询竞争主管机关。

第 16.3 条规定了私人诉权问题。"私人诉权"指一人独立或在国家竞争主管机关作出违法认定后，向法院或其他独立法庭寻求就因违反国家竞争法的行为对其造成的损害进行赔偿的权利，包括禁令、金钱救济或其他救济。私人诉权是对国家竞争法公共执法的重要补充，每一缔约方应采用或维持规定独立的私人诉权的法律或其他措施。如一缔约方未采用或维持规定独立的私人诉权的法律或其他措施，则该缔约方应采用或维持法律或其他措施，则有权请求国家竞争主管机关对涉嫌违反国家竞争法的行为发起调查；在国内竞争主管机关作出违法行为认定后向法院或其他独立法庭寻求赔偿。

第16.4条和第16.5条规定了主管机关之间的合作和技术合作问题。每一缔约方应通过交流关于制定竞争政策的信息在竞争政策领域进行合作；酌情就竞争法执行问题进行合作，包括通知、磋商和信息交流。一缔约方的国家竞争主管机关可考虑与另一缔约方的竞争主管机关订立列出双方议定的合作条款的合作安排或协议。缔约方同意以与各自法律、法规和重要利益相一致的方式并在各自可合理获得的资源范围内开展合作。在技术合作方面，缔约方可以在以下几个方面展开合作：就相关问题提供建议或培训，包括通过官员交流；交流关于竞争宣传的信息和经验，包括促进竞争文化的途径；以及在一缔约方实施其新的国家竞争法时提供援助。

4. 消费者保护

竞争政策的终极目标之一是消费者的福利。消费者保护政策和执法对在自由贸易区内建设高效率和竞争性市场及提高消费者福利方面十分重要。为促进消费者权益保护，第16.6条第3~6款规定了缔约国在消费者权益保护方面的具体义务。

具体来说，每一缔约方均应采取或维持消费者保护法或其他法律或法规，以禁止欺诈或欺骗性商业行为。缔约方认识到跨越国境的欺诈和欺骗性商业行为不断增加，宜通过缔约方之间的合作和协调有效应对这些活动。因此，缔约方应酌情推动就涉及欺诈和欺骗性商业行为的具有共同利益的问题开展合作和协调，包括在各自消费者保护法的执行方面。缔约方应努力通过其确定的负责消费者保护政策、法律或执行的相关国家公共机构或官员，在与各自法律、法规和重要利益相一致的前提下，在各自合理可获得的资源范围内，开展合作和协调。

5. 透明度规则

作为WTO制定的基本原则之一，透明度原则在保证规则的透明化、制度的民主化方面发挥着重要作用。透明度原则已逐渐成为现代国际贸易和国际投资领域的重要原则。CPTPP 第 16.7 条第 1 款便强调了透明度原则在竞争执法过程中的重要地位。

首先，第 16.7 条第 2 款规定在每个缔约方认识到 APEC 竞争法律与政策数据库在提高各国国家竞争法、政策和执法活动透明度方面的价值的基础上，应努力维护和更新该数据库的信息。

其次，应另一缔约方请求，一缔约方应向该提出请求的缔约方提供有关下列内容的公开信息：其竞争法的执法政策和实践；对其国家竞争法的免于适用和责任豁免，只要该请求列明特定货物或服务和关注的市场并包括说明该免于适用或责任豁免如何阻碍缔约方之间的贸易或投资的信息。

最后，每一缔约方应保证，认定违反其国家竞争法的最终决定以书面形式作出，对于非刑事案件，列出事实认定和论证过程，包括作出决定所根据的法律分析，且如适用，还应包括经济分析。最终决定及执行该决定的任何命令，或在公布不可行的情况下，应当以使利害关系人和其他缔约方知晓的其他方式向公众提供。每一缔约方应保证，向公众提供的决定或命令的版本不包括受其法律保护不得公开披露的机密信息。

（二）国有企业与指定垄断企业规则

自 CPTPP 开始，国有企业与指定垄断企业规则以专章的形式出现。相较于过往多边或双边贸易协定中的国有企业规则，CPTPP 第 17 章无论是在内容上还是在规制体系上都更加趋于完整，对传统规则有了较大的突破（陈瑶、应力，2021）。CPTPP 国有企业章节共计 15 个条款、6 个附件，内容主要涉及国有企业和指定垄断企业的定义、规则的适用范围、非歧视义务、非商业援助规则、商业考虑、透明度规则等方面，其中非商业援助规则是该套规则体系的核心。后续以美国为主要成员国的自由贸易协定中，都出现了以 CPTPP 第 17 章为基础的国有企业和指定垄断企业专章规则，或在此基础上进一步提升规则力度。

1. 国有企业及指定垄断企业定义

CPTPP 并不阻止缔约国设立国有企业或指定垄断企业，但要求上述企业的设立应当遵循第 17.3 条所设立的规则。根据 CPTPP 第 17.1 条的规定，"国有企业"是指主要从事商业活动的企业且缔约方在该企业中直接拥有 50% 以上股份资本，或通过所有者权益控制 50% 以上投票权的行使，或拥有任命董事会或其他同等管理机构过半数成员的权力。"指定垄断"指在协定生效之日后指定的私营垄断者和缔约方指定或已经指定的任何政府垄断者。"政府垄断"指由缔约方或由另一政府垄断者拥有或通过所有者权益控制的垄断者。①

2. 非歧视义务

CPTPP 的非歧视义务规定在第 17.4 条,该条协定要求缔约国的国有企业和指定垄断企业在从事商业活动时,应当履行非歧视待遇义务。

CPTPP 的非歧视待遇义务同时适用于货物贸易和服务贸易,缔约国在购买货物或服务时,应当给予由另一缔约方企业提供的货物或服务的待遇,不低于其给予该缔约方、任何其他缔约方或任何非缔约方的企业所提供的同类货物或同类服务的待遇。同时给予由属该缔约方领土内涵盖投资的企业提供的货物或服务的待遇,不低于其给予由属该缔约方、任何其他缔约方或任何非缔约方投资者的投资的企业在该缔约方领土内相关市场中所提供的同类货物或同类服务的待遇。② 缔约国在销售货物或服务时,给予另一缔约方企业的待遇不低于其给予该缔约方、任何其他缔约方或任何非缔约方的企业的待遇;及给予属该缔约方领土内涵盖投资的企业的待遇,不低于其给予属该缔约方、任何其他缔约方或任何非缔约方投资者投资的企业在该缔约方领土内相关市场中的待遇。③

CPTPP 第 17.4 条第 2 款主要规定了指定垄断企业在购买、销售货物或服务时应当遵循的非歧视义务,措辞几乎与第 2 款一致,区别在于指定垄断企业多了(d)项的义务,要求缔约国不使用其垄断地位在其领土内的非垄断市场上直接或间接从事,包括通过其与母公司、子公司或该缔约方或指定垄断拥有的其他实体之间的交易从事,消极影响缔约方间的贸易或投资的反竞争行为。

第 17.4 条第 3 款规定了非歧视待遇义务的例外。国有企业和指定垄断企业可以以包括与价格相关的不同条款或条件购买或销售货物或服务,或拒绝购买或销售货物或服务,只要该差别待遇或拒绝是依照商业考虑做出的。此规定意味着对国有企业与指定垄断企业而言,只要其购买或销售货物或服务的行为符合商业考量义务,就可免于考察其行为是否符合非歧视义务。因此,商业考量义务是第一位的,非歧视待遇义务是第二位的(钟立国,2023)。

3. 非商业援助义务

作为 CPTPP 第 17 章的核心条款,非商业援助义务包括第 17.6 条、第 17.7 条、第 17.8 条,内容涉及非商业援助的定义、不利影响和损害这两大核心

---

① CPTPP 第 17.1 条。
② CPTPP 第 17.4 条第 1 款(b)项。
③ CPTPP 第 17.4 条第 1 款(c)项。

概念的理解。非商业援助义务是整个国有企业条款中着笔最多、内容最为丰富的规则，其最大的创新之处在于以 SCM 协定为基础，创设了第一套专门针对国有企业的补贴规则。其中，不利影响和损害这两个重要概念的界定与 SCM 协定相似，同时更加侧重于从国有企业这一角度规范国有企业的补贴问题。

CPTPP 的非商业援助义务主要分为两大情形，即缔约国对其境内的国有企业的非商业援助义务，以及缔约国对在另一缔约国境内的国有企业的非商业援助义务。从整体来看两者认定构成非商业援助的条件类似，都需要满足缔约国向本国国有企业提供援助，该项援助对其他缔约国的利益造成了不利影响，援助同不利影响之间存在因果关系。区别在于后者需要证明对东道国的国内产业造成了损害。

（1）缔约国向本国国有企业/另一缔约国境内涵盖投资的国有企业提供了援助。

在向境内国有企业提供非商业援助这种类型下，援助的提供主体并不局限于政府，也可以是成员的其他国有企业，或者是接受一成员委托或指示的非国有企业，援助的形式可以包括货物的生产与销售、提供服务等。而向另一缔约国境内的国有企业提供非商业援助的类型下，提供主体仅包括国家，并且援助的范围仅局限于生产或销售同类货物，并未包括服务。

（2）不利影响和损害。

根据第 17.7 条的规定，"不利影响"包括替代影响和价格影响两个方面。替代影响是指接受非商业援助的缔约方国有企业生产和销售的货物，取代或阻碍该缔约方市场自另一缔约方进口同类货物或属该缔约方领土内涵盖投资的企业所生产的同类货物的销售；或自另一缔约方市场取代或阻碍属该另一缔约方领土内涵盖投资的企业所生产同类货物在该另一缔约方市场的销售，或取代或阻碍任何其他缔约方同类货物的进口；或自一非缔约方市场取代或阻碍另一缔约方一同类货物的进口。

价格影响是指已获得非商业援助的缔约方的国有企业生产和在下列市场中销售的货物导造成大幅削减价格：缔约方的市场与在同一市场中缔约方同类货物进口的价格或属该缔约方领土内涵盖投资的企业生产的同类货物的价格相比较，或在同一市场上造成大幅价格抑制、价格压低或销售损失；或非缔约方的市场，与同一市场中另一缔约方同类货物进口的价格相比较，或在同一市场上造成大幅价格抑制、价格压低或销售损失；已获得非商业援助的一缔约方的国有企业所提供的服务自另一缔约方的市场取代或阻碍该另一缔约方或任何其他缔约方的服务提供者所提供的同类服务；或已获得非商业援助的一缔约方的国有企业在另一缔约方的市场中所提供的服务，与在同一市场中该另一缔约方或任何其他缔约方的服务提供者所提供的同类服务相比较，造成价格大幅削减，或在同一市场中造成大幅价格抑制、价格压低或销售损失。

CPTPP 第 17.8 条进一步规定了何为损害，即对国内产业的实质损害、对国内产业实质损害威胁或对该产业建立的实质阻碍。对实质损害的确定应根据肯定性证据，并包含对相关因素进行的客观审查，包括已获得非商业援助的涵盖投资的产量、此种生产对国内产业生产和销售的同类货物价格的影响，以及此种生产对生产同类货物的国内产业的影响。同时要求对实质损害威胁的确定应根据事实，而不是仅根据指控、推测或极小的可能性，并应慎重考虑。对涵盖投资给予的非商业援助将造成损害发生的情况变化必须是能够明显预见且迫近的。

（3）不利影响/损害与非商业援助之间存在因果关系。

根据第 17.6 条第 1 款的规定，另一成员方的利益遭受到不利影响，必须是因一成员方对其领土内国有企业提供非商业援助而造成的。一成员方必须证明其主张的不利影响是因为非商业援助造成的，保证适当的归因性分析。第 17.8 条第 4 款规定，必须证明涵盖投资所生产和销售的货物通过非商业援助的影响 24 正在造成本条范围内的损害。证明涵盖投资所生产和销售的货物与对国内产业损害之间的因果关系应以对所有相关证据进行的审查为根据。应审查除涵盖投资所生产的货物外的、同时正在损害国内产业的任何已知因素，且这些其他因素造成的损害不得归因于已获得非商业援助的涵盖投资所生产和销售的货物。

4. 透明度义务

CPTPP 第 17.10 条为国有企业制定了严格的透明度义务，规定了缔约国主动公开相关信息的义务、经其他缔约方请求后应当公开的信息义务、请求方的保密义务几个方面。

CPTPP 第 17.10 条的第 1 款和第 2 款规定了缔约国应当主动公开与国有企业及指定垄断有关的信息。协定对缔约国生效之日后 6 个月，向其他缔约方提供或通过其他方式在官方网站公开提供其国有企业名单，且此后应每年更新。每一缔约方应迅速向其他缔约方通知或通过其他方式在官方网站公开提供对垄断的指定或对现有垄断范围的扩大及其指定所含条件。

CPTPP 第 17.10 条第 3 款规定经另一缔约方书面请求，一缔约方应迅速提供关于一国有企业或政府垄断的下列信息，只要该请求包括关于该实体的活动如何影响缔约方之间的贸易或投资的说明：①该缔约方、其国有企业或指定垄断在该实体中累计拥有的股份比例，以及累计持有的投票权比例；②对该缔约方、其国有企业或指定垄断持有的任何特殊股份或特别投票权或其他权利的说明，只要这些权利不同于该实体普通股份所附权利；③在该实体董事会中任职或作为成员的任何政府官员的政府头衔；④可获得信息的该实体最近 3 年年收入和总资产；⑤根据该缔约方法律该实体所获益的任何免除和豁免；⑥关于该实体的可公开获得和该书面请求所寻求的任何额外信息，包括年度财务报告和第三方审计情况。

CPTPP 第 17.10 条第 4 款规定应另一缔约方书面请求，一缔约方应迅速书面提供关于其已采取或维持的提供非商业考虑援助的任何政策或计划的信息，只要该请求包括关于政策或计划如何影响或可能影响缔约方之间贸易或投资的说明。关于该实体的可公开获得和该书面请求所寻求的任何额外信息，包括年度财务报告和第三方审计情况。第 5 款规定了缔约方回复第 4 款请求时，应保证其提供的答复包含下列信息：该政策或计划下提供的非商业援助的形式；提供非商业援助的政府机关、国有企业或国家企业的名称，以及已获得或有资格获得非商业援助的国有企业的名称；提供非商业援助的政策或计划的法律根据和政策目标；对于货物，提供非商业援助的单位金额，如不可能，则提供非商业援助的总金额或年度预算金额，如可能，说明上一年的单位平均金额；对于服务，提供非商业援助的总金额或年度预算金额，如可能，说明上一年的总金额；对于以贷款或贷款担保形式提供非商业援助的政策或计划，提供贷款或贷款担保的金额、利率和收取的规费；对于以提供货物或服务的形式提供非商业援助的政策或计划，所收取的价格（如有）；对于以权益资本形式提供的非商业援助的政策或计划，提供投资的金额、所获股份的数量和说明，以及对潜在投资决策开展的任何评估；提供政策或计划的存续时间或所附任何其他时限；以及提供可用于对非商业援助对缔约方之间贸易或投资的影响进行评估的统计数据。第 6 款规定如缔约方认为其尚未采取或并未维持第 4 款中所指的任何政策或计划，则其应按此书面通知提出请求的缔约方。第 7 款要求被请求方以书面形式说明未回复的第 5 款中的相关点。

CPTPP 第 17.10 条第 9 款规定如缔约方根据本条下的请求提供书面信息并通知提出请求的缔约方其认为该信息属机密性质，则提出请求的缔约方未经提供信息的缔约方事先同意不得披露该信息。

三、RCEP 与 CPTPP 竞争政策规则之异同

（一）相同之处

（1）两个协议具有相同的立法目标。无论是 RCEP 还是 CPTPP，在制定竞争政策规则的时候，都将促进市场竞争，提高经济效率和消费者福利作为主要的立法目标。同时强调了缔约方之间在制定和实施竞争法律法规方面的区域合作，便利缔约方之间的贸易和投资。

（2）均强调各缔约方应当采用和维持禁止反（限制）竞争活动的竞争法律和法规，并至少设立一个或多个负责执行和实施其竞争法律的主管机关。该主管机关在执行其竞争法律法规方面应保持独立性。

（3）强调独立执法的公正性。明确禁止所有权歧视，每一个缔约方都应当以不基于国际进行歧视的方式适用和实施其竞争法律和法规；每一缔约方应对所有从事商业活动的实体适用其竞争法，而不考虑其所有权[①]。但是，每一缔约方可规定某些免于适用其国家竞争法的情况，只要这些免于使用情况（例外）是透明的且基于公共政策目标或公共利益理由[②]。

（4）强调执法与裁决的透明度。强调竞争执法透明的重要性，一缔约方应向提出请求的缔约方提供其竞争法规政策及实践，以及对其他国家竞争法的免于适用和责任豁免，只要该请求列明特定货物或服务和关注的市场的贸易与投资受到其阻碍的事实。每一缔约方应保证对违反竞争法的最终裁决或命令以书面形式做出，以使利害关系人和其他缔约方知晓的其他方式向公众提供，列出事实认定和认证过程所依据的法律分析甚至经济分析。同时保证向公众提供的决定或命令的版本不包括受其法律保护不得公开披露的机密信息。

（5）强调主管机关之间的合作。强调缔约方主管机关在有效竞争执法方面的合作，以及技术合作和能力建设。有效竞争执法的合作主要包括信息的交换和讨论，如竞争执法活动对另一缔约方的重大利益产生实质性影响的，应当尽快履行通报义务。在技术合作和能力建设方面可以通过交流、培训、经验和非保密信息共享等方式实现。

（二）不同之处

CPTPP 竞争法更加强调执法程序的公正性和透明度，通过规范程序公正，

---

① RCEP 第 13.3 条。
② CPTPP 第 16.1.2 条。

保护当事人的权益。具体来看，上述程序公正包括：应当尊重涉事当事人因违反竞争法而被实施处罚之前，法院应当能够保证其有合理机会接受律师代理，并且听取意见和提交相关证据。同时，作为国家竞争法公共执法的重要补充，保护当事人的合法权益，CPTPP 第 16.3 条制定了私人诉权相关规定。该条规定，缔约方应当赋予个人能够针对国家竞争主管机关涉嫌违反国家竞争法的行为请求调查的权利，如果该违法行为被法院认定，则寻求赔偿（全毅，2022）。

RCEP 更加强调各国制定竞争法的主权权利与法律法规的差异性，以保护不同发展程度的国家利益，以及执法能力的差异。其第 13.2 条规定的"基本原则"承认缔约方在履行本章权利和义务时强调：第一，每一缔约方拥有制定、规定、管理和执行其竞争法律、法规和政策的主权权利；第二，缔约方应当认识到各自在竞争法和竞争政策领域的能力和发展水平存在重大差异（全毅，2022）。

此外，从内容的涵盖程度来看，CPTPP 针对国有企业和指定垄断企业制定了专门的具体规则，但 RCEP 并不包括这部分内容。

第二节　CPTPP 等区域贸易协定下竞争争端解决机制的特点

一、CPTPP 等区域贸易协定下竞争争端解决规则分析

正如前文所述，CPTPP 的竞争规则分为竞争政策规则和国有企业规则两类，分别规定于第 16 章和第 17 章，各自也对争端解决机制做出了相应的规定。因此，本部分内容拟将综合当前主要自由贸易协定相关规则，探讨不同自由贸易协定下的竞争争端解决机制。

（一）竞争政策争端解决规则

对于适用竞争政策章节所产生的纠纷，CPTPP 第 16.9 条明确规定，缔约方不得援用第 28 章（争端解决）下的争端解决。事实上，自 NAFTA 以来，以美国为主导的自由贸易协定在有关竞争政策的争端解决方面一直坚持不得适用争端解决机制的做法，可以看出各缔约方不愿过多受到该条款的约束（钟立国，2023）。

虽然 CPTPP 规定争端解决机制不适用于竞争政策条款，但允许缔约国之间

对因履行第 16 章的义务所发生的争议可通过磋商的方式解决。在请求中，提出请求的缔约方应表明，如相关，该事项如何影响缔约方之间的贸易或投资。被请求的缔约方应对提出请求的缔约方的关注给予充分和积极考虑。USMCA 等主要贸易协定也存在上述类似规定。

（二）国有企业与指定垄断企业争端解决规则

与 CPTPP 第 16 章明确排除第 28 章争端解决规则的适用不同，第 17 章并未排除第 28 章的适用，并且在其第 17.12 条、第 17.15 条以及附件 17-B 的规定都涉及争端解决的问题。

根据 CPTPP 第 17.12 条的规定，缔约方设立国有企业和指定垄断委员会（委员会），由每一缔约方的政府代表组成。委员会的职能应包括：审议和考虑本章的运用和实施情况；应缔约方请求，对本章下产生的任何事项进行磋商；酌情推动合作努力，以在本自由贸易区内促进本章所含纪律中体现的原则，并为在两个或多个缔约方参加的其他区域和多边机构中制定类似纪律作出贡献；以及开展委员会可能决定的其他活动。由此可见，缔约国成员因履行第 17 章项下的义务所产生的纠纷，应当优先经由国有企业和指定垄断委员会通过磋商解决。

虽然第 17.12 条规定了磋商解决纠纷的路径，但第 17 章并未排除第 28 章争端解决机制的适用。根据第 28.3 条第 1 款关于适用范围的规定，除非 CPTPP 另有规定，否则应当适用第 28 条的规定解决相关纠纷。CPTPP 第 17 章并未排除第 28 章的适用，因此缔约国之间有关国有企业和指定垄断企业的争议可以通过第 28 章的规定得到解决。第 28 章规定的争端解决方法包括磋商、斡旋、调停与调解、专家组程序，并且实行专家组一裁终裁制，裁决直接对缔约国成员发生法律效力。由此可见，相对于仅规定了磋商解决方式的竞争政策争议，国有企业和指定垄断企业争议解决的法律约束力要强得多。

除此之外，第 17.15 条和附件 17-B 还规定，如果专家组已根据第 28 章（争端解决）设立，以审查在第 17.4 条（非歧视待遇和商业考虑）或第 17.6 条（非商业援助）下提起的起诉，则争端各方可按第 2 款、第 3 款和第 4 款中所列交换书面问题和答复，以获得与起诉相关的以其他方式无法容易获得的信息。一争端方（提问缔约方）可在专家组设立之日起 15 天内向另一争端方（答复缔约方）提交书面问题。答复缔约方应在收到问题之日起 30 天内向提问缔约方提交其对问题的答复。提问缔约方可在收到对最初所提问题的答复之日起 15 天内向答复缔约方提交任何后续书面问题。答复缔约方应自收到后续问题之日起 30 天内向提问缔约方提交其对后续问题的答复。

二、CPTPP 等区域贸易协定下竞争争端解决机制的特点

从上述规定可以发现，以 CPTPP 为代表的竞争争端解决机制的规则整体水平较高，其将竞争规则分为竞争政策与国有企业和指定垄断企业的做法避免了缔约国国内竞争政策未来受到 CPTPP 争端解决机构裁决规制的可能性，同时又将国有企业和指定垄断企业的商业行为纳入其规制范围之内，从事实上限制国有企业的补贴行为。整体来看，CPTPP 等区域贸易协定下竞争争端解决机制具有以下几方面的特点：

（一）竞争争端解决机制调整内容丰富化

综观竞争规则的发展变化可以发现，以 NAFTA 为代表的早期自由贸易协定中较少规定竞争政策，通篇仅有 5 条款涉及相关内容，命名为"竞争政策、国有企业和指定垄断"。其中，第 1501 条规定了贸易与竞争的联系，宣示性地规定了各成员国应当如何积极合作；第 1502 条规定了指定垄断企业的义务；第 1503 条规定了国有企业规则；第 1504 条规定了应当建立一个贸易与竞争工作组；第 1505 条属于定义条款，对相关概念进行了澄清。[①] 概括来看，NAFTA 在竞争规则方面确立了成员的六大义务：采用与维持国内竞争法的义务、竞争执法的协调与合作义务、禁止利用协定一般争端解决机制的义务、正当行使指定垄断义务、保证国家企业正当营运的义务、设立贸易与竞争工作组的义务（钟立国，2023）。可见，作为同期规则最为超前的 NAFTA，对于竞争规则的制定也主要持以谨慎的态度。

而以 CPTPP 为代表的自由贸易协定在制定竞争规则时的一大特点就是将国有企业和指定垄断企业单开一章，从传统竞争政策规则中分离出来。此举完善了自由贸易协定中的竞争规则，使其进一步趋向完整，形成"维持国内竞争法"及"国有企业和指定垄断企业"两套规则体系。前者制定了详细的竞争执法合作、程序公正与保护私人权益义务、消费者保护、透明度义务规则，后者更是针对国有企业和指定垄断企业构建了一套专门的规则体系，内容涉及非歧视义务、商业考虑义务、非商业援助义务、透明度义务等，相较于 NAFTA，在规则的完善程度和体量来看有了极大的提升，规则的可操作性也得到了增强。

[①] NAFTA 第 1501 条至第 1505 条。

（二）打破了之前自由贸易协定竞争争端不适用争端解决机制的状况

虽然在 CPTPP 签订之前，也存在大量的自由贸易协定，但它们大多明确规定，当因履行竞争政策条款所发生的争议，一般只能通过磋商的方式解决，不能适用自由贸易协定中的争端解决机制。例如，NAFTA 第 1501 条第 3 款明确规定"本条款下引发的任何争议成员都不可求助于争端解决机构解决"。① 《欧盟—韩国自由贸易协定》第 11 条制定了有关竞争规则的相关内容，第 11. 8 条同样规定任何成员方不得将本条款项下产生的争议诉诸争端解决机制。②

事实上，各成员国之所以制定上述规则，主要出于避免国内竞争政策受到争端解决机构裁决约束的原因。如若允许将因履行竞争政策所引发的争议提交到争端机构解决，这就意味着各成员方都应受到依据争端解决章节成立的专家组的约束，败诉国将受到专家组裁决的限制，应当承担相应的法律责任。而 CPTPP 竞争规则打破了这一局面，虽然因第 16 章竞争政策所引发的争议依然不能提交到争端解决机制解决，但是第 17 章却允许成员国将该章项下的争议适用第 28 章的争端解决程序予以解决。

第三节　RCEP下竞争争端解决机制的不足及完善

虽然 RCEP 是当前全球最大的自由贸易区，是东亚区域经济一体化新进程的标志，对于亚太经济一体化进程的推动有着积极作用，但也应看到，由于 RCEP 成员国数量较多，成员国之间经济发展水平差距较大，包括发达国家、发展中国家和较不发达国家三种类型，成员国利益和诉求有所不同，这就决定了 RCEP 在制定竞争争端解决机制时存在较大限制，存在一定的不足亟待完善。

一、RCEP竞争争端解决机制不足分析

从上述分析可以得知，RCEP 竞争规则并未同 CPTPP 一样分为竞争政策规则

---

① NAFTA Art. 1501. 3：No party may have recourse to dispute settlement under this agreement for any matter arising under this article.

② EU‒South Korea Free Trade Agreement，Art. 11. 8：Neither party may have recourse to chapter fourteen（Dispute Settlement）for any matter arising under this section.

和国有企业规则，前者缺少对国有企业竞争行为的规制，仅规定了各缔约方在竞争政策的执行方面的权利义务。鉴于此，RCEP 竞争争端解决机制也以上述规则为基础，规定以磋商的方式解决因竞争政策所引发的争议。然而从实践来看，该竞争争端解决机制的设置存在一定的不足，有待进一步完善。

（一）以磋商作为唯一的争议解决方式天然存在不足

磋商作为替代性争议解决方式之一，在制度上具备一定的优越性，并且广泛适用于国际争端解决之中：第一，磋商方式具有较强的灵活性，能够及时根据争议双方的需要调整磋商的具体安排，比如设置磋商的日程、挑选处理争议的机构等。为保证所有的利益相关方愿意参与到磋商程序中，设置了相关制度以杜绝在交涉过程中存在不公平不公正的可能性。第二，磋商更容易实现"双赢"。当争议双方在处理纠纷时选择利益导向路径而不是单边导向路径时，磋商更容易达成一个有利于双方的结果。在磋商过程中如果更多地聚焦于争议双方的多重利益需求，并使用客观标准作为磋商机制的依据，那么更容易达成一个能够满足争议各方需求的协议。第三，磋商更加体现自愿性。任何缔约方都无法硬性强迫其他缔约方参与磋商程序。第四，在善意原则的基础上，磋商为双方提供制定一个能够反映双方利益协议的机会。

虽然磋商程序在竞争规则的争端解决方面贡献突出，但如若将其作为竞争规则中唯一的争端解决机制仍存在较大的不足：

1. 磋商结果较容易受到争议双方实力的影响

作为替代性争议解决方式的一种，相较于其他争议解决方式磋商更多地体现出政治性，磋商结果将受到争议国之间国家实力的影响，最后造成仅一方缔约国获得令其满意的协议的结果。在磋商过程中，当争端双方在政治影响、国家实力、经济力量等方面存在较大差距时，将使弱小的一方缔约国处于不利地位，损害了公正公平的市场竞争环境（赵维田，2000）。一旦有一方成员国的核心利益并未在磋商中体现，那么最后所达成的协议也就没有那么有价值了。由于缺乏强有力的制约程序，直接导致即便磋商双方处于不平等的地位，也难以对力量强大的争议方有任何的影响。

2. 缺乏磋商程序的替代性制度

由于 RCEP 竞争规则明确规定了排除第十九章争端解决机制的适用，虽然看似为竞争争端的解决带来了便利，但是由于仅有磋商这种争议解决的规定过于简单化，使得竞争政策争端解决缺乏程序上的保障，导致很多竞争政策争端在磋商阶段久拖不决（殷敏、葛琛，2022）。除此之外，这种规定方式缺乏后续的替代性制度。一旦发生磋商无法解决争议双方的竞争问题的情况，RCEP又没有相应的应急程序，竞争争议最终只能陷入僵局。

3. 部分竞争争议不适合通过磋商解决

从争端解决实践来看，某些争议并不适合仅通过磋商解决。例如，如果各方产生分歧是由双方对立的意识形态所导致的，那么争议双方几乎不可能达成协议。在这类敏感问题上，各方或是留下很少的余地，或是根本没有留有余地，自然也不愿意做出任何这类让步。

4. 磋商程序缺乏必要的透明度

作为RCEP竞争政策三大原则之一，透明度原则体现在竞争政策方面，例如，竞争法和竞争调查程序规则的公开适用等。但是RCEP竞争政策中的"磋商"条款规定得相对模糊，并未明确规定要将磋商程序中那些不涉及国家保密信息等具体过程向公众公开，仅要求在最后阶段公布竞争争端解决得最终结果，如此会导致整个磋商程序缺乏必要的透明度，增加竞争政策执行过程中的不确定性（殷敏、葛琛，2022）。

（二）缺乏国有企业相关竞争规则

将国有企业规则纳入竞争规则之中已经成为当前自由贸易协定的趋势，主要针对因政府所有而获得额外竞争优势的、从事商业行为的国有企业和指定垄断企业。然而，从中国对外签订自由贸易协定的习惯来看，通常对国有企业与指定垄断企业规则的制定持以回避态度。根据《中国自由贸易区服务网》的信息显示，现阶段中国对外签订的自由贸易协定中，有9个以专章的形式规定了竞争政策规则，仅有一个《中国—韩国自由贸易协定》以"公用企业"与"享有特殊权利或排他性权利企业"间接涉及了国有企业的相关规则。在RCEP成员国当中，中国、新加坡、越南等都是国有企业在经济发展中发挥着重要作用的国家，未来势必会因为国有企业的商业行为产生争议，而这部分内容的缺失也将为争议的顺利解决带来障碍。

涉及国有企业规则的争端解决机制大体可以分为采用磋商方式解决国有企业竞争争端、兼采磋商和统一的争端解决机制、未设立国有企业竞争争端解决机制三类（殷敏、葛琛，2022）。其中欧盟与韩国签订的自由贸易协定属于第一类，其竞争章节包括国有企业竞争规则与竞争政策规则，该章节明确规定所有与竞争有关的争议不可适用统一的争端解决机制，而应当通过磋商的方式解决。CPTPP

与 USMCA 中制定的竞争争端解决机制属于第二类。该种类型的争端解决机制特点是根据引发争议的规则不同而适用不同的争端解决方式。因履行竞争政策所引发的争议应当通过磋商的方式解决，但是因国有企业规则所引发的争议应当适用协定统一的争端解决机制。第三种类型主要存在以下两种情况：第一，贸易协定中并未规定国有企业相关的竞争规则；第二，贸易协定中包含国有企业相关规则，但并未规定针对国有企业适用的竞争争端解决机制。第一种情况自然会导致国有企业竞争争端解决机制的缺失，而第二种情况主要出现在欧盟对外签订的贸易协定中。

很明显 RCEP 属于未设立国有企业竞争争端解决机制这一情况，而这明显与当前自由贸易协定的发展趋势背道而驰。由于 RCEP 是一个容纳了 15 个成员国的大型自由贸易协定，成员国之间发展水平差距较大，将国有企业作为主要经济发展动力的国家较多，因此在一定程度上限制了高强度贸易规则的制定。但也应看到，正是由于国有企业在 RCEP 成员国的数量较多、体量较大，一旦成员国之间因国有企业的商业行为引发争议，则必然陷入无法解决的僵局。长期以往并不有利于区域内市场的正常运营。此外，中国已经申请加入 CPTPP，RCEP 国有企业竞争争端解决机制的缺失也使中国失去了一次良好的调整本国相关规则的机会。

二、中国的应对

虽然 RCEP 竞争争端解决机制仍存在较多缺陷，国有企业和指定垄断企业规则的缺失也将造成国有企业争议解决的空白，但从整体来看，RCEP 竞争争端解决机制在当前区域贸易协定中水平不可谓不高。鉴于此，中国可以从以下两个方面进行应对：

（一）完善竞争政策争端磋商程序

RCEP 竞争政策争端解决机制排除了第十九章统一争端解决机制的适用，主要采用磋商的方式解决。磋商方式天然具有的劣势在当其成为竞争政策争端解决唯一途径时将体现得更为明显。如果对竞争政策争端磋商方式制定了详细的程序或许能够适当弥补部分缺陷，但显然 RCEP 竞争政策磋商程序并不具备该条件。根据 RCEP 第 13.8 条的规定，磋商程序的启动需要根据一缔约方的请求，被请求的缔约方应当与提出请求的缔约方进行磋商。提出方应当在请求中表明争议事项对贸易或投资重大利益的影响程度。该规定仅有原则性规定，缺乏具体的操作细节。因此应当进一步完善磋商程序。

1. 增设磋商替补措施

当前 RCEP 竞争政策争端解决程序的最大问题在于，如果争议双方迟迟难以对争议事项达成协议，由于磋商解决方式的排他性规定导致无法援引其他争端解决机制，竞争问题的解决便成为僵局。更有甚者，缔约国可以利用这一漏洞，恶意以不配合的方式拖延磋商程序的流程，人为制造困境以逃避承担责任。此外，目前尚无直接证据证明在竞争问题难以解决的情况下是否可以直接援引 WTO 的争端解决机制。因此，可以预测排他性的磋商程序规定在实践中将为问题的顺利解决造成阻碍。

鉴于此，可以考虑后续增设磋商替补措施，参考 WTO 临时上诉仲裁制度，通过组成临时机构或专门机构处理这种特殊情况，或者根据争议事项性质决定是否可以在陷入僵局的情况下破格适用第十九章规定的统一争端解决机制。前者可以参考第十九章关于专家组成员选任方式，组成临时机构处理陷入僵局问题；或是设置专门机构处理无法处理的竞争争议。后者主要是通过引入第十九章的规定来推动争议问题的解决，明确规定当第十三章规定的磋商程序无法解决争议的前提下，可以根据问题是否涉及缔约国的根本利益决定是否将第十九章的争端解决机制作为替代争议解决方式。这种方式看似突破了缔约国避免将本国的竞争政策问题收到裁决约束的意图，但笔者认为，可以首先在不涉及缔约国重大利益的案件中进行试探性尝试，同时设置类似于"缔约国一致同意"的前置条件，尽量将影响最小化，最大程度体现缔约国的意志，以免所有的竞争问题都面临陷入久拖不决无法处理的局面，也可以为后续这种方式的扩大适用探路。

2. 细化磋商程序具体规定

正如上文所述，RCEP 竞争政策中的磋商程序规定十分概括，缺少细节性规定，尤其是缺少关于各个环节时间限制的规定，大大降低了可操作性。因此可以在竞争争端解决中对磋商增加时间限制的要求，增加缔约双方的义务，明确规定缔约一方在收到磋商请求后一定期限内与对方真诚地进行磋商，达成双方都满意的结果，同时要求磋商程序应在规定的时间内结束。

在具体日期的设置上，可以参考 WTO 争端解决程序中关于磋商时间的规定：缔约方可在收到请求之日起 30 天内或者商定的时间内进行磋商，磋商可进行的最长期限为 60 天。[①] RCEP 当前的 15 个成员国都是 WTO 的成员，因此在接受

---

① DSU 第 4 条。

WTO 相关规则方面并无额外压力。

（二）引入国有企业与指定垄断企业规则的争端解决程序

对于 RCEP 来说，国有企业规则和国有企业竞争争端解决机制的缺失在一定程度上削弱了 RCEP 竞争争端解决机制的完整性。CPTPP、USMCA 等新一代区域贸易协定几乎都选择将国有企业规则以独立章节的形式纳入到规则体系之中，这已经成为区域贸易协定的发展趋势。一般会将竞争政策争议解决机制与国有企业争端解决机制分离，分别适用不同的争端解决程序。虽然 RCEP 做出如此规定是出于平衡成员国的利益，但一旦缔约国之间因国有企业的商业行为发生争端，即将面临无法解决的局面。

对于中国来说，已经做好了在区域贸易协定中加入国有企业规则及其争端解决机制的准备。2021 年 9 月中国提出申请加入 CPTPP，就表明中国一改以往避免制定国有企业相关规则的态度。与此同时，中国的国有企业正处于改革的关键时期，未来将围绕优化资源配置、完善体制机制、健全制度三方面保证深化改革。其中，完善体制机制深化改革主要是指健全中国特色国有企业现代公司治理，完善市场化经营机制（中华人民共和国人民政府网，2024）。在区域贸易协定中引入国有企业规则及其争端解决机制，同中国的国有企业改革整体方向是一致的，有助于推动国有企业改革步伐。

第四章

RCEP 区域经贸争端的诉讼解决

通过诉讼解决跨国民商事争端，通常涉及管辖权、法律适用以及判决的承认和执行三方面的问题，本章将分节予以讨论。

第一节　RCEP 区域经贸争端的管辖权协调

RCEP 区域既有属于英美法系的国家，如新加坡、澳大利亚、新西兰，也有属于大陆法系的国家，如日本、韩国。本节先选取各自的典型代表新加坡、日本，对其国际民商事案件的管辖权规则进行系统介绍，再着重比较分析《选择法院协议公约》对 RCEP 区域经贸争端管辖权分配的影响。

一、新加坡有关国际民商事案件的管辖权规则

新加坡法院管辖权的基础是法定的。《最高法院司法法》（Supreme Court of Judicature Act 1969，2020 年修订版于 2021 年 12 月 31 日起生效）就新加坡各级法院对各类案件的管辖权作出了详细规定。通常，国际民商事案件的管辖权需考虑两个方面：第一，案件或被告与新加坡之间必须有法律联系，新加坡法院才能对涉及外国被告的案件具有管辖权；第二，考虑到案件与新加坡及其他国家的联系程度，新加坡法院可能不会行使管辖权，除非它确信自己是解决争端最适当的法院。此外，新加坡国际商事法庭（Singapore International Commercial Court，SICC）有关国际民商事案件的管辖权规则较为特殊，此处予以专门介绍和分析。

（一）新加坡法院是否具有管辖权的判断

新加坡法院在三种情况下可以对外国被告行使"域内管辖权"（Territorial Jurisdiction，即在新加坡境内向被告送达诉讼文件）。第一，被告可在新加坡收到新加坡法院的诉讼文件。例如，途经新加坡的旅客在新加坡逗留期间，收到法院传票。第二，被告在与原告的协议中同意接受新加坡法院的管辖，并指定在新加坡境内接受送达的方式，且法院以该种方式送达。例如，被告同意新加坡法院管辖其与原告在合同项下产生的争议，并同意法院向其在新加坡的代理人送达或者将诉讼文件邮寄到新加坡的特定地址，则新加坡法院可以在新加坡境内向其送达诉讼文件。第三，如果在诉讼过程中，被告采取的步骤明确地表明他接受了法院的管辖权，则新加坡法院也有管辖权。在以上任何一种情形下，被告均可以新加坡法院不是审理案件的自然法院为由，[①] 向法院申请中止诉讼。当然，被告也可以原告没有合理的诉讼理由、滥用法院管辖权为由，申请驳回诉讼。

满足特定条件时，新加坡法院可以对外国被告行使"域外管辖权"（Extra-territorial Jurisdiction，即在新加坡境外向被告送达诉讼文件）。此时，法院需考虑的积极条件主要有三方面：第一，该案件与新加坡存在特定联系，包括事实、法律、争议标的物、各方与新加坡之间的联系等；[②] 第二，新加坡法院是裁定案件的自然法院；第三，有一个严重问题（a Serious Issue）需要根据案情进行审理。以上积极条件需同时得到满足，并且该案不得涉及任一消极条件。消极条件包括：案件具有不可审理性，被告为外国国家。

案件具有不可审理性的情形主要涉及外国不动产的所有权或占有权问题，或侵犯外国不动产权的诉讼。该规则有若干例外：一是该规则不适用于法院的海事

---

① 本节第二部分介绍和分析了自然法院原则的含义及其适用。

② 详见新加坡《法院规则》（2014 年修订版）第 11 项命令（Order 11）第 1 条。该条列举了新加坡法院在衡量是否向新加坡境外的被告送达诉讼文件时应予考虑的因素，例如，寻求救济的对象为在新加坡定居、经常居住、经营业务或拥有财产的人，寻求禁令以命令被告在新加坡做或不做任何事情（无论是否因该作为或不作为而索赔）。如果原告起诉是为了强制执行、撤销、解散、废除或以其他方式影响合同，或就违反合同获得损害赔偿或其他救济，则法院应当予以考虑的因素有：合同在新加坡缔结，或者因在新加坡采取了重要步骤而缔结；合同一方为在新加坡以外进行贸易或居住的主体，而该合同由其代理人缔结并且代理人在新加坡进行贸易或居住；合同条款明示或暗示，合同受新加坡法律管辖；合同包含一个条款，大意是新加坡法院有权审理和裁定与合同有关的任何诉讼。以上任一要素的存在，都足以令新加坡法院向境外被告实施送达。

管辖权；二是该规则不适用于诉讼请求基于双方之间的合同或个人权益的情形；① 三是该规则不适用于信托管理中出现的问题，或者法院管辖范围内的、包括死者不动产的遗产管理中出现的问题。此外，新加坡法院原则上不会受理涉及外国主权国家在其本国领土内的国家行为的合法性或有效性问题的案件。

原则上，外国国家不受新加坡法院管辖。而且，新加坡《国家豁免法》第3条规定，此项豁免无须外国主张即可自动给予。新加坡《国家豁免法》第二部分系统列举了国家豁免的例外情形，包括：①国家同意接受新加坡法院管辖；②国家为一方当事人的商事交易所引发的诉讼，或者国家在合同（无论是否为商业交易）项下的义务应全部或部分在新加坡履行；③国家与个人之间的雇佣合同相关的诉讼，并且该合同在新加坡订立，或者该合同之全部或部分工作应在新加坡履行；④由发生在新加坡的作为或不作为所造成的死亡、人身伤害，或有形财产的损害、损失类案件；⑤涉及国家在新加坡不动产中的任何利益或者其占有或使用不动产的诉讼；⑥与专利、商标相关的特定案件；⑦与国家在法人团体、非法人团体或合伙企业的成员资格相关的特定案件；⑧国家书面同意仲裁引发的特定案件；⑨商业用船舶的特定案件；⑩关税义务类案件。此外，新加坡延续了普通法的司法克制原则，该原则要求法院避免裁决涉及国家间国际公法争端的问题，② 但其范围存在不确定性。

（二）新加坡法院是否为解决争端之最适当法院的判断

当新加坡法院判定自己对国际民商事案件具有前述的"域内管辖权"或者"域外管辖权"后，还需进一步判断自己是否为审理此案"最适当"的法院。为此，法院会适用自然法院（Natural Forum）原则。自然法院原则是由普通法国家发展而成的、当出现争议时在不同国家间分配管辖权的一种工具。它的重要作用在于，遏制当事方在与争议标的没有强烈联系乃至无任何联系的法域进行法院选择的做法。在域内管辖权以及域外管辖权的行使过程中，均可适用自然法院原则。适用该原则的结果是，案件由最适合为当事方的利益和正义目的进行审判的法院审判。英格兰通过代表性案件 Spiliada 阐释了该原则的适用，③ 新加坡陆续

---

① 参见 Eng Liat Kiang v Eng Bak Hern ［1995］2 SLR（R）851, Murakami Takako v Wiryadi Louise Maria ［2007］4 SLR 565.

② 参见 Buttes Gasand Oil Corp v Hammer ［1982］AC 888.

③ 参见 Spiliada Maritime Corp v Cansulex Ltd. ［1987］AC 460.

通过一些案件吸收了该原则。[①]

在适用自然法院原则时，新加坡法院通常分两个步骤进行分析：第一步，考虑哪个司法管辖区与争议有最密切以及最真实的联系，从而在成本、费用和不便方面的程度最低，所以最适当审理此案。这一步骤应考虑的因素包括：证据和证人所处位置，交通和翻译的费用，以及有关法院对争议适用相关法律的容易程度。第二步，判断如果该案由最适当法院（即与争议有最密切且最真实联系的法院）审理，是否会导致拒绝司法。例如，该法域的法律体系腐败或在某些方面严重不足。在这一环节，只要有证据表明，如果案件在与争议有最密切且最真实联系的法院审理，存在被剥夺实质正义的风险，则案件不应由该法院审理。值得注意的是，如果法院将案件送交最适当法院审理，原告将丧失在法院地进行审判的优势，这一事实并非判断实质正义剥夺与否的决定性因素。在衡量剥夺原告在法院地审判的相对优势是否严重到等同于剥夺实质正义时，必须考虑到所有当事方的利益和司法目的。新加坡法院一再强调，不会对法律制度进行比较，特别是不会考虑程序上的差异，或者对程序上的差异所给予的权重不高。例如，在更适当的外国法院进行审判的时间比在新加坡更长，或者原告在新加坡可以获得比更适当的外国法院更高的损害赔偿，这些事实本身不构成剥夺实质正义。在第二步分析中，法院具有较大程度的自由裁量权。

在被告位于新加坡境外且需要境外送达的案件中，证明新加坡是审理本案的最适当法院的举证责任在原告。为此，原告无须证明新加坡作为最适当法院明显优于任何外国法院，只需证明综合分析后新加坡法院是最适当法院即可。[②] 如果原告在表面上更适当的法院起诉，他将被剥夺实质正义，原告完成此项替代性证明亦可。原告初步证明新加坡是最适当法院后，被告可以举证证明新加坡法院并非最适当法院，从而请求法院驳回起诉。此时，原告有义务继续证明，法院最初认定自己是最适当法院的决定是正确的。

（三）新加坡国际商事法庭的管辖权

SICC 是新加坡高等法院普通庭（General Division）的一个部门，也是新加坡

---

① 参见 Brinkerhoff Maritime Drilling Corp v PT Aircast Indonesia ［1992］2 SLR（R）345, PT Hutan Domas Raya v Yue Xiu Enterprise（Holdings）Ltd. ［2001］1 SLR（R）104. 普通法系国家对该原则的适用略有不同。例如，澳大利亚法院往往会基于自身是明显不适当的法院（clearly inappropriate forum）而拒绝对特定案件行使管辖权。

② 参见 Siemens AG v Holdrich Investments Ltd. ［2010］3 SLR 1007.

最高法院的一部分。SICC 于 2015 年 1 月 5 日成立，旨在处理国际商事纠纷。

《最高法院司法法》第 18D（1）条对 SICC 的管辖权进行了概括性规定：该院有权审理具有国际和商事性质的诉讼，[①] 该诉讼可由高等法院普通庭在其原始民事管辖权内审理，并且满足《法院规则》可能规定的其他条件。据此，《新加坡国际商事法庭规则 2021》进一步规定，满足以下三个条件时，SICC 对案件具有管辖权：第一，首次提起诉讼时，当事人间的案件具有国际和商事性质；第二，首次提起诉讼时，案件提及其名字的各方都已根据书面管辖协议接受法院的管辖权；第三，当事人不以特权令（包括强制令、禁止令、撤销令或拘留复审令）的形式或与特权令有关的形式寻求任何救济。[②] 简言之，SICC 可以根据当事人的书面管辖协议管辖国际商事类案件。

《最高法院司法法》第 18D（2）条规定了除当事人协议管辖外的管辖类型。第一，SICC 作为高等法院普通庭的一个部门，有权审理高等法院普通庭可能审理的、符合《法院规则》所规定条件的、任何与国际商事仲裁有关的诉讼。第 110 号命令第 57（1）条规定的补充条件是，此类诉讼必须是高等法院普通庭根据《国际仲裁法》可以审理的诉讼。第二，SICC 有权受理其管辖范围内案件的诉前证据保全、财产保全等相关救济申请。第三，符合一定条件的，与公司破产、重组或解散有关的国际性和商事性程序。

SICC 还可管辖依法移送其管辖的案件。如果一个案件最初在新加坡高等法院或其普通庭提起，在法院作出移送管辖决定时该案件是国际和商事性质，并且当事人不以特权令（包括强制令、禁止令、撤销令或拘留复审令）的形式或与特权令有关的形式寻求任何救济，则该案可以被移送至 SICC 管辖。[③]

前文提及，新加坡法院在初步认定自己对某一国际性案件有管辖权的情况下，有较大的自由裁量权来决定自己是否为审理该案的最适当法院。与之相似，如果行使管辖权有违 SICC 的国际和商事性质，或者构成对该院程序的滥用，SICC 可以拒绝管辖。拒绝管辖的决定既可以根据当事人的申请作出，也可由法院依职权自行作

---

① 案件国际性的判断取决于相关地点或者当事人的合意。第一，如果诉讼一方以上的营业地、当事人之间商事关系的大部分义务将履行的地点或者诉讼标的与之联系最紧密的地点中的任一项位于新加坡以外的国家，则该案具有国际性。第二，如果首次提起诉讼时，案件中提及其姓名的所有当事方均明确同意诉讼标的涉及一个以上的国家，则该案具有国际性。参见 Singapore International Commercial Court Rules 2021, Order 2, Rule 1（3）.

② Singapore International Commercial Court Rules 2021, Order 2, Rule 1（1）.

③ Singapore International Commercial Court Rules 2021, Order 2, Rule 4.

出。然而，SICC 拒绝管辖的裁量权受到立法的明确限制：如果当事人间有书面管辖协议，SICC 不应仅以当事人间的争议与新加坡以外的法域有关为由拒绝管辖。① 即便案件与新加坡的联结因素很少甚至没有联结因素，这一事实并不构成法院拒绝管辖的依据。因当事人已书面同意接受 SICC 管辖，且该院是国际性的法院，因此 SICC 在决定是否拒绝管辖时，不应审查与新加坡的联结因素。②

二、日本有关国际民商事案件的管辖权规则

日本有关法院管辖权的规则集中在《民事诉讼法》第一编第二章。适用于各类案件的管辖权规则有三项：第一，日本法院原则上对自然人被告的住所在日本的案件有管辖权；如果被告是法人、其他社团或财团，若其主要事务所或营业所在日本，则日本法院对该案有管辖权，若此类被告没有事务所、营业所或者不知道其所在地，但其代表人及其他主要业务负责人的住所在日本，则日本法院对该案有管辖权。③ 第二，如果被告就案件进行辩论或者在准备程序中进行申述，而并未对日本法院的管辖权提出异议，则日本法院对该案具有管辖权。第三，基于当事人选择日本法院的协议，日本法院可以行使管辖权。

对于当事人选择法院的协议，原则上，只要该协议是书面的，④ 并且是针对基于特定法律关系的诉讼而订立的，即有效。如果当事人排他性地选择了某外国法院，而该法院在法律上或事实上不能行使管辖权，则当事人不能援用该协议。涉及消费者合同以及劳动关系的选择法院协议，需适用以下特殊规则。以将来发生的消费者合同纠纷为对象的选择法院协议，仅在下列情况下有效：第一，协议约定，消费者可以向合同订立时消费者有住所的国家的法院提起诉讼（此时，该协议原则上不妨碍向该国家以外的国家的法院提起诉讼）；第二，消费者根据选

---

① Singapore International Commercial Court Rules 2021，Order 2，Rule 3（3）．

② Singapore International Commercial Court User Guides ［EB/OL］．［2024 - 07 - 25］．https：//www. judiciary. gov. sg/docs/default - source/news - and - resources - docs/sicc - user - guides - （as - at - 31 - dec - 2021）. pdf？sfvrsn = 72096d67_2.

③ 在被告无日本住所、事务所或营业所的国际案件中，日本法院并非当然没有管辖权。只要该案与日本存在某些法律上的联系（参考《民事诉讼法》第 4 条至第 12 条），并且日本法院对该案行使管辖权并不会对当事人造成不公或者影响法庭程序的公正、迅速进行，则日本法院对该案具有管辖权。参见 Takashi B. Yamamoto. Japanese Court Jurisdiction over International Cases ［J］. Comparative Law Yearbook of International Business，2008，30：2.

④ 通过电子或磁记录（指以电子形式、磁形式或任何其他无法单独通过人类感官感知的形式创建的计算机数据处理中使用的记录）订立选择法院的协议，视为满足"书面"的要求。

择法院协议，主动向被选择国家的法院提起诉讼；第三，经营者向日本或外国法院提起诉讼时，消费者援用该协议。在第二种和第三种情况下，消费者用选择法院协议对抗约定国家外的其他国家的管辖权，应视为该约定具有排他性效果。以将来发生的劳动关系民事纠纷为对象的选择法院协议，仅在下列情况下有效：第一，劳动合同终止时达成的协议约定，可以向劳务提供地所在国家的法院提起诉讼（此时，该协议原则上不妨碍向该国家以外的国家的法院提起诉讼）；第二，劳动者根据该协议，主动向被选择国家的法院提起诉讼；第三，雇主向日本或者外国法院提起诉讼时，劳动者援用该协议。在第二种和第三种情况下，劳动者用选择法院协议对抗约定国家外的其他国家的管辖权，应视为该约定具有排他性效果。

对于涉及合同义务的案件，日本法院在以下情况下均有管辖权：第一，合同约定的债务履行地在日本，或者根据合同所选择地方的法律，该债务的履行地在日本。第二，在请求支付汇票、本票或支票上金额的案件中，汇票、本票或支票的付款地在日本。第三，财产权上的诉讼请求的标的物在日本，或者诉讼请求为支付金钱且可供扣押的被告财产在日本。第四，对拥有事务所或营业所的人提起的、与该事务所或营业所的业务相关的诉讼，如果该事务所或营业所在日本。第五，对在日本经营业务的人（包括在日本持续经营的外国公司）所提起的、与该人在日本的业务有关的诉讼。第六，对在日本的船舶提起的、与该船舶有关的债权案件或以该船舶为担保的债权案件。第七，在涉及公司、其他社团或财团的员工、董事或监事的诉讼中，如该社团或财团是法人，其是根据日本的法律设立的，如该社团或财团不是法人，其主要事务所或营业所在日本。第八，在侵权案件中，如果日本为侵权地（如侵权行为发生在外国而结果发生在日本，且结果在日本发生是通常无法预见的，则日本法院不具有管辖权）。第九，在因船舶碰撞及其他海上事故受到损害而请求赔偿的案件中，该船舶最初到达地为日本。第十，在海难救助的案件中，海难救助实施地或者被救助船舶的最初到达地为日本。第十一，有关日本境内不动产的诉讼。第十二，有关继承权、遗产、遗赠或者其他因死亡而应当生效的行为的案件，继承开始时被继承人的住所在日本；没有住所或不知道住所的情况下，继承开始时被继承人的居所在日本；没有居所或不知道居所的情况下，被继承人在继承开始前在日本有住所。

对于涉及消费者合同的案件，如果消费者起诉经营者，且在提起诉讼时或合同订立时消费者的住所在日本，则日本法院有权管辖该案。经营者起诉消费者的，不适用该规则。

对于涉及劳动合同的民事案件，如果劳动者就劳动合同存在与否或者劳动关系的其他事项起诉雇主，并且劳动合同规定的劳务提供地（未规定劳务提供地时，雇主的营业所在地）在日本，则日本法院有权管辖该案。雇主起诉劳动者的，不适用该规则。在劳务提供地的判断上，如果劳动者在两个或两个以上的国家提供劳务，则要根据具体情形判断影响管辖权的劳务提供地是哪一个。①

日本法院对三类案件行使专属管辖权。①《公司法》第七编第二章规定的诉讼（该章第四节及第六节规定的除外），《一般社团法人及一般财团法人法》第六章第二节规定的诉讼，以及根据这两部法律以外的日本法律所设立的社团或财团的相关诉讼中的类似诉讼。②有关登记的诉讼，只要登记地本应为日本。③有关知识产权的存在与否或其有效性的诉讼，如果知识产权是通过登记产生，并且该登记是在日本进行的。

在日本法院依法具有管辖权的情况下，法院对是否实际审理此案有自由裁量权。案件的性质、应诉引起的被告负担的程度、证据所在地及其他情况，这些都是法院行使此项自由裁量权时应考虑的因素。综合考虑后，如果认为日本法院审理此案将有损当事人之间的平衡，或者存在妨碍公平且迅速审理的特别情况时，法院可以全部或部分驳回起诉。通常，如果当事人排他性地约定由日本法院管辖的，日本法院不得行使此项自由裁量权驳回起诉。

三、《选择法院协议公约》下区域内管辖权的协调

目前，可用于协调 RCEP 区域经贸类诉讼案件管辖权的国际条约仅有 2005 年的海牙《选择法院协议公约》（Convention on Choice of Court Agreement）。《选择法院协议公约》对缔约国提出了三项基本要求：一是当事人选择的法院原则上必须审理案件；二是任何未被选择的法院原则上必须拒绝审理案件；三是被选择法院作出的任何判决必须在其他缔约国得到承认和执行，但有拒绝理由的除外。新加坡是 RCEP 区域唯一已批准该公约的国家。我国于 2017 年签署了该公约，虽仍未批准，但我国现行《民事诉讼法》吸收了公约精神，对当事人选择法院的协议给予了较大程度的认可。RCEP 区域的其他国家也不同程度地认可当

---

① Tadashi Kanzaki. Jurisdiction over Consumer Contracts and Individual Labor - Related Civil Disputes [J]. Japanese Yearbook of International Law，2012，55：320.

事人选择法院协议的效力。与选择法院协议相关的法律问题主要包括：排他性与非排他性选择法院协议的区别及其认定，法院拒绝认可当事人的管辖约定的理由，违反法院选择协议的法律后果。

（一）排他性与非排他性选择法院协议的区别及其认定

一般来说，非排他性选择法院协议仅具有赋予被选择法院以管辖权的功能，而排他性选择法院协议不仅赋予被选择法院以管辖权，还排除了其他任何法院的管辖权。

《选择法院协议公约》第三条将"排他性选择法院协议"定义为两个或两个以上当事方为裁决与特定法律关系有关的、已经发生或可能发生的争端所达成的书面或具有书面效果的协议，① 该协议指定缔约国一方的法院或缔约国一方特定的一个或多个法院审理此案，并排除任何其他法院的管辖权。该公约所规定的被选择法院原则上必须审理案件、未被选择的法院原则上必须拒绝审理案件、被选择法院的判决应在缔约国得到承认和执行等义务，均针对的是排他性选择法院协议。该公约仅在第二十二条对非排他性选择法院协议作出了安排，即允许缔约国作出声明，以便在互惠的基础上承认和执行非排他性的选择法院协议。因此，排他性与非排他性两类选择法院协议在《选择法院协议公约》下的待遇截然不同。

在"排他性"的认定上，各国的做法并不完全相同。如果选择法院协议明确使用了"非排他性"（Non-exclusive）的表述，该协议显然不排除被选定国家外的其他国家的管辖权。如果选择法院协议未出现"非排他性"字样，如何解释则容易引起分歧。例如，我国立法并未涉及选择法院协议的排他性，更未提及排他性的判断标准。实践中，无论该协议如何措辞，我国法院在协议未出现"非排他性"字样时都会认定该协议具有排他性。② 又如，新加坡立法规定，当事人协议选择新加坡国际商事法庭时，将视为其排他性地接受了该法院的管辖权。③ 有学者认为，该条规定对选择法院协议的影响可以分四种情形加以讨论。④ 可见，协议未明确其排他性与否，将给其定性带来极大的不确定性。

---

① "具有书面效果"是指通过书面以外的任何其他通信手段订立协议，以使信息可供访问并供后续参考。

② 杜涛. 中国批准海牙《选择法院协议公约》的法律问题及对策［J］. 武汉大学学报（哲学社会科学版），2016，69（4）：92.

③ Supreme Court of Judicature Act 1969, Section 18F（1）（a）.

④ Man Yip. The Resolution of Dispute before the Singapore International Commercial Court［J］. International and Comparative Law Quarterly, 2016, 65（2）：452.

因此，为避免不确定性，当事人在订立选择法院协议时，应尽可能在协议中清晰地载明该协议是否具有排他性。

（二）法院拒绝认可当事人的管辖约定的理由

《选择法院协议公约》要求缔约国认可当事人在排他性法院选择协议中的管辖约定，集中体现在该公约的第五条和第六条。第五条规定，排他性选择法院协议的被选择法院必须管辖该协议所针对的案件，除非该协议依据被选择法院所在国家的法律是无效的。该条第二款特别指出，被选择法院不得以该案应由另一个国家的法院管辖为由而拒绝管辖此案。新加坡作为《选择法院协议公约》的缔约国，其国内立法与公约的要求保持了一致。例如，在当事人间有书面管辖协议的情况下，新加坡国际商事法庭依法不得仅以当事人间的争议与新加坡以外的法域有关为由拒绝管辖。① 实践中，如果新加坡高等法院或者 SICC 是符合公约要求的排他性选择法院，则法院只有在依据新加坡的国际私法规则认定该选择法院协议无效的情况下，才能拒绝管辖案件，而不得适用"自然法院"原则或"强有力原因"规则拒绝管辖。②

然而，没有加入公约的国家，往往不会毫无保留地认可当事人的管辖约定。例如，"不方便法院原则"（Forum Non Conveniens）是很多国家拒绝管辖国际案件的常用理由。英国法院通过 Spiliada 案确立了辅助该原则适用的"Spiliada 标准"（即"更适当法院"标准），③ 此后，新加坡、马来西亚等英美法系国家也吸收了该标准。在"Spiliada 标准"下，不方便法院原则并非一个纯粹讨论"审判便利性"的制度，不方便法院中的"不方便"并非对应"方便的"（Convenient），而是对应"适当的"（Appropriate），即法院应综合考量多种因素以便寻找对于案件和当事人最适当的法院，从而更高效、更便捷地审理案件和实现正义。类似地，澳大利亚法院通过判断自己是否为审理国际案件"明显不适当的法院"，来决定是否要拒绝管辖，④ 确立该标准的是 Oceanic Sun 案。⑤ 相较而言，

---

① Singapore International Commercial Court Rules 2021, Order 2, Rule 3（3）.

② 本节第一部分提及，在普通的国际案件中，新加坡法院可以适用"自然法院"原则拒绝管辖。对于排他性选择法院协议，新加坡法院遵循普通法的传统，即除非存在"强有力原因"（strong cause）以否认该协议的效力，否则法院应认可其效力。参见 Vinmar Overseas（Singapore）Pte Ltd. v PTT International Trading Pte Ltd.［2018］SGCA 65.

③ Spiliada Maritime Corp v. Cansulex Ltd.［1986］UKHL 10.

④ Ardavan Arzandeh. Reconsidering the Australian Forum（Non）Conveniens Doctrine［J］. International and Comparative Law Quarterly, 2016, 65（2）：475.

⑤ Oceanic Sun Line Special Shipping Co Inc v. Fay［1988］165 CLR 197.

澳大利亚更倾向于维护本国的管辖权。例如，维多利亚州最高法院在当事人排他性选择了法国里昂商事法庭的情况下，因维多利亚法院与案件的联系更为紧密，将其视为拒绝认可当事人排他性管辖约定的"强有力原因"，最终对该案行使了管辖权。①

因此，当事人在选择法院时，最好选择更尊重当事人管辖约定的国家的法院。

（三）违反法院选择协议的法律后果

在普通法系国家，选择法院协议被视为合同的一种类型。违反合同的常规救济是损害赔偿，例外救济是禁令，禁令仅在非违约方的损失无法通过金钱予以弥补时才有可能获得。基于此，一方当事人违反排他性选择法院协议在被选择法院之外的其他法院起诉时，非违约方可以获得的救济有以下三类：一是申请法院中止诉讼，其前提是一方当事人在协议选择外的法院起诉而另一方向该院提出申请；二是申请法院发布禁诉令，以禁止当事人在非协议选择的外国法院启动或继续诉讼；三是请求违约方支付损害赔偿金。前两类救济均源于衡平法的禁令制度，且都服务于相同的目的（即敦促当事人遵守选择法院协议），因此应适用相同的标准。不过，鉴于两者的性质和效果略有差异，国际礼让（Comity）在法院作出决定时所占的权重有所不同。②

禁诉令是法院为阻止一方在外国启动或继续进行法律诉讼而发出的命令，是针对受禁令约束的个人所作出的命令。因为可能对外国的司法管辖造成干扰，法院通常不会轻易发布禁诉令。在新加坡，只有当新加坡法院认定自己是审理涉外案件的自然法院时，③ 才有可能发布禁诉令。然而，新加坡法院是审理涉外案件的自然法院并非法院发布禁诉令的充分条件，申请人还必须证明，被禁止的一方在外国起诉时对申请人采取了无理取闹、压迫或不合情理的行为。然而，当事人违反排他性选择法院协议在外国法院起诉，这一事实足以支持新加坡法院发布禁

---

① Rosehana Amin. International Jurisdiction Agreements and the Recognition and Enforcement of Judgments in Australian Litigation：Is There a Need for the Hague Convention on Choice of Court Agreements ［J］. Australian International Law Journal，2010，17（1）：117.

② Tiong Min Yeo. The Contractual Basis of the Enforcement of Exclusive and Non-Exclusive Choice of Court Agreements ［J］. Singapore Academy of Law Journal，2005，17（1）：322-323.

③ 本节第一部分介绍了新加坡的自然法院原则。

诉令，除非被申请人证明存在强有力原因使得其违约具有正当性。① 澳大利亚对待禁诉令的态度与新加坡相似，如果一方当事人违反了排他性选择澳大利亚法院的协议在外国法院起诉时，另一方较为容易申请获得禁诉令，但法院仍有综合考量案件各种因素后拒绝发布禁诉令的自由裁量权。②

　　基于合同理论，当事人违反排他性法院选择协议时非违约方理应获得损害赔偿。然而在实践中，由于此种情形下的损害难以量化，因此较长一段时间内损害赔偿这一救济方式被认为是无效的。③ 近年来，不少国家的司法实践支持了非违约方的损害赔偿请求。

第二节　RCEP 区域经贸争端法律适用的通行规则及例外

　　RCEP 区域内的经贸争端以合同类和侵权类案件为主，本节着重对比分析 RCEP 区域代表性国家有关这两类案件的法律适用的一般规则及例外规则。法律适用不可避免地涉及外国法的查明问题，因此本节最后分析讨论外国法的查明。

一、RCEP 区域国家合同法律适用的一般规则

　　各国对涉外合同案件的法律适用有一些共通的规则，如适用当事人在合同中所选择的法律、合同最密切联系地的法律。

（一）合同选择的法律

　　在涉外合同案件中，当事人在合同中所选择国家的法律通常是法律适用的首选。例如，根据日本《法律适用通则法》第七条及第九条的规定，当事人可以选择和变更合同成立及效力应适用的法律。当事人选择合同所适用的法律时需注意三方面问题。

---

① Ch. 06 The Conflict of Laws［EB/OL］.［2024-07-25］. https：//www. singaporelawwatch. sg/About-Singapore-Law/Overview/ch-06-the-conflict-of-laws.

② Alex Mills. The Hague Choice of Court Convention and Cross-Border Commercial Dispute Resolution in Australia and the Asia-Pacific［J］. Melbourne Journal of International Law，2017，18（1）：4.

③ 胡海龙. 选择法院协议损害赔偿救济的法理基础与实践进路［J］. 法律适用，2022（12）：162.

　　第一，尽可能作明示的选择。对于当事人可否用默示的方式选择合同准据法，以及如何判断当事人的默示选择，各国的立法及司法实践有所不同。[1] 例如，新加坡允许法院在当事人没有明确选择合同准据法时，根据合同及合同订立时的周围情况推断当事人的选择。[2] 又如，韩国《国际私法》第45条第1款明确允许当事人明示或者默示选择合同准据法。日本在2006年《法律适用通则法》出台前，其有关合同法律适用的规则是当事人未选择法律时适用合同订立地法，此项规定有可能导致与合同联系不太紧密的法律得到适用，为避免此结果，法院倾向于通过当事人的默示选择来确定准据法，而当事人默示选择的解释又太过空泛，因此2006年《法律适用通则法》最终规定，在当事人没有选择法律时适用合同最密切联系地法。[3] 对此，日本学术界认为，应该摒弃2006年《法律适用通则法》前推测"假设的当事人意图"（Hypothetical Intention of the Parties）的实践做法，[4] 改为寻找当事人"实际"默示选择法律的意图。[5] 再如，新加坡法院在判断合同准据法时理论上应分三步走，第一步是看当事人是否在合同中作出明示选择，第二步是在缺乏明示选择时判断当事人的默示选择，第三步是判断合同的最密切和最真实联系地。[6] 然而，由于第二步的判断非常困难，新加坡法院往往会直接跳过这一步进入第三步判断。[7] 可见，各国对当事人默示选择合同准据法的解释存在较大分歧，当事人如有选择的意图，应尽可能在合同中予以明示。

　　第二，当事人的选择不能阻止法院地国际私法规则中的强制性规定的适用。例如，我国《〈涉外民事关系法律适用法〉司法解释（一）》第八条将涉及我国

---

[1]　刘仁山，黄志慧. 国际民商事合同中的默示选法问题研究 [J]. 现代法学，2014，36（5）：147-161.

[2]　Ch. 06 The Conflict of Laws [EB/OL].［2024-07-25］. https：//www. singaporelawwatch. sg/About-Singapore-Law/Overview/ch-06-the-conflict-of-laws.

[3]　Yuko Okano. Japanese Court Cases Involving East Asian Citizens and Corporations-Law Applicable to International Transactions with Chinese，Taiwanese，and Korean Parties before Japanese Courts [J]. Japanese Yearbook of International Law，2014，57：245.

[4]　Tokyo High Court，Judgment，October 24，2006，H. T.（1243）131［2007］. 法院在本案中判定当事人默示选择法律的做法被评价为基于当事人的"假设意图"。

[5]　Yuko Okano. Japanese Court Cases Involving East Asian Citizens and Corporations-Law Applicable to International Transactions with Chinese，Taiwanese，and Korean Parties before Japanese Courts [J]. Japanese Yearbook of International Law，2014，57：248.

[6]　参见 Las Vegas Hilton Corp v Khoo Teng Hock Sunny［1997］1 SLR 341.

[7]　参见 Overseas Union Insurance Ltd. v Turegum Insurance Co.［2001］SGHC 147.

的"社会公共利益、当事人不能通过约定排除适用、无须通过冲突规范指引而直接适用于涉外民事关系"的国内法规定归为强制性规定，在我国法院审理的涉外合同案件中，此类规定将优先于当事人所选择的法律而得到适用。又如，韩国《国际私法》第 20 条规定，即使根据该法特定民事法律关系应适用外国法，只要韩国法律中有相应的强制性规定，则应适用韩国的强制性规定。因此，当事人的法院选择与合同法律选择能否被认可具有相关性。

第三，当事人可以针对合同的不同事项进行法律选择。例如，韩国《国际私法》第 45 条第 2 款允许当事人针对合同的一部分作法律选择。当事人选择时未明确合同准据法的适用对象的，通常认为所选择的法律可适用于合同的所有实体问题（包括合同成立与否、有效与否、当事人违约与否、违约救济的方式、合同解释等）。当事人所选择的法律能否适用于合同的形式问题，存在一定的不确定性。例如，结合日本《法律适用通则法》第十条第一款以及第七条的规定可以看出，当事人所选择的法律可以适用于合同的形式问题。[①] 又如，根据韩国《国际私法》第 31 条第 1 款的规定，合同形式适用合同的准据法。然而，新加坡法院认为，合同形式符合合同的准据法或者合同执行地法（即法院地法）之一即有效。[②] 因此，当事人在进行法律选择时，最好明确该选择是否适用于合同的所有问题，包括形式问题。

（二）合同最密切联系地的法律

在当事人没有选择合同准据法的情况下，通常适用合同的最密切联系地法。大陆法系国家往往结合特征性履行来判断最密切联系地。例如，日本《法律适用通则法》第八条第二款将"特征性给付"一方当事人的经常居所地法推定为合同的最密切联系地法。[③] 又如，韩国《国际私法》第 46 条第 2 款将三大类合同的特征性履行一方当事人的经常居所地法或主要营业地法推定为合同的最密切联系地法。从我国《涉外民事关系法律适用法》第四十一条的表述来看，合同特

---

① 根据《法律适用通则法》第十条第二款，合同形式不符合当事人所选择的法律，但符合合同订立地的法律的，该合同有效。因此，当事人所选择的法律并非在所有情况下都适用于合同的形式问题。

② 参见 PT Jaya Putra Kundur Indah v Guthrie Overseas Investments Pte Ltd. ［1996］SGHC 285.

③ 如果有足够的证据证明与合同有最密切联系的地点在另一处，则此项推定可被推翻。例如，在 OEM 合同中，产品的实际加工虽为特征性履行地，却并非一定是与合同联系最密切的地点。参见 Yuko Okano. Japanese Court Cases Involving East Asian Citizens and Corporations-Law Applicable to International Transactions with Chinese, Taiwanese, and Korean Parties before Japanese Courts ［J］. Japanese Yearbook of International Law, 2014, 57：245-246.

征性履行一方的经常居所地法被推定为合同的最密切联系地法，且此种推定可被推翻，因为该条使用了"其他与该合同有最密切联系的法律"的字样，并将其与合同特征性履行一方的经常居所地法并列。

英美法系国家在当事人未作法律选择时，往往侧重考察与合同有"最密切和最真实联系"的地方的法律。例如，新加坡在当事人没有选择合同准据法时，适用与交易及当事人有"最密切和最真实联系"的国家的法律或法律体系。澳大利亚与新加坡相似，在当事人未作选择时，由法院综合考量包括合同条款、当事人国籍、合同签订地、履行地以及与合同最密切联系的法律体系等多重因素，从而适用"与合同有最密切和最真实联系的法律体系"。①

表 4-1 合同最密切联系地的规则对比表

国家	合同成立及效力的准据法	合同形式的准据法
日本	《法律适用通则法》第七条： 　法律行为的成立及效力，适用当事人在该法律行为当时所选择的地方的法。 《法律适用通则法》第八条： 　无前条规定之选择时，法律行为的成立及效力，适用该法律行为当时与该法律行为关系最密切之地的法。 　在前款情况下，如果法律行为的特征性给付仅由当事人的一方进行，进行特征性给付的当事人的经常居所地法（该当事人具有与该法律行为相关的营业所时，该营业所所在地的法；该当事人具有两个以上的营业所与该法律行为相关并且两者适用的法律不同时，该主要营业所所在地的法）应被推定为与该法律行为关系最密切的地方的法。 　在第一款的情况下，对于以不动产为标的物的法律行为，无论前款的规定如何，均将该不动产所在地法推定为与该法律行为关系最密切之地的法。 《法律适用通则法》第九条： 　当事人可以变更法律行为的成立及效力所应当适用的法律。但是，在损害第三人的权利时，该变更不得用于对抗该第三人。	《法律适用通则法》第十条： 　法律行为的形式适用该法律行为的成立所应当适用的法（该法律行为后根据前条的规定发生变更的，适用变更前的法）。 　虽有前款规定，如果法律行为的形式符合行为地法，则有效。 　在适用前款规定时，对于向适用不同法律之地的人所作的意思表示，该意思表示的通知发出地应被视为行为地。 　如果合同各方所处的地方适用不同的法律，该合同的形式不适用前两款的规定。在这种情况下，尽管有第一款之规定，合同形式符合要约通知的发出地法律或者承诺通知的发出地法律即为有效。 　前三款的规定不适用于设定或处分与动产或不动产有关的物权及其他应登记的权利的法律行为的形式。

① Amin Rasheed Shipping Corp v Kuwait Insurance Co. ［1984］AC 50.

续表

国家	合同成立及效力的准据法	合同形式的准据法
韩国	《国际私法》第 45 条： 　　合同应受当事人明示或默示选择的法律管辖。但是，默示选择仅限于根据合同内容及其他所有情况可以合理认定的情形。 　　当事人可以选择仅适用于部分合同的法律。 　　当事人可通过协议更改本条或第 46 条规定的适用法律，但合同订立后准据法的更改不影响合同方式的有效性和第三方的权利。 　　如果所有因素仅与一个国家有关，而当事人选择另一个国家的法律，则不排除相关国家强制性规定的适用。 　　当事人之间选择适用法律的协议的成立及有效性，应适用第 49 条。 《国际私法》第 46 条： 　　如果当事人没有选择适用的法律，合同将适用与该合同关系最密切的国家的法律。 　　当事人根据合同需要履行下列任一项时，合同签订时其日常居所所在国家的法律（当事人为法人或团体时，指主要事务所所在国家的法律）被推定为关系最密切，但是若合同的订立与当事人的职业或营业活动有关，则推定当事人营业所所在国家的法律为关系最密切：①转让合同的情况下，转让方的履行；②使用合同的情况下，应提供物品或权利一方的履行；③委托、承包合同或提供服务的其他类似合同中，服务的履行。 　　在以不动产权利为对象的合同中，不动产所在国家的法律被推定为关系最密切。	《国际私法》第 31 条： 　　法律行为的形式适用该行为的准据法。 　　尽管有第一款的规定，法律行为的形式符合行为地法的仍然有效。 　　合同订立时当事人处于不同国家的，可以按照其中任一国家的法律所规定的法律行为方式进行。 　　由代理人实施法律行为的，以代理人所属国家确定行为地法。 　　第 2 款至第 4 款的规定不适用于设定或处分物权或其他需要登记的权利的法律行为形式。

二、RCEP 区域国家合同法律适用的特殊规则

RCEP 区域的不少国家对消费者合同、劳动合同有区别于常规合同法律适用的特殊规则。正如学者所指出，此类特殊规则的设置主要目的是限制意思自治，以保护合同的弱势方。①

---

① Huang Renting. A Comparative Law Analysis on Some Recent Developments in the Conflict of Law Rules of Contract in Japan and China [J]. Japanese Yearbook of International Law, 2008, 51: 323.

（一）消费者合同的法律适用

在涉外消费者合同中，消费者经常居所地法往往会优先得到适用，因为消费者对此类法律更为熟悉，适用此类法律对其更为有利，从而平衡消费者在跨境消费中的弱势地位。例如，我国《涉外民事关系法律适用法》第四十二条将消费者经常居所地法作为消费者合同法律适用的首选。又如，日本《法律适用通则法》第十一条第二款及第五款规定，消费者合同未作法律选择时应适用消费者"经常居所地法"，并且依据该条第一款，在消费者单方面提出主张时消费者经常居所地法中的强行规定将优先于合同所选择的法律得到适用。

合同选择适用的法律通常并非消费者合同法律适用的首选，因为交易双方谈判力量不对等，该选择并不能体现消费者一方的真实意思。RECP 区域各国对消费者合同所选择的法律有无适用之可能、适用之条件，态度差异较大。例如，我国《涉外民事关系法律适用法》在消费者合同的法律适用条款（第四十二条）完全未提及消费者合同所选择的法律，这就意味着我国法院在适用该法确定涉外消费者合同的法律适用时，不可能适用消费者合同所选择的法律，除非合同选择的恰好是消费者的经常居所地。然而，根据日本《法律适用通则法》第十一条第一款和第三款的规定，如果消费者合同选择了消费者经常居所地以外的法律，消费者经常居所地法中有强行规则并且消费者主张适用该强行规则的，那么应当适用该强行规则。换言之，如果消费者合同所选择适用的法律与消费者经常居所地法中的强行规则并不冲突，则合同选择的法律可以得到适用。澳大利亚的司法实践与日本立法的立场较为相似。在 2023 年的一起案件中，澳大利亚高等法院拒绝遵从涉外消费者合同中的排他性管辖约定以及法律适用约定，认为这两项约定与澳大利亚消费者法中的不公平合同条款的有关规定相抵触，[①] 而后者具有强行法的性质，并且澳大利亚是本案中消费者的居住地。

因此，我国企业在面向 RCEP 区域国家的消费者开展跨境 B2C 业务时，仅在合同中约定适用中国法是不够的，必须关注并遵守消费者所在地法中的强行规定。

---

① Karpik v Carnival plc ［2023］ HCA 39.

表 4-2　消费者合同的法律适用表

国家	消费者合同法律适用的相关规定
日本	《法律适用通则法》第十一条： 　　消费者（个人，不包括作为事业或者为了事业成为合同当事人的情况）与经营者（法人及其他社团或财团及作为事业或为了事业成为合同当事人的个人）之间签订的合同（劳动合同除外，以下在本条中称其为"消费者合同"）的成立及效力，如果根据第七条或第九条的规定，适用所选择或变更适用的法律是消费者的经常居所地法以外的法律，只要消费者向经营者表示消费者经常居所地法中的某强行规定应予适用，则该强行规定适用于强行规定中与消费者合同的形成和效力有关的事项。 　　尽管有第八条的规定，在没有根据第七条选择法律的情况下，消费者合同的成立及效力受消费者经常居所地法律管辖。 　　关于消费者合同的成立，如果根据第七条的规定所选择的是消费者经常居所地法以外的法，只要消费者向经营者表示了该消费者合同的形式应适用该经常居所地法中的特定强行规定的意思，则无论前条第一款、第二款及第四款的规定如何，该消费者合同的形式应专门适用该强行规定中有关消费者合同形式的规定。 　　关于消费者合同的成立，如果根据第七条的规定所选择的是消费者的经常居所地法，只要消费者专门向经营者表示了消费者合同的形式应适用该经常居所地法的意思，则无论前条第二款及第四款的规定如何，该消费者合同的形式都应适用消费者的经常居所地法。 　　关于消费者合同的成立，在未根据第七条规定选择法律时，无论前条第一款、第二款及第四款的规定如何，该消费者合同的形式适用消费者的经常居所地法。
韩国	《国际私法》第 47 条： 　　即使消费者合同的当事人选择了适用的法律，也不得剥夺消费者日常居所所在国家的强行规定对消费者的保护。 　　消费者合同的当事人未选择适用的法律的，尽管有第 46 条，消费者的日常居住地法应予适用。尽管有第 31 条第 1 款至第 3 款的规定，消费者合同的形式应适用消费者日常居住地法。

（二）劳动合同的法律适用

在涉外劳动合同中，劳务提供地的法律往往会得到优先适用。一方面，劳务提供地与劳动合同的联系通常最为紧密；另一方面，劳务提供地双方均知晓，且不会因一方的原因临时改变，其法律的可预期性高。例如，我国《涉外民事关系法律适用法》第四十三条将劳动者工作地法作为劳动合同法律适用的首选。

日本在劳动合同的法律适用方面，遵循了合同法律适用的基本思路，同时兼顾了消费者的弱势地位：首先，劳动合同的当事人可以在合同中选择法律；其次，在劳动合同未选择法律时，适用与该劳动合同有最密切关系的地方的法律，并将劳务提供地推定为最密切关系地；[①] 最后，如果劳动合同选择了最密切关系地法以外的法，劳动者有权单方面主张适用劳动合同的最密切关系地法中的强行

---

　　① 如果劳动合同适用"特征性给付"理论，劳动者的经常居所地法将被作为劳动合同的准据法。但是，国际公约和其他国家关于劳动合同的国际私法更多的是将劳务提供地法作为劳动合同准据法。在《法律适用通则法》制定过程中，很多人认为与劳动者的经常居所地相比，劳务提供地与劳动合同的关联性更强，因此《法律适用通则法》最终将劳务提供地法推定为最密切联系地法。参见张广杰 . 日本国际私法研究 ［M］. 北京：商务印书馆，2023：116-117.

规定，此时应将劳务提供地推定为劳动合同的最密切关系地。有学者认为，日本有关劳动合同法律适用的规定与欧盟、美国等主要工业化国家和地区在该问题上的立场相一致，但未能在"劳务提供地"前加上"惯常"或"合同服务的主要部分"之类的限定语，略显不足。如果劳动者在劳务提供期间曾短暂前往另一国家提供劳务，应将其惯常提供劳务的国家推定为劳动合同的最密切关系地。①

韩国有关劳动合同法律适用的顺序是：当事人选择的法律、劳务提供地法、雇主营业所所在国法。当事人选择的法律不得剥夺劳务提供地法或者雇主营业所所在国法（适用后者的前提是劳务提供地不固定）的强行规定所给予劳动者的保护。

综上所述，我国企业在 RCEP 地区的国家雇佣当地人时，即使在劳动合同中约定适用中国法，也须注意并遵守当地（即劳务提供地）有关劳动者保护的强行规定。如果雇佣我国公民外派至相关国家，可以在劳务合同中约定适用中国法，此类约定根据我国《涉外民事关系法律适用法》第四十三条可以得到认可，在将劳务提供地推定为劳动合同最密切关系地的国家（如日本），此类约定也有助于当地法院得出中国是该劳动合同最密切关系地的结论。

表 4-3 劳动合同的法律适用表

国家	劳动合同法律适用的相关规定
日本	《法律适用通则法》第十二条： 　　关于劳动合同的成立及效力，即使根据第七条或第九条的规定所选择或变更适用的法是与该劳动合同最密切关系之地法以外的法，如果劳动者向用人单位表示应适用该劳动合同的最密切关系之地法中特定的强行规定的意思，关于该劳动合同的成立及效力，该强行规定中有关劳动合同的成立及效力的规定应予以适用。 　　在适用前款规定时，将该劳动合同中应提供劳务之地的法（如果不能确定应提供劳务之地，则为雇用该劳动者的营业地法。在下一款中相同）推定为与该劳动合同有最密切关系之地的法。 　　关于劳动合同的成立及效力，在未根据第七条规定选择法律时，无论第八条第二款的规定如何，应将该劳动合同中应提供劳务之地的法推定为与该劳动合同有最密切关系之地的法。
韩国	《国际私法》第48条： 　　即使劳动合同的当事人选择了适用的法律，也不得剥夺第2款所指定适用法律之所属国家的强行规定赋予劳动者的保护。 　　劳动合同的当事人未选择适用的法律的，尽管有第46条的规定，劳动合同应适用劳动者日常提供劳务的国家的法律，劳动者日常不在某一国家内提供劳务的，适用雇佣劳动者的雇主营业所所在国家的法律。

① Ryuichi Yamakawa. Transnational Dimension of Japanese Labor and Employment Laws：New Choice of Law Rules and Determination of Geographical Reach ［J］. Comparative Labor Law & Policy Journal，2010，31（2）：353-354.

三、RCEP 区域国家侵权法律适用的一般规则

在涉外侵权案件中，侵权行为地法、法院地法、侵权发生后当事人选择的法律、最密切联系地法都有适用的可能，什么情况下适用什么法律，各国的规定及司法实践略有不同。

（一）侵权行为地法

适用侵权行为地法的正当性在于：第一，"因过错产生的民事责任源于当地法律，其性质由当地法律决定"；[①] 第二，侵权行为破坏了当地的社会秩序，行为地法是解决侵权问题最权威的法律。侵权行为地法又可细分为侵权行为实施地法，以及侵权结果发生地法。

我国《涉外民事关系法律适用法》第四十四条为一般侵权的法律适用所确立的顺序为：侵权行为发生后当事人选择适用的法律，当事人共同经常居所地法，侵权行为地法。因侵权案件中当事人选择适用法律或者拥有共同的经常居所地并非常态，所以侵权行为地法的适用更为普遍。例如，在最高院第 109 号指导案例中，当事人间的履约保函约定适用国际商会出版的 458 号《见索即付保函统一规则》，法院判决《见索即付保函统一规则》未予涉及的保函欺诈之认定标准问题应适用作为侵权行为地的中国的法律。

根据日本《法律适用通则法》第十七条、第二十条、第二十一条的规定，侵权的成立及效力之法律适用的顺序为：侵权行为发生后当事人选择适用的法律，该侵权的最密切联系地法，侵权结果发生地法（该结果发生地应可预见，否则适用侵权行为实施地法）。可见，侵权地法在日本侵权法律适用中的位置靠后，且侧重侵权结果发生地法。

根据韩国《国际私法》第 52 条和第 53 条的规定，侵权原则上适用侵权行为实施地或结果发生地的法律，但双方共同的日常居所所在国法或侵权发生后当事人选择适用的法律（限定于韩国法）优先于侵权地法。此外，根据第 52 条第 3 款，如果当事人间既有的合同关系受到非法侵害，则适用合同关系的准据法。值得注意的是，韩国法认为侵权损害赔偿是补偿而非惩罚，对适用外国法后损害赔偿金额超过适当补偿被侵权人所需的部分不予承认。

（二）法院地法

适用法院地法的好处在于便于法院审理案件，弊端在于法院地与侵权行为的

---

① Phillips v Eyre，6 L. R. Q. B. 1，28（1870，Queen's Bench）.

联系较为偶然，从而给原告提供了选择法院的机会。因此，当代国家很少会无条件地适用法院地法。为避免涉外侵权案件的原告选择法院，英国普通法有关跨境侵权的传统规则中有一项"双重可诉规则"（Double Actionability Rule）。① 该规则要求，跨境侵权案件必须满足两个条件时英国法院方可审理此案：一是该行为在英国必须作为侵权行为"可诉"；二是根据行为地的法律，该行为必须是"不正当的"。RCEP 区域的一些英美法系国家有条件地延续了该规则，有些则彻底摒弃了该规则。

新加坡地方法院对侵权行为在外、诉讼在新加坡的案件仍适用双重可诉规则，但在例外情况下，新加坡法院可以仅适用法院地法，或仅适用侵权地法，或仅适用与当事人及侵权的发生联系最紧密的第三国的法律。②

在 1988 年的 Breavington 案之前，③ 澳大利亚严格适用双重可诉规则，并在两项条件均得到满足后适用澳大利亚法律（法院地法）解决当事人间的实体权利和义务。Breavington 案首次挑战了双重可诉规则，该案的部分法官认为，在澳大利亚的州际侵权案件中不应适用双重可诉规则。最终，澳大利亚高等法院在涉及跨国侵权的 Zhang 案中彻底放弃适用双重可诉规则，并适用侵权行为实施地法解决该案当事人的实体权利和义务。④

新西兰《国际私法（侵权法律选择）法案 2017》（Private International Law（Choice of Law in Tort）Act 2017）第十条规定，在决定侵权行为是否可诉时不再适用双重可诉规则。

近年来，越来越多的英美法国家和地区逐渐放弃双重可诉规则。⑤ 有趣的是，作为大陆法系典型代表的日本却在《法律适用通则法》第二十二条第一款体现了"双重可诉规则"，然而在确定可诉后，被侵权人仅能根据日本法提出救济主张。

（三）侵权发生后当事人选择的法律

有些国家允许当事人在侵权发生后选择法律，但不少国家对此类选择加以限

① Phillips v Eyre，6 L. R. Q. B. 1，28（1870，Queen's Bench）一案确立了该规则。

② Rickshaw Investments Ltd. v Nicolai Baron von Uexkull［2007］1 SLR 377；JIO Minerals FZC and Others v Mineral Enterprises Ltd.［2011］1 SLR 391（CA）；Low Tuck Kwong v Sukamto Sia［2014］1 SLR 639（CA）.

③ Breavington v Godleman［1988］169 CLR 41.

④ Regie National Des Usines Renault Sa v Zhang［2002］187 ALR 1（High Court of Australia）.

⑤ Edward K. H. Ng. Revisiting International Tort Actions in Hong Kong［J］. Hong Kong Journal of Legal Studies，2019，13：19-20.

制。例如，日本《法律适用通则法》第二十一条规定此类选择损害第三人权利时，不得对抗第三人。又如，韩国《国际私法》第 53 条不仅规定此类选择不损害第三人利益，还将选择的范围限定于韩国法。

表 4-4 侵权法律适用的一般规则表

国家	侵权法律适用的一般规则
日本	《法律适用通则法》第十七条： 　　因侵权行为产生的债权的成立及效力，适用加害行为结果发生地的法律。但是，如果通常不能预见结果在该地发生，则适用加害行为实施地的法律。 《法律适用通则法》第二十条： 　　不论前三条的规定如何，鉴于侵权行为发生时各当事人的经常居所在同一法律管辖的地方、侵权行为是违反当事人之间的合同义务或者任何其他有关情况，有明显比前三条所规定的应适用法律的所属地联系更为密切的其他地方，则因侵权而产生的债权的成立及效力应适用该地方的法律。 《法律适用通则法》第二十一条： 　　侵权当事人在侵权发生后，可以变更因侵权而产生的债权的成立及效力所应当适用的法律。但是，在损害第三人的权利时，该变更不能对抗该第三人。 《法律适用通则法》第二十二条： 　　在侵权应当适用外国法的情况下，如果应当适用该外国法的事实根据日本法不构成侵权，则不能根据该外国法请求损害赔偿或者其他处分。 　　在侵权应当适用外国法的情况下，即使应当适用该外国法的事实根据该外国法以及日本法均构成侵权，受害者仅可根据日本法请求损害赔偿或其他处分。
韩国	《国际私法》第 52 条： 　　侵权适用侵权行为实施地或结果发生地的法律。 　　尽管有第一款，如果实施侵权时侵权人和被侵权人的日常居所在同一国家，则适用该国家的法律。 　　尽管有第一款和第二款，如果侵权人和被侵权人之间既存的法律关系受到非法行为侵害，则适用该法律关系的准据法。 　　在根据第一款至第三款的规定适用外国法的情况下，如果因侵权而产生的损害赔偿请求权的性质明显不是为了适当赔偿被侵权人，或者其范围本质上超过了适当赔偿被侵权人所需的程度，不予承认。 《国际私法》第 53 条： 　　尽管有第 50 条至第 52 条，当事人可以在事务管理、不当得利、侵权发生后，协议选择大韩民国法作为其适用的法律，但不因此影响第三人的权利。

四、RCEP 区域国家侵权法律适用的特殊规则

RCEP 区域国家对产品责任、名誉侵权类案件，一般适用特殊的法律适用规则。

（一）产品责任的法律适用

对于产品责任，立法倾向于给被侵权人（通常为消费者）更多的保护和便

利。因此，被侵权人经常居所地法往往得到优先适用，并且允许被侵权人在特定法律范围内进行单方面的选择。例如，我国《涉外民事关系法律适用法》第四十五条将被侵权人的经常居所地法规定为此类案件法律适用的首选，并且允许被侵权人单方面在侵权人主营业地法和损害发生地法中作出对自己更为有利的选择。又如，日本《法律适用通则法》第十八条规定，产品责任原则上适用被害人接受产品交付地的法律。产品责任案件中的原告除了直接购买人，还有可能是购买人的亲友等，该条使用"被害人接受产品交付地"的措辞对直接购买人以外的原告更为有利。与此同时，为了将商家的法律风险控制在合理的范围，该条使用了"可预见"这一限制条件，即产品在相关地点的交付通常不可预见时，改为适用生产商等主要营业地的法律。

（二）名誉侵权的法律适用

在名誉侵权等人格权侵权案件中，因被侵权人处于相对无辜和需要法律保护的地位，被侵权人经常居所地法通常是法律适用的首选。例如，我国《涉外民事关系法律适用法》第四十六条、日本《法律适用通则法》第十九条均持此立场。

澳大利亚曾在 Dow Jones 案中表示：如果载有诽谤言论的出版物在澳大利亚（法院地）出版，则将毫无例外地适用法院地法来确定被告的责任；如果出版物在澳大利亚境外出版，则适用境外出版地的法律，前提是双方当事人请求适用该法，且适用该法不违反澳大利亚的公共政策。该案的保守立场遭到学者批评。[①]

表 4-5 侵权法律适用的特殊规则表

国家	侵权法律适用的特殊规则
日本	《法律适用通则法》第十八条： 　　尽管有前条规定，如果侵权是因交付的产品（指生产或加工的物品）的缺陷损害他人的生命、身体或财产而引起的，在针对生产商（指在贸易过程中生产、加工、进口、出口、分销或销售产品的人）或者在产品上的标注足以致使其被认定为生产商的人（本条下文统称为"生产商等"）的诉讼中，债权的成立及效力适用被害人接受产品交付地的法律。但是，如果产品在相关地点的交付通常是不可预见的，则适用生产商等主要营业地的法律（如果生产商等没有营业地，则适用其惯常居住地的法律）。 《法律适用通则法》第十九条： 　　尽管有第十七条的规定，因损害他人名誉或信用的侵权而产生的债权的成立及效力，适用被害人的经常居所地法（被害人为法人或其他社团或财团时，适用其主要营业地的法律）。

---

① Richard Garnett. Dow Jones & Company Inc. v Gutnick：An Adequate Response to Transnational Internet Defamation？[J]. Melbourne Journal of International Law，2003，4：20.

五、外国法的查明

在解决法律适用的问题时，不可避免地需要查明外国法的内容。根据我国《涉外民事关系法律适用法》第十条第一款以及该法司法解释（二）第一条的规定，我国依据外国法的适用是否为当事人选择的结果，来分配外国法查明的责任：当事人选择适用外国法律的，由当事人提供该外国法；当事人未选择适用外国法的，由人民法院负责查明。在英美法系国家，外国法的性质更接近于事实，通常由当事人加以证明。作为英美法系国家的澳大利亚，在外国法查明方面的立法及实践比较具有代表性，此处予以系统介绍。

澳大利亚是联邦制国家，澳大利亚联邦、六个州以及人口最多的两个领地（Territories）均有自己的立法机构和法院，是相对独立的法域。作为普通法系国家，在对待外国法方面，澳大利亚的大多数相关法律源自英国普通法，但澳大利亚的九个法域通过自己的立法以及判例法对传承自普通法的外国法处理原则进行了补充。这九个法域在对待外国法方面的法律大体相似，且都有便于证明外国法的立法规定。澳大利亚高等法院是澳大利亚联邦、各州及各领地的地区法院系统的最终上诉法院，具有一般监督性的管辖权，因此澳大利亚的普通法规则是统一的。高等法院有关外国法的判决很少。中级上诉法院特别是新南威尔士州上诉法院，作出了许多重要判决。英国法院和枢密院的判决对澳大利亚法院没有直接的约束力，但具有高度的影响力。直至20世纪中叶，澳大利亚议会的独立立法权仍然受限，一些英国立法继续直接适用于澳大利亚至20世纪80年代。因此，澳大利亚的法院和律师对英国法特别是其判例法的识别和适用非常熟悉。

（一）外国法的性质

在澳大利亚，外国法被视为特殊的事实问题：外国法的存在、性质及范围是事实问题，而外国法的适用则是法律问题。法院对待外国法与对待一般的事实问题有以下三点不同：第一，如果在陪审团开庭的案件中涉及外国法问题，该外国法问题应由法官决定，所有其他事实问题则由陪审团决定。第二，上诉法院通常不会干涉一审法官对事实的决定，却可以重新考虑一审中有关外国法问题的证据，并决定一审法官有关该外国法内容的判决是否公正。第三，上诉法院可以允许提交有关外国法的新证据，而仅在有限的情况下才允许在上诉时就其他事项提交新证据。①

澳大利亚法院通常不会主动考虑外国法的适用问题，只有当至少一方当事人在诉讼中提出其潜在适用时，法院才会考虑适用外国法。通常，适用外国法得利的一方会提出其适用。鉴于澳大利亚的诉讼模式有明显的对抗性特点，当事人对诉讼过程有较大的控制力，他们对如何提出索赔、辩护以及提供哪些证据通常具有决定性作用。因此，如果至少有一方当事人提及外国法，则判决将参照该外国法，除非外国法的证明存在某些缺陷。

（二）外国法的查明方式

由于外国法被视为特殊的事实问题，援引外国法提出主张的一方有责任证明该法的内容和含义。在澳大利亚，"法官知法"原则中的"法"并不包括外国法，法院甚至明确表示，澳大利亚法院不应被推定了解外国法。② 如果援引外国法的一方不能有效证明外国法的内容和含义，法院可以采用相似性推定（即推定外国法与法院地法相似）来填补外国法证据的空白，这种做法源自英国。③ 在国际性案件中，鉴于澳大利亚法律与其他普通法国家法律的相似性，澳大利亚法官可能更愿意在没有协助的情况下独立地解释和适用普通法国家的法律，并且更愿意推定外国法与法院地法相似。因此，在案件所涉的外国法是英国法或者英联邦国家的法律时，其处理方式可能与所涉外国法为非英美法系法律的案件不同。④

在外国法的证明方式上，当事人可以就有关外国法的内容或含义达成明确协议，例如，协议承认诉状中的指控，或协议接受外国法与法院地法相似的推定。除明示约定外，当事人还可以就外国法的内容默示达成一致，例如，约定一方不对另一方的指控提出异议。法院通常尊重此类协议。例外情况下，法院会无视双方的约定，特别是在当事人约定外国法与法院地法相似而这与实际情况明显不符

---

① Yuko Nishitani. Treatment of Foreign Law – Dynamics towards Convergence？［M］. Springer International Publishing AG，2017：508-509.

② Neilson v Overseas Projects Corporation of Victoria Ltd.［2005］HCA，54，115，185.

③ Anthony Gray. Choice of Law：The Presumption in the Proof of Foreign Law［J］. UNSW Law Journal，2008，31（1）：138-139. 也有观点认为，当事人无法证明外国法的后果是法院拒绝接受其相应的主张，例如，Neilson 案中持少数派意见的两名法官就是这种观点。参见 Keyes Mary. Foreign Law in Australian Courts：Neilson v Overseas Projects Corporation of Victoria Ltd.［J］. Torts Law Journal，2007，15：22.

④ Yuko Nishitani. Treatment of Foreign Law – Dynamics towards Convergence？［M］. Springer International Publishing AG，2017：505-506.

的情况下。①

除当事人的明示或默示约定外，当事人主要通过两种方式证明外国法。第一，澳大利亚各法域的立法都允许当事人出示包含相关外国法的文件，以证明外国法的内容。② 这与普通法的传统规则截然不同，后者要求有关外国法的书面证据必须由专家介绍和证明。可用于证明外国立法、公告、条约或国家行为的文件有：①载有立法、公告、条约或国家行为的书籍或小册子，且载明它是由该国政府、官方印刷商、政府当局或行政部门印制的；②法院认为是可靠信息来源的书籍或其他出版物，其中载有立法、公告、条约或国家行为；③该国法院正在或将要使用的书籍或小册子，用于向法院通报或证明立法、公告、条约或国家行为；④经证明的立法、公告、条约或国家法令的副本。除以上四类文件外，"包含该国法院判决报告的书籍"可作为"该国不成文法或普通法"的证据，"如果该书正在或将在该国法院用于向法院通报这些事项"则也可作为解释该外国法的证据。此外，有两州的证据法明确规定，可以参考教科书查明外国法。③ 如果外国法的相关部分不是用英语写成的，双方可以提供翻译版本。当事人偶尔会提交关于外国法的期刊文章，有时专家证人在其专家证据中也会提及期刊文章。互联网资源很少被明确提及，但法官偶尔会通过互联网搜索外国法律。④

第二，当事人可以提交专家证据，以证明外国法。在大多数案件中，外国法是由专家证据证明的。专家证据通常以证人陈述或证词的形式提供。专家可以出席法庭提供口头证据，并接受盘问。专家可以在其证据中参考有关外国法的材料，法院有权查阅这些材料。外国法专家必须根据有关专家资格的规则获得资格，通常必须因培训、学习或经验而具备专业知识。在大多数案件中，专家是法律从业者，且具有广泛且近期的执业经验。有实践经验的学者、外国退休法官也可作为专家证人。

如果当事人自身无法获取外国法的相关证据，可以申请法院通过一些方式获

---

① 参见 Damberg v Damberg［2001］NSWCA 87. 在该案中，双方当事人约定，推定德国有关逃避资本利得税的法律与澳大利亚法律相同。新南威尔士州上诉法院拒绝接受此项推定，并拒绝尊重双方的协议。

② Yuko Nishitani. Treatment of Foreign Law－Dynamics towards Convergence？［M］. Springer International Publishing AG，2017：510.

③ Evidence Act 1929（South Australia）第 63 条，Evidence Act 1906（Western Australia）第 71 条。

④ Yuko Nishitani. Treatment of Foreign Law－Dynamics towards Convergence？［M］. Springer International Publishing AG，2017：511－512.

取。例如，新南威尔士州最高法院可以"应一方或多方的申请，并经各方同意，下令在外国法院启动诉讼程序，以回答有关外国法律原则或其适用的问题"，还可以"根据一方或多方的申请或自行决定，命令由裁判（Referee）回答外国法问题"。①

澳大利亚与泰国、韩国缔结了有关民商事司法协助的双边条约，此类条约载有与提供法律信息有关的条款。此类条款要求被请求国通过其中央权力机构，在涉及请求国国民的案件中，向请求国中央权力机构提供司法记录和立法的摘录。在澳大利亚，条约中提及的"中央权力机构"是联邦总检察长部门。

例外情况下，澳大利亚法官可以与外国法官直接沟通，请求提供有关外国法律的信息。例如，澳大利亚将联合国国际贸易法委员会的《跨境破产示范法》吸收进其《2008 年跨境破产法》，该法允许澳大利亚法院直接请求外国法院提供信息。又如，澳大利亚家庭法院的两名法官是海牙法官网络的成员，在双方同意的情况下，法院可以通过海牙法官网络直接向外国法官提出信息请求。

第三节　RCEP 区域跨境承认与执行判决的路径

判决的跨境承认与执行历来是国际私法的难点问题，也是影响当事人是否选择诉讼解决国际商事争议的关键因素之一。基于多边或双边条约承认与执行外国判决，以及基于互惠原则承认与执行外国判决，在 RCEP 区域内均有可能，也均受到不同程度的制约。

一、依据条约

目前，RCEP 成员国均没有加入海牙 1971 年《承认及执行外国民商事判决公约》或者 2019 年《承认及执行外国民商事判决公约》，只有新加坡批准了 2005 年《协议选择法院公约》。然而，《协议选择法院公约》要求缔约国承认与执行被选择法院所作出的判决有一个重要前提，即该被选择法院在另一缔约国。换言之，该公约要求在互惠的基础上承认与执行当事人所选择法院作出的判决。

---

① Uniform Civil Procedure Rules 2005（NSW），第 6.44 条第 1 款、第 2 款。

因此，RCEP 区域内经贸类争端的判决无法以多边条约作为跨境承认与执行的通道。

在双边条约层面，我国司法部网站公布的我国所缔结的民商事司法协助条约中涉及 RCEP 的国家有 5 个，其中只有我国与越南、我国与老挝两个条约包含了相互协助执行法院民事判决的条款。因此，在 RCEP 区域，我国法院作出的民事判决目前仅能在越南和老挝通过双边司法协助条约得到承认与执行，也只有这两国的法院所作出的民事判决能通过双边司法协助条约在我国得到承认和执行。

表 4-6　我国缔结的民商事司法协助条约表

条约名称	有无协助执行法院民事判决的条款
中华人民共和国和越南社会主义共和国关于民事和刑事司法协助的条约	有
中华人民共和国和新加坡共和国关于民事和商事司法协助的条约	无
中华人民共和国和泰王国关于民商事司法协助和仲裁合作的协定	无
中华人民共和国和老挝人民民主共和国关于民事和刑事司法协助的条约	有
中华人民共和国和大韩民国关于民事和商事司法协助的条约	无

二、依据互惠原则

现代各国国际私法普遍认可基于互惠原则相互承认与执行判决。有些国家和地区为此有专门立法，有些则在民事诉讼或者民事执行的相关法律中对此加以规定。

（一）RCEP 区域的立法概况

在承认与执行外国判决的国内立法方面，英国《1933 年外国判决（互惠执行）法》（Foreign Judgments（Reciprocal Enforcement）Act 1933）对英美法系国家和地区产生了重要影响。在 RCEP 区域，澳大利亚、文莱、马来西亚、新加坡以及中国香港地区，均效仿英国制定了类似法律。例如，澳大利亚的《1991 年外国判决法》（Foreign Judgments Act 1991，2022 年最新修订），文莱的《互惠执行外国判决法》（Reciprocal Enforcement of Foreign Judgments Act），新加坡的《1959 年互惠执行外国判决法》（Reciprocal Enforcement of Foreign Judgments Act 1959，2020 年最新修订），以及中国香港地区的《外国判决（互惠执行）条例》

（Foreign Judgments（Reciprocal Enforcement）Ordinance）。

此类单行立法通常规定，对于该国或该地区认可的"互惠国家"（包括构成独立法域的地区）的法院所作出的金钱类判决，[①] 可以通过在本国或本地区的特定法院"登记"的方式，在本国或本地区得到执行。例如，马来西亚认可的"互惠"国家和地区有英国、中华人民共和国香港特别行政区、新加坡、新西兰、斯里兰卡、印度（特定州除外）以及文莱。[②]

大陆法系国家往往不会针对外国判决的承认与执行单独立法，通常在民事诉讼或者民事执行的相关法律中提及该事项。例如，日本《民事诉讼法》第118条规定的承认外国法院判决的条件有：①该外国法院的管辖权受到日本法律、法规或条约的承认；②被告曾收到该案的传票，或者虽未收到传票但到庭应诉；③判决的内容及诉讼程序不违反日本的公共秩序或善良风俗；④有相互的保证。其中，第四项所要求的"相互的保证"指的是日本与判决来源国相互承认判决。[③] 此外，依据该条得到承认的外国判决还必须是"确定判决"，即排除了尚未生效或正在上诉中的判决。又如，韩国《民事诉讼法》第217条第1款对外国判决的承认提出了与日本基本相同的要求，区别在于韩国在第217条第1款第4项"有相互的保证"这一表述后附加了"或者韩国和外国法院所属的外国在承认最终判决等方面的要求并无明显失衡，在其他重要方面也没有实际差异"的表述。

（二）互惠原则适用中的问题

首先，在对互惠执行外国判决有单行立法的国家，往往有明确的"互惠国家"名单，目前我国通常不在此类名单中。例如，前文提及马来西亚的互惠名单中有我国香港地区，而没有我国其他地区。又如，2018年《中华人民共和国最高人民法院和新加坡共和国最高法院关于承认与执行商事案件金钱判决的指导备忘录》第十七条规定，在两国尚无相互执行判决的条约的情况下，可根据普通法

---

① 个别国家的此类立法允许在特定条件下执行"非金钱"判决。例如，新加坡《1959年互惠执行外国判决法》第4条第4款a项规定，只有根据案情以及判决所涉及的救济的性质，非金钱判决的执行是公正且便利的，新加坡法院才会予以执行。

② DNH（BD）. Enforcing Foreign Judgments in Malaysia：Reciprocal Enforcement of Judgments Act 1958［EB/OL］.［2024-07-25］. https：//dnh. com. my/enforcing-foreign-judgments-in-malaysia-reciprocal-enforcement-of-judgments-act-1958/.

③ Yuko Kanamaru，Yoshinori Tatsuno. Chapter 21 Japan［M］//Louise Freeman，Shivani Sanghi. Enforcement of Foreign Judgement 2020（Fifth Edition）. London：Global Legal Group，2020：126.

的规定提出请求，在新加坡法院执行我国法院的判决。① 由此可见，我国不在新加坡的"互惠国家"名单中。

其次，各国对基于互惠原则承认与执行外国判决所掌握的尺度有所不同，使得执行与否存在一定的不确定性。例如，韩国司法实践对互惠原则的适用所掌握的尺度较为宽松。韩国最高法院曾在案件中表示："《民事诉讼法》第 217 条第 1 款第 4 项规定的相互保证承认判决的要求应被视为已满足，因为韩国和其他国家承认类似判决的相应要求没有不成比例地失衡，外国要求总体上没有比韩国的要求更重，而且这两套要求在重要方面没有实质性差异。通过比较基于相关外国法律法规、判例法以及习俗和惯例的承认要求，找到相互保证就足够了，不一定需要与其他国家签订条约。即使没有具体的先例，只要外国法院实际上承认韩国法院作出的类似判决，这就足够了。"在没有具体先例的情况下，如何判断"外国法院实际上承认韩国法院作出的类似判决"，韩国最高法院在 2017 年的一起案件中给出了解答。该案当事人申请在韩国承认和执行美国加州法院作出的实际履行合同义务的判决，首尔高等法院认定该申请不符合法定的互惠要求。韩国最高法院推翻了这一认定，指出：虽然美国《统一执行法》（Uniform Recognition Act）的适用对象是金钱支付类的外国判决，但该法有关"本章并不阻止根据礼让原则或其他原则承认不在本章范围内的外国判决"的表述可以被解释为，满足特定条件时加州地区法院将承认和执行外国法院的非金钱判决，从而可以合理地认为美国加州地区法院有望承认韩国法院的类似判决，互惠要求因此得到满足。②

我国司法实践对于互惠原则的适用尚未形成统一的标准。例如，2016 年高尔集团向南京市中级人民法院申请，承认和执行新加坡法院针对该集团与江苏省纺织工业（集团）进出口有限公司买卖合同纠纷案的判决，南京市中级人民法院基于新加坡高等法院曾于 2014 年 1 月对我国江苏省苏州市中级人民法院的民事判决进行了执行，根据互惠原则承认与执行了新加坡法院的判决。③ 然而，2018 年我国一名当事人向德州中院申请承认与执行新加坡法院的离婚判决中涉及财产的部分，德州中院认为南京中院承认与执行新加坡判决的先例仅能表明两

① 外国法院判决在新加坡的执行有以下三种途径：一是依据《1959 年互惠执行外国判决法》执行；二是当事人协议选择的法院所作出的判决可依据《2016 年协议选择法院法》执行；三是依据普通法执行。

② Supreme Court Decision 2012Da23832 Decided May 30, 2017: Decision on the Recognition and Enforcement of a Foreign Judgment [J]. Asian Business Lawyer, 2017, 20: 204-206.

③ 江苏省南京市中级人民法院民事裁定书，（2016）苏 01 协外认 3 号。

国在商事经济领域存在互惠先例，但无法证明两国在涉及身份关系的民事判决领域亦存在互惠原则，从而拒绝承认与执行该判决。① 按照德州中院的思路，申请执行外国判决的当事人需按判决所处理的争议类型来证明互惠的存在，加大了申请承认与执行外国判决的难度。

总体而言，基于互惠原则，我国法院的判决能够在 RCEP 区域的更多国家实现跨境承认与执行，反之亦然。不过，该路径存在一定的不确定性。

三、依据普通法

除了以上两条路径外，在普通法国家，承认与执行外国判决还可以依据普通法。以新加坡为例，依据普通法在新加坡申请承认与执行外国判决的条件有：①外国判决是具有管辖权的法院根据案情作出的决定；②根据新加坡的冲突规则，外国法院必须对寻求约束的一方拥有跨国管辖权；③外国判决必须是最终和决定性的，在所属外国管辖区不得对该决定提出进一步上诉；④不得对承认或执行外国判决提出任何可能的抗辩，例如，通过欺诈获取判决，承认将违反公共政策，或在获得外国判决时违反自然正义；⑤请求执行的是外国判决中的金钱内容。新加坡法律从业者普遍认为，依据《1959 年互惠执行外国判决法》比依据普通法申请承认与执行外国判决要更容易、更快捷，因为依据普通法提出申请时被申请执行人往往会提出欺诈、公共政策、自然正义等方面的抗辩。② 然而，依据普通法申请承认与执行外国判决不以互惠为条件或前提，③ 从而在条约以及互惠原则之外提供了一个有效的选项。

---

① 山东省德州市中级人民法院民事裁定书，（2018）鲁 14 协外认 1 号。

② Drew，Napier LLC. Legal 500 Country Comparative Guides-Singapore Litigation ［EB/OL］. ［2024-07-25］. https：//www. legal500. com/guides/wp-content/uploads/sites/1/2024/07/Singapore-Litigation-1. pdf.

③ Adeline Chong. Moving towards Harmonization in the Recognition and Enforcement of Foreign Judgment Rules in Asia ［J］. Journal of Private International Law，2020，16（1）：54.

第五章

RCEP 区域经贸争端的仲裁解决

随着商业发展的繁荣以及目前人类社会仍处于全球经济一体化的大背景下，国际商事仲裁已经成为当下国际社会解决跨境商事争议最为普遍的方式之一。商事主体越来越多地选择仲裁作为争议解决方式的一大原因是由于仲裁本身所具有的高效率、低成本的属性①，这一特点在跨境商业和贸易争端中体现得尤为明显。2020 年 11 月 15 日，《区域全面经济伙伴关系协定》（RCEP）正式签署，一个现代、全面、高质量、互惠的大型区域自贸协定正式形成，对于推动东亚区域国家的经济一体化也将起到重要的作用。RCEP 作为全球规模最大的自由贸易区协定②，其已经在 2022 年全面生效，RCEP 的生效将有利于进一步地深化中国与东盟国家在市场要素等诸多方面的流动。

RCEP 生效之后区域内不同成员国的商事主体在经贸领域往来将不断增加，这中间也不可避免地会引起一系列的跨境商事纠纷，又加之更多的商事主体在更青睐于选择仲裁作为争议解决方式，在此背景下对于 RCEP 区域内有重大影响力的国际仲裁机构如新加坡国际仲裁中心（SIAC）、中国国际经济与贸易仲裁委员会（CIETAC）、香港国际仲裁中心（HKIAC）、日本商事仲裁协会（JCAA）以及大韩商事仲裁院（KCAB）等主要的仲裁机构规则的理解和研究对于 RCEP 区域内商事主体通过仲裁解决经贸纠纷起到了举足轻重的作用。除此以外，当事人在进行仲裁时不能够违反仲裁地国内仲裁法的强制性规定，并且仲裁法规对仲裁规则起到补充和完善的作用，因此对于 RCEP 区域内各个成员国的国际商事仲裁的

---

① 郭子平. 我国国际商事调解特区立法：问题争议、解决机制及制度贡献 [J]. 深圳大学学报（人文社会科学版），2022（4）.

② 蒋慧. RCEP 背景下中国—东盟商事仲裁协同机制研究 [J]. 江汉论坛，2021（8）.

立法情况也不容忽视。仲裁裁决做出之后的承认和执行问题也是一个颇为复杂的问题，尤其是在由于跨境经贸纠纷引起的国际商事仲裁之中，一国仲裁机构所作出的裁决能否在另外一国得到执行往往需要考虑诸多复杂的因素。虽然目前国际范围内还没有普遍适用的关于承认和执行他国仲裁裁决的相关条约，但是共有160多个国家加入了1958年联合国制定的《承认及执行外国仲裁裁决公约》（以下简称《纽约公约》），使得公约成员国作出的仲裁裁决可以在仲裁地以外的大多数国家得到承认与执行，这也大大提高了仲裁制度较法院诉讼制度的优势，《纽约公约》在RCEP成员国的适用情况既关系到RCEP区域国际商事仲裁机制能否切实有效地实现，又关系到RCEP区域内商事主体的合法利益能否得到切实有效的保护。然而，目前在RCEP区域范围内还未真正建立一个统一、协调的仲裁解决经贸争端的机制，如何增加RCEP区域内更多主体选择仲裁作为争议解决方式的意愿度，完善各成员国对于仲裁相关领域立法同高水平国际规则相接轨以及增加成员国进行仲裁时对于有关重要问题的趋同性，使仲裁解决争议更加高效且公正等一系列仲裁机制建设问题，也值得广大法学工作者进行一系列路径研究。

第一节　RCEP区域有影响力的国际商事仲裁机构及其规则

一、新加坡国际仲裁中心（SIAC）

（一）机构概况

新加坡国际仲裁中心是一个完全独立、中立并且不以营利为目的的全球性仲裁机构，于1991年开始独立运营，距今已有25年的发展历史，SIAC在向全球商界提供中立仲裁服务方面建立了良好的记录。SIAC的秘书队伍具有国际化优势，积聚了来自13个司法管辖区的律师，能够使用不同语言进行案件管理。SIAC的近700位名单仲裁员都拥有丰富的国际商事仲裁经验，来自40多个司法管辖区，涉及能源、工程、采购、建筑等多个领域。

根据《2021年国际仲裁调查》显示，SIAC在全球5大首选的仲裁机构中排名第 2（资料来源于伦敦玛丽女王大学国际仲裁学院 2021 年发布的《国际仲裁调查》），且是亚太地区最受欢迎的仲裁机构。根据 SIAC 出具的 2022 年年度报告，SIAC 受理的新案件为 357 件，其中 88% 含有"国际"因素，涉案金额高达 56.1 亿美元[①]。SIAC 仲裁裁决已在许多司法管辖区执行，包括澳大利亚、中国、中国香港、印度、印度尼西亚、约旦、泰国、英国、美国和越南等《纽约公约》签署国和地区。

（二）组织架构

SIAC 主要由仲裁院（Court of Arbitration）和董事会组成。仲裁院的主要职能包括：仲裁员的确认和委任、财务管理、案件管理、根据新加坡仲裁规则行使监管职能以及审查并作出裁决；董事会负责监督中心对其组织发展和业务发展职能的行使情况。

SIAC 的院长和副院长在当事人未能指定仲裁员时确认当事人选定的仲裁员，以及对当事人对仲裁员提出的异议作出最终决定。SIAC 的主簿是管理、促进或协调仲裁工作的个人或机构。SIAC 主簿和助理主簿的主要职责包括：接收当事人的文件，决定仲裁庭的费用，以及审查仲裁裁决草案。

（三）受案情况

SIAC 的受案范围较广，包括公司间的商业纠纷、贸易和投资纠纷、工程类的纠纷、航运纠纷、海运纠纷、保险纠纷、知识产权纠纷以及银行与金融纠纷等。2021 年，SIAC 共处理了 469 起案件，其中 446 起案件（95%）由 SIAC 管理，其余 23 个（5%）案件是临时仲裁。SIAC 案件量连续 5 年超过 400 例，过去 10 年来案件数量翻了一番。[②]

（四）仲裁规则

随着 SIAC 的成立，新加坡国际商事仲裁案件的数量与日俱增，为更好地顺应本国国际商事仲裁的需求，SIAC 以《联合国国际贸易法委员会仲裁规则》（UNCITRAL 规则）为蓝本，制定了《新加坡国际仲裁中心仲裁规则》，该规则截至目前共进行 6 次修订，更好地适应了当下经济社会的发展，为实现快速、高效、经济地解决商事争议的目标，增加了"合并仲裁""扩大快速程序"等多项新内容。基于新加坡仲裁立法的双轨制特点，新加坡国际仲裁中心

---

① 冯硕. 大变局时代的国际仲裁——2021 年国际仲裁调查报告述评［J］. 商事仲裁与调解，2021（4）.

② 《新加坡国际仲裁中心报告（2021 年度）》，2022 年 4 月 17 日。

的仲裁规则在最初即存在国内规则和国际规则之分，其第一版本的国际仲裁规则和国内仲裁规则均诞生于 1991 年。2007 年，新加坡国际仲裁中心发布新的仲裁规则对该标准进行了统一，废止《新加坡国际仲裁中心国内仲裁规则》，新加坡国际仲裁中心的双轨制已成为历史。最新的《新加坡国际仲裁中心仲裁规则》（以下简称《仲裁规则》）于 2016 年 8 月 1 日生效，根据该《仲裁规则》规定，其适用于该《仲裁规则》生效当日及此后开始进行的所有仲裁案件，但是当事人也可以根据自身利益需要约定排除最新版的适用而选择旧版仲裁规则。

SIAC 仲裁程序具有快捷、经济以及灵活的特点。SIAC 是首个引入早期驳回程序的主要商事仲裁机构，SIAC 仲裁规则最新修订于 2016 年，含有合并仲裁、多份合同仲裁和加速紧急仲裁程序等规则，为当事人提供便捷高效的服务。[①] 其中，早期驳回程序是指当事人可基于以下理由向仲裁庭申请早期驳回仲裁申请或答辩：仲裁申请或答辩明显缺乏法律依据，或者仲裁申请或答辩明显超过仲裁庭的管辖范围；该程序可以显著节省时间和费用[②]。与其他国际主要仲裁中心相比，SIAC 的收费较低。费用构成主要包括登记费、管理费和仲裁员报酬，另外有紧急临时救济费及申请回避的费用。其中，登记费分两类收取，新加坡当事人为 2140 新币，而外国当事人为 2000 新币；管理费以争议金额为基础确定最高额，分档计算，范围为 3800 新币到 95000 新币；仲裁员报酬以争议金额为基础确定最高额，最低为 6250 新币，上限为 2000000 新币。[③]

二、日本商事仲裁协会（JCAA）

（一）机构概况

日本商事仲裁协会设立于 1950 年，是日本历史最久、最重要的涉外商事仲裁机构，其前身为"国际商事仲裁委员会"，协会总部设置于东京千代田区，是日本唯一处理国际争端（除海事纠纷外）及国内商事纠纷的仲裁机构。目前，该协会下设理事会，在东京、大阪、神户、名古屋和横滨设有五个事务所，东京事务所下设总务部、经理部、仲裁部、调解部、ADR 广告部、业务部和事业部，大阪事务所设有总务科、调解仲裁科和事业科，目前该协会的会员分布于上市公

---

① 《新加坡国际仲裁中心仲裁规则（2016 版）》第 29 条、第 8 条、第 6 条。
② 唐塞潇．国际商事仲裁早期处置机制的价值平衡和制度构建［J］．武大国际法评论，2019（2）．
③ 《新加坡国际仲裁中心仲裁规则（2016 版）》第 35 条。

司、制造业、金融保险及各类团体等共 700 余名。日本商事仲裁协会以通过商事纠纷的预防与处理促进国际贸易为目的，其主要业务包括：

（1）商事纠纷的仲裁、调解与协助和解。此外，在外国企业的国际贸易索赔问题上，为使当事人达成和解，该会根据独立的调解规则进行居中调解。

（2）国际贸易相关咨询与信息提供。包括刊发实务性杂志《JCA ジャーナル》、收集国际贸易文献资料供会员阅览、提供国际贸易相关标准合同文本、进行国际贸易相关课题调研、不定期召开讲座与座谈会等。

（3）颁发《关于货物暂准进口的 ATA 报关单证册海关公约》中规定的 ATA 报关单证册。

（二）组织架构

JCAA 主要由仲裁委员会组成（Proceeding Committee），其主要职能是为 JCAA 提供下列仲裁程序提供支持和意见：①《联合国国际贸易法委员会仲裁规则（UNCITRAL Arbitration Rules》；②《商事仲裁规则（Commercial Arbitration Rules》；③交互式仲裁规则（Interactive Arbitration Rules）；④根据商事调解规则（Commercial Mediation Rules）进行的调解程序；⑤与 JCAA 仲裁或调解程序有关的其他事项。

（三）受案情况

日本是一个诉讼非常发达的国家，很多案件都是通过诉讼处理，因此日本国内仲裁案件其实非常少。但是在涉外仲裁领域，也就是国际商事仲裁纠纷当中，JCAA 具有很高的知名度，例如，中日之间、美日之间的国际仲裁案件有相当的比例是通过 JCAA 来处理。JCAA 的国际案件占全部案件数量的比例为 86%，可以说比例很高。但 JCAA 的仲裁总体数量并不多，但其受案数量仍较少（年均 10~20 个案件）。

（四）仲裁规则

JCAA 准备了以下三类仲裁规则供当事人选择：①UNCITRAL 仲裁规则，由联合国国际贸易委员会（UNCITRAL）制成。结合了英美法系和大陆法系的法律制度，国际性强；②JCAA 商事仲裁规则，基于 UNCITRAL 仲裁规则并结合最新国际实务制定。规则丰富、多样，涉及简易程序、仲裁程序的合并、仲裁中的调解等最新实践；③交互式（Interactive）仲裁规则提供了基本的关于仲裁程序的规定。通过对争议点的整理，加强了仲裁员与当事者之间的互动与沟通，帮助提高仲裁的效率。仲裁规则选择的多样性更方便当事人，也体现了机构的国际化。①

三、中国国际经济与贸易仲裁委员会（CIETAC）

中国国际经济贸易仲裁委员会（英文简称 CIETAC，中文简称"贸仲委"）是世界上主要的常设商事仲裁机构之一。贸仲委于 1956 年 4 月由中国国际贸易促进委员会（以下简称"中国贸促会"）组织设立，当时名称为对外贸易仲裁委员会。中国实行对外开放政策以后，为了适应国际经济贸易关系不断发展的需要，对外贸易仲裁委员会于 1980 年改名为"对外经济贸易仲裁委员会"，1988 年又改名为"中国国际经济贸易仲裁委员会"。2000 年，中国国际经济贸易仲裁委员会同时启用中国国际商会仲裁院的名称。贸仲委以仲裁的方式，独立、公正地解决国际国内的经济贸易争议及国际投资争端。60 多年来，贸仲委以其仲裁实践和理论活动为中国《仲裁法》的制定和中国仲裁事业的发展做出了贡献。贸仲委还与世界上主要仲裁机构保持着友好合作关系，以其独立、公正和高效在国内外享有盛誉。

贸仲委设在北京，并在深圳、上海、天津、重庆、杭州、武汉、福州、西安、南京、成都、济南、海口分别设有华南分会、上海分会、天津国际经济金融仲裁中心（天津分会）、西南分会、浙江分会、湖北分会、福建分会、丝绸之路仲裁中心、江苏仲裁中心、四川分会、山东分会和海南仲裁中心。此外，贸仲委在香港特别行政区设立香港仲裁中心，在加拿大温哥华设立北美仲裁中心，在奥地利维也纳设立欧洲仲裁中心。

贸仲委及其分会/仲裁中心是一个统一的仲裁委员会，适用相同的《仲裁规则》和《仲裁员名册》。贸仲委《章程》规定，分会/仲裁中心是贸仲委的派出机构，根据贸仲委的授权接受并管理仲裁案件。

根据仲裁业务发展的需要，以及就近为当事人提供仲裁咨询和程序便利的需要，贸仲委先后设立了 29 个地方和行业办事处。为满足当事人的行业仲裁需要，贸仲委在国内首家推出独具特色的行业争议解决服务，为不同行业的当事人提供适合其行业需要的仲裁法律服务，如粮食行业争议、商业行业争议、工程建设争议、金融争议以及羊毛争议解决服务等。此外，除传统的商事仲裁服务外，贸仲

---

① Sun Y，Tu Y. An Introduction to the Japan Commercial Arbitration Association and JCAA Arbitration Rules [J]. Wuhan Zhicheng Times Cultural Development Co.，Ltd. Proceedings of 1st International Symposium on Education，Culture and Social Sciences（ECSS 2019）. Atlantis Press，2019（9）.

委还为当事人提供多元争议解决服务，包括域名争议解决、网上仲裁、调解、投资争端解决、建设工程争议评审等。

自 1956 年贸仲委成立以来，共受理了近 30000 件国内外仲裁案件。贸仲委既可受理涉外和国际案件，也可受理国内案件；同时，其受理案件的范围也不受当事人行业和国籍的限制。近年来，贸仲委平均每年的受案数量已超过 2000 件，位居世界知名仲裁机构前列。2021 年，Queen Mary 发布最新国际仲裁报告，贸仲委在评选中首次跻身前五，与 ICC、SIAC、HKIAC、LCIA 并称为全球最受欢迎的仲裁机构。[①] 2024 年伊始，贸仲委正式施行《中国国际经济贸易仲裁委员会仲裁规则（2024）》（以下简称为"2024 年《仲裁规则》"），彰显了贸仲委勇于迎接新时代挑战，通过打造科学合理的仲裁规则，提质增效，积极建设国际一流仲裁机构的决心。

2014 年 11 月 4 日，《中国国际经济贸易仲裁委员会仲裁规则》由中国国际贸易促进委员会、中国国际商会修订并通过，自 2015 年 1 月 1 日起施行。2014 年 11 月 18 日，《法制日报》第 6 版发表 2014 年 11 月 4 日中国国际贸易促进委员会、中国国际商会修订并通过的《中国国际经济贸易仲裁委员会仲裁规则》（以下简称《规划》）。该《规则》分总则、仲裁程序、裁决、简易程序、国内仲裁的特别规定、香港仲裁的特别规定、附则 7 章 84 条，自 2015 年 1 月 1 日起施行。《规则》施行前仲裁委员会及其分会/仲裁中心管理的案件，仍适用受理案件时适用的仲裁规则；双方当事人同意的，也可以适用贸仲《规则》。

四、香港国际仲裁中心（HKIAC）

香港国际仲裁中心成立于 1985 年，旨在促进在香港通过仲裁和其他替代方式解决争议，是亚洲历史最悠久的仲裁机构之一。香港国际仲裁中心位于中环交易广场二期。2011 年，香港特别行政区政府向香港国际仲裁中心提供额外的办公场所，用于扩展聆讯和办公设施，使其办公面积倍增至超过 1200 平方米，以配合区内仲裁服务使用者的需求。香港国际仲裁中心在《环球仲裁评论》（Global Arbitration Review）于 2016 年、2017 年及 2018 年发布的庭审中心调查排名中名列第一，调查各项包括但不限于：最佳位置、最物超所值、最佳工作人员、最佳信息科技服务等。《环球仲裁评论》2018 年区域仲裁导引对香港国际仲

---

① 中国国际经济贸易仲裁委员会. 中国国际商事仲裁年度报告（2020—2021）[R]. 2021-09-13.

裁中心的评价是：区域仲裁基本始于香港国际仲裁中心，没有任何一家区域仲裁机构运行了如此长的时间，并取得如此成就。

香港国际仲裁中心提供一站式的争议解决服务，服务范围包括仲裁、调解、审裁以及域名争议解决。2016年，香港国际仲裁中心处理的争议解决个案，包括仲裁与调解，高达460宗，其中仲裁个案262宗，域名争议183宗、调解个案15宗，处理的争议总额约194亿港元。香港国际中心处理的仲裁个案主要争议类别有公司与金融（占个案总数的29.3%）、海事（占个案总数的21.6%）以及建筑工程（占个案总数的19.2%）。2021年伦敦玛丽女王大学等机构发布了《2021国际仲裁调查报告》，这份报告显示了最受欢迎仲裁地排名：香港从2018年的第四位上升到了第三位，调查投票占比也从2018年的28%一跃升至50%[1]。

香港国际仲裁中心于近期发布的2024年版《机构仲裁规则》（以下简称新版《规则》）将于2024年6月1日生效。新版《规则》在总体上继承2018年版《规则》的基础上进行了一系列的优化，旨在提升仲裁的效率和公正性，并首次将仲裁员提名的多样性、信息安全及环境保护等当代议题纳入考量。修订的主要方面包括HKIAC对仲裁的管理、仲裁庭的程序性措施、更换法律代表的限制、紧急仲裁员做出临时命令的权力、多样性、信息安全及环境保护。总体而言，2024年版的《规则》在以往规则的基础上，更加凸显出HKIAC对提升仲裁效率和公正性的追求，也展现了其对多元化、信息安全和环境保护等新兴议题的积极态度。这些改进将有利于增强香港作为国际仲裁中心的竞争力，并为国际商事争议的解决提供更加有力的支持。

五、大韩商事仲裁院（KCAB）

大韩商事仲裁院成立于1966年，是韩国唯一一家根据《韩国仲裁法》获得法定授权解决争议的仲裁机构。在过去50年中，KCAB处理了7000多起仲裁案件和15000多起调解案件，是领先的替代性争议解决中心。近年来，KCAB每年处理约400起案件，其中大部分争议来自建筑、IT和商业交易领域。2020年起，每年提交给KCAB仲裁的争议总额超5.4亿美元。KCAB管理下的独立部门KCAB INTERNATIONAL主要解决国际仲裁，致力于管理根据KCAB国际仲裁规则提起的跨境争议，并推动韩国成为仲裁地。KCAB国际仲裁规则于2011年通

---

① Queen Mary. 2021 International Arbitration Survey [Z]. 2021-05-06.

过，并于 2016 年更新。2017 年，作为持续促进该国仲裁发展努力的一部分，韩国政府颁布了《仲裁行业促进法》。该法案包括扩大争议解决设施、培养仲裁领域的专家和专业人员以及支持相关研究和发展的条款，政府的这种支持构成了系统地促进韩国仲裁的基础。

KCAB INTERNATIONAL 专门管理国际仲裁案件，以确保在精简的流程中以经济高效和省时的方式解决争议。案件通常在 12 个月内结案。KCAB INTERNATIONAL 聘请了在国际争议解决方面拥有丰富经验和专业知识的领先专家和专业人士，旨在进一步提升韩国作为亚洲及其他地区首屈一指的国际争议解决中心的地位。此外，KCAB INTERNATIONAL 还成立了一个由全球多位知名人士组成的国际仲裁委员会，就仲裁员的任命、回避、更换和罢免问题提供咨询。KCAB INTERNATIONAL 的员工来自法律和商业等不同背景，具有国际资质。国际仲裁团队负责管理仲裁案件，并确保根据 KCAB 规则进行的程序高效且经济有效。国际合作团队开展了多项推广活动，向国内外仲裁用户介绍仲裁和 KCAB INTERNATIONAL 的程序，进一步提升 KCAB INTERNATIONAL 的地位。

六、SIAC、JCAA、CIETAC、HKIAC、KCAB 机构仲裁规则对比

SIAC、JCAA、CIETAC、HKIAC、KCAB 这五个机构所适用的仲裁规则内容有较大的差异，而这些差别之处有时候正是一个纠纷案件能否胜诉的关键。下面本书从总则、仲裁通知、仲裁庭、仲裁的裁决、决定和指令等角度对《CIETAC仲裁规则》《日本商事仲裁规则》《HKIAC 仲裁规则》《SIAC 仲裁规则》《KCAB仲裁规则》进行简要分析。

（一）总则

1. 适用范围

《SIAC 仲裁规则》第 1 条第 1 款是适用范围的规定："凡当事人约定将争议提交新加坡国际仲裁中心进行仲裁或者按照新加坡国际仲裁中心的仲裁规则进行仲裁的，均视为当事人已同意按照本规则进行仲裁，并由新加坡国际仲裁中心对该仲裁案件进行管理。"[①]《日本商事仲裁规则》第三条是关于适用范围的规定："本规则适用于仲裁协议中约定根据本规则仲裁的情况；本规则也适用于当事人约定由 JCAA 仲裁但未约定适用仲裁规则的情况；虽有前两款规定，但在 JCAA

---

① 《新加坡国际仲裁中心仲裁规则（2016 版）》第 1 条第 1 款。

未确认或选任任何仲裁员时，所有当事人均书面同意按照交互仲裁规则或 UNCI-TRAL 仲裁规则仲裁，并通知 JCAA 时（包括申请人在申请书中载明要求根据交互仲裁规则或 UNCITRAL 仲裁规则仲裁，并且被申请人书面同意的情况），适用交互仲裁规则或 UNCITRAL 仲裁规则。此时，在达成该约定之前根据本规则进行的程序继续有效。"① 《CIETAC 仲裁规则》第四条第三项是关于仲裁规则的适用："当事人约定将争议提交仲裁委员会仲裁但对本规则有关内容进行变更或约定适用其他仲裁规则的，从其约定，但其约定无法实施或与仲裁程序适用法强制性规定相抵触者除外。"② 《HKIAC 仲裁规则》第 1 条第二款是关于适用范围："本规则并不妨碍争议或仲裁协议的当事人只选择香港国际仲裁中心为指定机构，或请求香港国际仲裁中心提供某些管理服务，而不选择适用本规则。特此明确：本规则不适用于选择按照其他规则（包括香港国际仲裁中心不时采纳的其他规则）仲裁的仲裁协议。"③ 《KCAB 仲裁规则》第三条规定：无论是依据 KCAB 规则仲裁或者国际仲裁规则，均可提交 KCAB 仲裁。

我们不难发现 CIETAC 和 KCAB 认可当事人约定适用其他仲裁规则的仲裁协议，而 HKIAC 不适用于选择按照其他规则（包括香港国际仲裁中心不时采纳的其他规则）仲裁的仲裁协议。SIAC 也只受理适用其仲裁规则的提交仲裁的争议。JCAA 则相对复杂，无论当事人是否约定仲裁规则，均可提交 JCAA 仲裁，并可以在 JCAA 未确认之前补充约定按照交互式仲裁规则或 UNICITRAL 仲裁规则。

2. 送达及期间

《CIETAC 仲裁规则》第八条第四项规定送达期限自当事人收到或应当受到有关法律文书次日起计算；《KCAB 仲裁规则》第四条、第五条规定与《CIETAC》一致；《日本商事仲裁规则》第 7 条规定，送达应自收件人收到通知等时生效；《HKIAC 仲裁规则》第 2.3 条与《SIAC 仲裁规则》第 2.4 条均就期限计算作出规定。

《CIETAC 仲裁规则》中没有明确遇法定节假日或非营业日顺延的情形，没有充分考虑到符合交易习惯，《KCAB 仲裁规则》《HKIAC 仲裁规则》与《SIAC 仲裁规则》均有关于期间届满日是非营业日如何顺延的规定，此外，《KCAB 仲

---

① 《日本商事仲裁规则》2021 年 7 月 1 日修订、施行版第 3 条。
② 《中国国际贸易仲裁委员会仲裁规则（2023 版）》第 4 条第 3 款。
③ 《香港国际仲裁中心仲裁规则（2024 版）》第 1 条第 2 款。

裁规则》和《HKIAC 仲裁规则》增加了法定节假日的规定①。《日本商事仲裁规则》则充分考虑了各种情形下的"视为送达"规定②，如"收件人拒收时，自发送之日起 3 日后的当日（若知悉拒收日期，则为拒收当日）视为送达""当事人（被送达的收件人除外）在进行合理调查后，仍无法获知收件人的收件地址时，可以将通知等发送至收件人最后一个为人所知的收件地址。此时，自发出之日起 3 日后的当日，视为已送达。"除此之外，该规则还明确了关于法定节假日的程序期限的相关计算。

3. 裁决类型

《HKIAC 仲裁规则》第 3.9 条与《SIAC 仲裁规则》第 1.3 条规定了裁决的类型。《日本商事仲裁规则》第 49 条规定临时裁决出现情形，并在第 62 条规定了裁决类型，包括全部裁决、部分裁决、和解裁决。《CIETAC 仲裁规则》只规定了部分裁决和最终裁决两种类型的仲裁裁决。《HKIAC 仲裁规则》与《SIAC 仲裁规则》均规定裁决包括部分裁决、中间裁决、最终裁决以及紧急仲裁员所作的裁决，但是《SIAC 仲裁规则》不包括临时裁决。《KCAB 仲裁规则》第三十七条规定除最终裁决外，仲裁庭也可作出临时裁决，中间裁决或部分裁决。

（二）仲裁通知

《CIETAC 仲裁规则》第十二条第一项规定仲裁申请书应写明的内容。《日本商事仲裁规则》第 14 条规定了仲裁申请的有关要求，并在第 16 条明确了 JCAA 在不同情形下的通知义务。《HKIAC 仲裁规则》第 4.3 条与《SIAC 仲裁规则》第 3.1 条规定仲裁通知的内容。《KCAB 仲裁规则》第八条规定了仲裁申请的内容。《CIETAC 仲裁规则》在提交仲裁申请时未规定关于仲裁人员人数的约定及对具体仲裁员的选定，而是案件受理后由仲裁委员会仲裁院将仲裁员名册发送给双方当事人，《日本商事仲裁规则》《HKIAC 仲裁规则》《SIAC 仲裁规则》和《KCAB 仲裁规则》均要求申请人在仲裁通知中明确提出对仲裁员的要求。

《CIETAC 仲裁规则》第十二条第 3 项规定申请仲裁时应预缴仲裁费；《日本商事仲裁规则》第 14.5 条规定申请仲裁时应缴纳管理费，管理费按照请求金额或请求的经济价值确定，按照"阶梯式"计算且管理费最高不超过 2500 万日元。《HKIAC 仲裁规则》第 4.3 条第 e 项规定仲裁通知中应包括案件所涉及金额；第

---

① 《香港国际仲裁中心仲裁规则（2024 版）》第 2 条第 3 款。
② 《日本商事仲裁规则》2021 年 7 月 1 日修订、施行版第 7 条。

5.5 条规定案件所涉金额影响的其他费用及简易程序的适用；《SIAC 仲裁规则》第 3.1 条第 k 项规定仲裁通知书中应明确支付的案件登记费；《KCAB 仲裁规则》第八条和附件规定了应在申请时缴纳申请费和管理费，其中申请费为 100 万韩元，管理费则按照争议金额收取，最高不超过 1.5 亿韩元。《HKIAC 仲裁规则》规定仲裁通知及对仲裁通知的答复中均应明确案件所涉金额以此决定管理费、受理费及简易程序的适用。《SIAC 仲裁规则》规定在仲裁通知书中支付案件登记费，没有规定仲裁费用。《CIETAC 仲裁规则》并没有关于金额的规定，只概括性陈述按规定预缴仲裁费。

（三）仲裁庭

1. 仲裁庭人数

《CIETAC 仲裁规则》第二十五条、《日本商事仲裁规则》第 26 条、《HKIAC 仲裁规则》第 6.1 条、《SIAC 仲裁规则》第 9.1 条及《KCAB 仲裁规则》第十一条均规定仲裁庭可由 1 名或 3 名仲裁员组成。《CIETAC 仲裁规则》中优先按照双方当事人的约定，但若双方无约定的，则应当直接由 3 名仲裁员组成仲裁庭[1]。但是《HKIAC 仲裁规则》则是在当事人未约定的情况下由香港国际仲裁中心决定由一名或三名仲裁员组成仲裁庭，《KCAB 仲裁规则》和《SIAC 仲裁规则》规定仲裁案件均应当指定 1 名独任仲裁员进行审理，除非当事人另有约定，或者主簿可自由裁量考虑相关因素决定适用 3 名仲裁员组成仲裁庭审理。《日本商事仲裁规则》则相对复杂，在当事人约定的情况下按照约定由 1 名或 3 名仲裁员组成仲裁庭，若没有约定且当事人未在被申请人收到仲裁申请通知书之日起 4 周内书面通知 JCAA 关于仲裁员人数的协议时，仲裁员为 1 人；而任何一方均可在被申请人收到仲裁申请通知书之日起 4 周内，以书面形式要求 JCAA 将仲裁员人数确定为 3 人。此时，考虑到争议的金额、案件的难度和其他情况，JCAA 认为适当的，应将仲裁员的人数确定为 3 人。

2. 仲裁员的选定或指定

《CIETAC 仲裁规则》第二十六条、《日本商事仲裁规则》第 27 条、第 28 条、第 29 条，《HKIAC 仲裁规则》第 7.2 条，《SIAC 仲裁规则》第 9.3 条及《KCAB 仲裁规则》第十二条均规定仲裁员的指定方式及无约定情况下由谁指定。对于仲裁员的任命双方当事人都享有确认权和撤换权，但在《CIETAC 仲裁规

---

[1] 《中国国际贸易仲裁委员会仲裁规则（2023 版）》第 27 条。

则》下适用严格的名册制，它有专门的仲裁员名册，无论是独任仲裁员还是 3 名仲裁员组成的仲裁庭，当事人选任或仲裁委员会主任指定的仲裁员均应来自该仲裁员名册；若当事人约定在仲裁委员会仲裁员名册之外选定仲裁员的，该人士必须经过仲裁委员会主任确认后方可担任仲裁员。在《日本商事仲裁规则》《HKIAC 仲裁规则》《SIAC 仲裁规则》及《KCAB 仲裁规则》下，仲裁员的提名并无名册的限制，其提名具有灵活性。故《CIETAC 仲裁规则》规定当事人既可在仲裁员名册中选定仲裁员，也可在仲裁员名册之外选定仲裁员但需经仲裁委员会主任确认。《日本商事仲裁规则》《HKIAC 仲裁规则》和《KCAB 仲裁规则》规定当事人未提名的情况下由仲裁机构指定。《SIAC 仲裁规则》规定当事人或者第三方（包括已被指定的仲裁员）对仲裁员的提名，均需要以院长的指定为前提。

3. 3 人仲裁庭的组成

《CIETAC 仲裁规则》第二十七条、《日本商事仲裁规则》第 28 条、《HKIAC 仲裁规则》第 8.1 条、《SIAC 仲裁规则》第 11.3 条及《KCAB 仲裁规则》第十二条规定三人仲裁庭的组成方式以及首席仲裁员的产生方式。这五个关于 3 人仲裁庭组成的规定区别较大，首先是《CIETAC 仲裁规则》规定由双方当事人分别选定或委托仲裁委员会主任指定 1 名仲裁员，第 3 名仲裁员则是由双方各自推荐 1~5 名候选人作为首席仲裁员，如推荐名单中有 1 名人选相同，该人选则为双方共同选定的首席仲裁员，若有 1 名以上人选相同，则由仲裁委员会主任在相同的人选中确定一名首席仲裁员，若名单中没有相同人选，由仲裁委员会主任指定首席仲裁员。《HKIAC 仲裁规则》规定由双方当事人各自提名 1 位仲裁员，未提名的则由香港国际仲裁中心指定，第 3 位仲裁员则由前述方式产生的两位仲裁员提名担任首席仲裁员，首席仲裁员的产生不能由当事人约定或选定。《SIAC 仲裁规则》规定双方当事人各自提名一位仲裁员，未能提名 1 位仲裁员，则由院长代该当事人指定 1 位仲裁员，当事人可对第 3 位仲裁员的提名程序作出约定，若未能在规定期限内完成对仲裁员的提名，则第 3 名仲裁员由院长指定。《日本商事仲裁规则》和《KCAB 仲裁规则》与《SIAC 仲裁规则》类似，双方当事人各自提名 1 名仲裁员，并可按照约定提名第 3 位仲裁员，若未能在规定期限内完成对仲裁员的提名，则由仲裁机构选任。

4. 仲裁员的回避

《CIETAC 仲裁规则》第三十二条第 6 项、第三十三条第 2 项，《HKIAC 仲裁规则》第 11.9 条及《SIAC 仲裁规则》第 16.4 条规定对仲裁员回避申请及更换申请的决定是终局性的。《CIETAC 仲裁规则》对于仲裁员的回避和更换均赋予仲裁委员会主任终局性决定权且无须说明理由，《HKIAC 仲裁规则》仅规定由香港国际中心决定质疑能否成立。《SIAC 仲裁规则》规定仲裁院就回避申请作出的决定是终局的、不可上诉的。对比之下，《CIETAC 仲裁规则》与《SIAC 仲裁规则》对于回避申请的决定是终局性的。《日本商事仲裁规则》和《KCAB 仲裁规则》对仲裁员的回避、更换、解任、空缺进行了规定，虽未明确指出仲裁机构对于各类情形下的决定是否是终局，但考虑到规定未对当事人赋予提出异议的程序，可认为其决定也是终局的。

（四）仲裁的进行

1. 仲裁地

《CIETAC 仲裁规则》第七条，《日本商事仲裁规则》第 39 条，《HKIAC 仲裁规则》第 14.1 条，《SIAC 仲裁规则》第 21.1 条、21.2 条及《KCAB 仲裁规则》第二十四条规定仲裁地可由当事人约定及无约定情况下何地为仲裁地。关于仲裁地的选择，五者均规定当事人可以自由约定，在 CIETAC 的仲裁规则下，若双方当事人未约定仲裁地，则优先将管理案件的仲裁委员会或其分会/仲裁中心所在地作为仲裁地，仲裁委员会也有权视案件的具体情形确定其他地点为仲裁地。《HKIAC 裁规则》规定香港为唯一兜底仲裁地，《SIAC 仲裁规则》没有规定固定的兜底仲裁地。虽然三者都赋予仲裁机构决定权，但《CIETAC 仲裁规则》中，若双方未约定仲裁地，而仲裁委员会又没有其他意见的时候，优先的仲裁地在北京或分会所在地，即中国境内，如果争议双方有一方在中国境内，这对中国方而言便是仲裁中的优势了，并且还省了中国企业一笔不小的仲裁开支。《HKIAC 裁规则》《日本商事仲裁规则》《KCAB 仲裁规则》也是如此。

2. 变更仲裁请求或反请求

《CIETAC 仲裁规则》第十七条规定申请人可以申请对其仲裁请求进行变更，被申请人也可以申请对其反请求进行变更；《HKIAC 仲裁规则》第 18.1 条规定当事人可变更或补充其请求或答辩；《日本商事仲裁规则》第 21 条规定申请人可以申请对其仲裁请求进行变更，被申请人也可以申请对其反请求进行变更；《SIAC 仲裁规则》无此规定。《KCAB 仲裁规则》给予当事人最大程度的变更仲裁请求或反请求自由，只要不超过仲裁协议的范围即可；《CIETAC 仲裁规则》《日本商事仲裁规则》与《HKIAC 仲裁规则》均允许当事人变更仲裁请求，但限制性因素不同，《CIETAC 仲裁规则》规定仲裁庭认为其提出变更的时间过迟而影响仲裁程序正常进行的，可以拒绝其变更请求；JCAA 仲裁庭认为变更申请将对仲裁程序产生显著延误、对对方当事人不利或其他情况，不宜许可时，可决定不予许可前款规定的变更申请；而《HKIAC 仲裁规则》以仲裁庭参酌案件情况后认为不宜允许变更而拒绝其变更请求。《HKIAC 仲裁规则》还要求变更后的请求或答辩不得超出仲裁庭的管辖权，《CIETAC 仲裁规则》则无此规定。《日本商事仲裁规则》还会综合考虑变更前的请求和变更后的请求涉及同一或同种法律问题或事实问题、任一请求均有根据该规则仲裁或提交仲裁的协议、考虑仲裁地、仲裁员的人数、语言、同一程序审理不存在障碍等因素综合决定是否接受该请求。

3. 管辖权异议

《CIETAC 仲裁规则》第六条第四项、《HKIAC 仲裁规则》第 19.3 条、《SIAC 仲裁规则》第 28.3 条及《KCAB》第二十五条规定对仲裁庭管辖权提出异议的时间。四者关于仲裁庭管辖权异议的提出时间不一致，《CIETAC 仲裁规则》规定应当在仲裁庭首次开庭前书面提出；书面审理的案件，应当在第一次实体答辩前提出，《HKIAC 仲裁规则》规定应在对仲裁通知的答复中提出，最晚应在第 17 条所述的答辩书中提出，或就反诉而言，最晚应在对反诉的答复中提出。《SIAC 仲裁规则》规定的提出异议时间分两种情况：一种是对仲裁庭不具有管辖权的异议，最迟应当在"答辩书"或者"反请求答辩书"中提出；另一种是对仲裁庭超越了管辖权的异议，应当在所称越权事项在仲裁程序中出现后的 14 天内提出；而《KCAB 仲裁规则》规定管辖权异议应在提交答辩书之前提出；或就被申请人提交的反请求提出管辖权异议时，在提交对反请求的答辩书之前提出。与上述四者不同的是，《日本商事仲裁规则》未规定提出管辖权异议的时间，仅规定仲裁庭可以对有关仲裁协议的存在与否或其效力以及有关其自身仲裁管辖权的其他事项作出决定。

4. 审理方式

《CIETAC 仲裁规则》第三十八条第 1 项、《日本商事仲裁规则》第 50 条《HKIAC 仲裁规则》第 22.7 条、《SIAC 仲裁规则》第 24.4 条及《KCAB 仲裁规则》第三十条规定仲裁庭是否公开审理。《CIETAC 仲裁规则》规定仲裁庭审理案件是不公开为原则，即使当事人要求公开审理也必须经仲裁庭决定是否公开审理。[①]《HKIAC 仲裁规则》第 22.7 规定："除当事人另有约定外，审理不公开进

---

① 《中国国际贸易仲裁委员会仲裁规则（2023 版）》第 38 条第 1 款。

行。开庭审理时仲裁庭可随时要求任何证人或专家离开庭审室。仲裁庭可自行决定询问证人或专家的方式。"[①] 即其审理仲裁案件以不公开为原则，但当事人可以约定公开进行，无其他附加条件；《KCAB 仲裁规则》与《HKIAC 仲裁规则》规定一致。《SIAC 仲裁规则》规定仲裁庭审理以不公开为原则，当事人另有约定除外，同时要求任何在仲裁程序中的记录、笔录或者使用的文件均是保密的。《日本商事仲裁规则》规定仲裁庭应决定是开庭审理还是仅根据文件和其他材料进行仲裁程序。但是，任何一方当事人在程序的适当阶段提出开庭审理申请时，仲裁庭应当开庭审理。

5. 临时措施和紧急救济

《CIETAC 仲裁规则》第七十七条、《日本商事仲裁规则》第 71 ～ 79 条、《HKIAC 仲裁规则》第 23.1 条、第 23.3 条、《SIAC 仲裁规则》第 30.1 条、第 30.2 条及《KCAB 仲裁规则》第三十二条规定当事人有权申请仲裁庭采取临时措施和紧急救济。五者均详细规定了紧急救济，但在紧急仲裁员程序的申请、申请的受理及紧急仲裁员的指定、紧急仲裁员的披露及回避、紧急仲裁员程序、紧急仲裁员的决定和紧急仲裁员程序费用承担等具体内容上存在较大差别。在 2014 年 11 月修订并于 2015 年 1 月 1 日起正式适用的《CIETAC 仲裁规则》中，贸仲委顺应国际商事发展的新趋势和贸仲委香港仲裁中心管理案件的新需要，在这部新修改的仲裁规则中增加了紧急仲裁员制度的相关规定，并在附件三中对紧急仲裁员程序的申请、指定、仲裁员披露、回避与决定等问题做了详细的规定。实践中紧急措施的执行主要依赖于当事人的自觉履行，基于执行问题上的非强制性和不确定性，对于紧急仲裁员制度的适用应谨慎。若当事人选择了包含紧急仲裁员制度的仲裁规则且未明确排除适用该规则，则紧急仲裁员制度将被自动适用。因此，如果当事人希望排除紧急仲裁员规定的适用，应当在上述条款中加入以下措辞以明确排除适用："紧急仲裁员规定不予适用。"

关于临时措施，《CIETAC 仲裁规则》《KCAB 仲裁规则》仅概括性规定经一方当事人申请，仲裁庭有权决定采取适当的临时措施，但《HKIAC 仲裁规则》对临时措施内容作了具体列举。《SIAC 仲裁规则》规定当事人有权申请临时救济。

由于在适用中国法和适用外国法进行仲裁的案件中存在采取保全措施和临时

[①]　《中国国际贸易仲裁委员会仲裁规则（2023 版）》第 22 条第 7 款。

措施的区别，CIETAC 规则同时规定了两种不同措施的处理方式。其一，当事人依据中国法申请保全的，仲裁委员会应当依法将当事人的保全申请转交当事人指明的有管辖权的法院，由法院对标的财产采取保全措施。其二，应一方当事人请求，仲裁庭可以根据适用的法律或双方当事人的协议，下令或裁决其认为必要或适当的任何临时措施，请求方可能需要提供与这些措施相关的适当担保。同时，在仲裁庭组成之前，可以由紧急仲裁员提供紧急性临时救济措施。与此不同的是：其他 4 者均规定应任何一方的请求，仲裁庭可以命令（无论是命令或裁决的形式，还是其他形式）采取其认为必要或适当的任何临时措施。同时，请求方可能需要提供与这些措施相关的适当担保。此外，请求人在仲裁庭组成之前可以申请紧急临时措施。

临时措施是国际商事仲裁常用的救济措施，因此各机构仲裁规则的规定比较类似。CIETAC 规则除了规定当事人根据中国法申请的保全外，针对案件适用非中国法的情况，同样规定了采取临时措施的相关内容，充分体现了其与国际通用规则相衔接和为国际商事仲裁案件当事人提供便利的特点。临时措施最重要的特征是紧急性，比如普通法下为避免案件当事人转移资产的冻结令等，为当事人在紧急状态下的权利保护提供支持，因此各大仲裁机构规则均规定了紧急仲裁员和紧急临时措施制度，避免了仲裁庭组庭前的程序空缺。但对于经常在临时仲裁中适用的 UNCITRAL 规则，在没有案件管理机构的情况下，缺乏实现紧急仲裁员和紧急临时措施的制度基础，当事人对此应当特别注意。

6. 追加当事人

《CIETAC 仲裁规则》第十八条第 1 项、《日本商事仲裁规则》第 56 条、《HKIAC 仲裁规则》第 27.6 条、《SIAC 仲裁规则》第 7.1 条及《KCAB 仲裁规则》第二十一条规定在仲裁程序中，当事人有权申请追加当事人。《CIETAC 仲裁规则》《KCAB 仲裁规则》规定只能由已参与仲裁程序的一方当事人申请追加当事人；《HKIAC 仲裁规则》《日本商事仲裁规则》及《SIAC 仲裁规则》均规定除一方当事人以外，第三方也可自己申请作为新增当事人加入仲裁，《CIETAC 仲裁规则》第十八条第五项、《HKIAC 仲裁规则》第 27.11 条、《SIAC 仲裁规则》第 7.12 条、《日本商事仲裁规则》第 56 条及《KCAB 仲裁规则》第二十一条规定追加当事人后仲裁庭如何组成。

关于在仲裁庭组成前追加当事人，《CIETAC 仲裁规则》和《日本商事仲裁规则》仍承认包括追加当事人在内的各方当事人选定仲裁员的权利，但

《HKIAC 仲裁规则》则视为所有当事人放弃提名仲裁员的权利，仲裁庭由香港国际仲裁中心指定。《SIAC 仲裁规则》规定当追加申请被批准时，当事人消极参与仲裁庭组成程序的行为如未提名仲裁员将会视为其放弃仲裁员的提名或以其他方式参与仲裁庭组成程序的权利，但不影响要求仲裁员回避的权利，但未规定当事人不能提名仲裁员后由谁指定仲裁员。《KCAB 仲裁规则》对此无详细规定。

（五）仲裁庭的裁决、决定和指令

1. 仲裁庭的收费和费用

《CIETAC 仲裁规则》第八十二条、《HKIAC 仲裁规则》第 10.1 条、《SIAC 仲裁规则》第 35.2 条、《日本商事仲裁规则》第 80 条和《KCAB 仲裁规则》第五十条规定仲裁费用的具体内容及其计算标准。五者关于仲裁费用的计算标准不同，但实际费用中均包含差旅费、食宿费及聘请专家等费用。《CIETAC 仲裁规则》规定如未在规定的期限内为其选定的仲裁员预缴特殊报酬、差旅费、食宿费等实际费用的，视为没有选定仲裁员。《HKIAC 仲裁规则》还规定了仲裁庭秘书的收费和费用。

2. 裁决的签署

《CIETAC 仲裁规则》第四十九条第七项、《HKIAC 仲裁规则》第 34.5 条、《日本商事仲裁规则》第 66 条及《KCAB 仲裁规则》第三十六条均规定了仲裁员可在裁决书上署名或不署名，《SIAC 仲裁规则》第 32.7 条仅规定裁决如何作出。《CIETAC 仲裁规则》规定除首席仲裁员或独任仲裁员作出独立意见以及依据多数仲裁员意见作出的裁决书必须有前述人员签名外，持有不同意见的仲裁员可以不署名，《HKIAC 仲裁规则》和《KCAB 仲裁规则》规定仲裁员应当署名，若不署名，裁决应说明未签署的理由。《SIAC 仲裁规则》仅规定仲裁裁决的作出依少数服从多数原则，未能形成多数意见的，由首席仲裁员作出裁决书，但未规定仲裁员署名的要求。《日本商事仲裁规则》要求仲裁员应当在仲裁裁决书上签名，在有多名仲裁员时，则由过半数仲裁员签名即可。此时，仲裁裁决书中应载明未签名的仲裁员不签名的理由。

3. 裁决的作出

《CIETAC 仲裁规则》第四十九条规定仲裁庭可依据法律规定、合同约定、参照国际惯例及当事人约定的实体法作出裁决；《日本商事仲裁规则》第 65 条；《KCAB 仲裁规则》第二十九条；《HKIAC 仲裁规则》第 35.1 条、第 35.2 条、第 35.3 条及《SIAC 仲裁规则》第 31.1 条、第 31.2 条、第 31.3 条规定仲裁庭可依据当事人约定的实体法和商业及交易习惯外，还可依据公允善良原则作出裁决。

五者均规定当事人可以约定仲裁庭审理案件的实体法律，排除冲突法规则。除此之外，《CIETAC 仲裁规则》概括性规定仲裁庭还可参考国际惯例作出裁决，其他四者均规定仲裁庭还可考虑商业惯例，都提出"友好公断人"的概念，规定仲裁庭在当事人授权的情况下可以友好公断人的身份或依公允善良原则裁决争议。由此可见，对于实体法律的适用，五部仲裁规则都以当事人协商一致所约定的法律优先适用，在其未约定的情形下，由仲裁庭对实体适用法律行使决定权。

4. 因和解或其他原因终止仲裁

《CIETAC 仲裁规则》第四十七条第一项规定当事人在仲裁程序中可以和解或调解；《HKIAC 仲裁规则》第 36.1 条、第 36.2 条、《SIAC 仲裁规则》第 32.10 条；《KCAB 仲裁规则》第三十九条规定和解或其他原因可终止仲裁程序。《CIETAC 仲裁规则》规定除和解以外调解也是终止仲裁程序的一种方式，当事人经调解达成或自行达成和解协议的，可以撤回仲裁请求或反请求，也可以请求仲裁庭根据当事人和解协议的内容作出裁决书或制作调解书。《HKIAC 仲裁规则》仅规定了因和解或其他原因终止仲裁。《SIAC 仲裁规则》和《KCAB 仲裁规则》规定和解即可解散仲裁庭。而与上述四者不同的是，《日本商事仲裁规则》将和解视为裁决类型，并将当事人和解内容作为该和解仲裁的裁决。

（六）电子提交

随着信息技术的快速发展及其在仲裁领域的适用，各仲裁机构逐步通过修改规则的方式引入电子提交（Electronic Filings）和视频开庭（Virtual Hearings）的相关规则内容[①]。关于文件提交的方式，一般而言，无论是参与诉讼还是仲裁程序，中国当事人更加习惯于提交纸质材料。HKIAC 规则和 SIAC 规则同样接受当事人通过电子形式和纸质形式提交文件，但鼓励当事人使用电子方式提交文件。比如，HKIAC 鼓励当事人使用其专门的线上案件管理系统（HKIAC Case Connect 以及 ICC Case Connect）提交文件。

---

① Chen L. Will Virtual Hearings Remain in Post-pandemic International Arbitration? [J]. International Journal for the Semiotics of Law, 2024: 829-849.

第二节 RCEP 成员国国际商事仲裁立法的现状及特点

一、新加坡国际商事仲裁立法的现状与特点

新加坡的仲裁法律制度独具特色，实行"双轨制"立法①，国内仲裁制度受《仲裁法》（Arbitration Act）管辖，国际仲裁制度则受《国际仲裁法》（International Arbitration Act）管辖。《国际仲裁法》于 1994 年颁布，在 2001 年、2010年、2012 年进行了部分修改，并援引《贸易法委员会国际商事仲裁示范法》（UNCITRAL Model Law on International Commercial Arbitration，以下简称《示范法》）的规定。在 1994 年《国际仲裁法》颁布之前，仲裁地为新加坡的仲裁不分国际和国内均适用于 1953 年的《仲裁法》。在《国际仲裁法》颁布之后，开始实行双轨制，即当事人约定新加坡为仲裁地的，如果是国内仲裁则适用新加坡《仲裁法》，除非各方同意《国际仲裁法》第二部分或《联合国国际商事仲裁示范法》适用于非国际仲裁；如果是国际仲裁则适用新加坡《国际仲裁法》，《国际仲裁法》不得适用于非国际仲裁。在判断是否为国际仲裁时，《国际仲裁法》第 5 条第 2 款规定，如果当事人一方营业地位于新加坡以外、协议最密切联系地位于当事人营业地以外，或仲裁协议的标的与一个以上的国家有关，即可认定为国际仲裁②。相比国内仲裁，新加坡法院对于国际仲裁的支持程度更高③。首先，即使当事人不符合《国际仲裁法》第 5 条第 2 款的"国际性"的规定，当事人也可书面约定适用《国际仲裁法》。其次，新加坡法院高度支持通过仲裁解决纠纷，若当事人签订的协议中存在提交仲裁的意思，新加坡法院会尽可能地认定仲裁协议有效。最后，新加坡《国际仲裁法》规定当事人只可通过向法院申请撤销仲裁裁决，不可就仲裁裁决提起上诉。

---

① 石现明. 新加坡国际国内商事仲裁制度比较研究 [J]. 东南亚纵横，2011（4）.
② 《国际仲裁法》（International Arbitration Act）第 5 条第 2 款。
③ Gwendolyn Gn Jong Yuh. The Law of Recognition and Enforcement of Arbitration Awards in Singapore [J]. 14 Sing. L. Rev，1993（220）.

新加坡《国际仲裁法》的主要特点为最低限度的法庭干预和仲裁便利化。例如，根据《国际仲裁法》第 6 条，如果一方可以证明提起诉讼的一方违反了仲裁协议，新加坡法院通常会暂停任何诉讼程序，转而进行国际仲裁。又如，仲裁庭有权根据其管辖权作出裁决，但新加坡高等法院有权根据一方的申请审查这一裁决，但高等法院在这方面的裁决只有在上诉法院的许可下才可上诉。仲裁员在新加坡的国际仲裁中拥有广泛的权力，根据《国际仲裁法》第 12 条，仲裁庭有权向任何一方发出命令或指示，其中包括文件披露、保全构成争议标的的财产、为争议金额提供担保以及发布临时禁令等。此外，根据《新加坡仲裁法》第 12A 条，新加坡高等法院普通部门也有权为仲裁目的作出此类命令，这意味着仲裁庭的命令可在必要时生效。仲裁庭作出的裁决对当事人具有约束力，经法院许可，可以以与判决或命令相同的方式执行，并具有同等效力。

二、日本国际商事仲裁立法现状及其特点

日本《仲裁法》于 2003 年开始实行，该法参考借鉴了德国的仲裁制度、《UNCITRAL 规则》以及《联合国调解所产生的国际解决协议公约》。在最后的承认和执行外国仲裁裁决上，日本作为 1958 年《纽约公约》的成员国，日本《仲裁法》将《纽约公约》中有关承认和执行外国仲裁裁决的内容规定于该法中，构成《纽约公约》缔约方的仲裁裁决在日本得到承认和执行的国内法依据。[①] 2024 年，日本新《仲裁法》生效，修订后的仲裁法以 2006 年《联合国国际贸易法委员会示范法》为基础，取代了以 1985 年《联合国国际贸易法委员会示范法》为基础的 2003 年《仲裁法》。根据修订后的法律，仲裁庭发布的临时措施现在可以在日本法院强制执行，允许当事人强制执行资产保全和禁止可能对诉讼造成损害的行为等措施。在此之前，仲裁庭批准的临时措施不能在日本法院强制执行。此外，2003 年《仲裁法》认为非书面形式的仲裁协议无效，而修订后的法律现在允许通过引用的方式纳入书面或电子仲裁协议记录的非书面合同。根据修订后的法律，法院在执行程序中不再需要支持仲裁裁决的日文全文翻译要求。现在，是否要求全文翻译或部分翻译由法院自行决定。修订后的《仲裁法》还规定，与仲裁有关的法院程序可向东京地方法院或大阪地方法院提起。虽然当

---

① Yoshimi Ohara, Shota Toda. Gaining Momentum in International Arbitration with New Legislative Updates [J]. The Asia-Pacific Arbitration Review 2025, 2024（45-57）.

事人仍有可能向其他地区法院提起诉讼，但修正案允许集中国际仲裁专业知识，其他地区法院可酌情将与仲裁有关的诉讼转移至东京或大阪地区法院。

日本《仲裁法》主要特点体现在给予当事方较大限度的意思自治权。例如，日本《仲裁法》并未明文禁止临时仲裁，也未明确强制要求由仲裁解决的相关争议必须交由常设的仲裁机构进行解决。因此，当事人通过意思自治达成仲裁协议将产生争议交付临时仲裁进行解决为日本仲裁法所允许，仲裁案件不必强制要求进行行政管理，解决争议的仲裁程序可由双方当事人和仲裁员进行商定。另外，根据日本《仲裁法》第38.4条以及第38.5条的规定，在经当事人书面同意的情况下，仲裁庭可以尝试以调解方式解决受仲裁程序管辖的民事和商事争议①。这与日本的诉讼程序规定形成了鲜明对比：《日本民事诉讼法》第89条该允许法官在没有任何一方主动的情况下尝试调解争端②。日本这样的诉讼程序立法规定显得独树一帜，因为这种立法态度在普通法系国家并不常见。日本《仲裁法》明确规定，与诉讼程序中的调解规定不同，仲裁案件的调解必须经当事人双方同意方可进行，充分考虑当事人的意思自治。

三、澳大利亚国际商事仲裁立法及其特点

澳大利亚在国体上属于联邦国家，联邦、各州以及地区均拥有立法权，仲裁法作为普通法的一部分也不例外。澳大利亚在仲裁领域采取了区分国际和国内仲裁的立法策略，目前存在两套并行的仲裁法律体系③：1974年颁布的联邦《国际仲裁法》以及各州和地区适用的商事仲裁法。这两套法律体系具有互斥性，即如果仲裁案件具有国际性质，则适用《国际仲裁法》；如果仲裁案件纯属国内纠纷，没有国际因素，则由相关州或地区商事仲裁法进行规范。澳大利亚已经全面接受了《国际商事仲裁示范法》，并且确保国内和国际仲裁法律体系均与1985年的《国际商事仲裁示范法》（2006年的修订版）保持一致性。为了更好地整合《国际商事仲裁示范法》的条款，自2010年起，各州和地区开始陆续修订其商事仲裁法，而联邦《国际仲裁法》则在2018年完成了最新的修订工作。④

---

① 《日本商事仲裁协会商事仲裁规则》第38条第4款、第5款。

② 《日本民事诉讼法》第89条。

③ Leggett C, Stewart G. Australia and the System of Arbitration in Singapore [J]. The Economic and Labour Relations Review, 2014：115-129.

④ Nottage, Luke. International Commercial Arbitration in Australia：What's New and What's Next？[J]. Journal of International Arbitration, 2013：190-205.

澳大利亚《国际仲裁法》的特点主要为给予仲裁极大的管辖范围和效力。澳大利亚《国际仲裁法》规定，只有在仲裁协议无效、失效、不能实行或不能履行的情况下，法院才能拒绝中止诉讼程序。各州商事仲裁法也赋予仲裁协议的首要地位，没有留给法院任何自由裁量的空间。在实际操作中，仲裁或者说可仲裁的范围得到了澳大利亚法院的拓展和认可。在具有里程碑意义的 Rinehart v Welker 案①中，巴瑟斯特首席大法官澄清说，"只有在极其有限的情况下，当事方同意提交仲裁的纠纷才会被视为不可仲裁"②。然而，商业纠纷的可仲裁性并非没有限制。例如，有一条公认的原则，即仲裁员不能裁决影响广大公众的救济，且竞争、破产和无力偿债纠纷通常不可仲裁、影响物权的知识产权纠纷，如专利和商标的地位，同样不可仲裁。

四、马来西亚国际商事仲裁立法的现状及其特点

马来西亚的仲裁立法最早开始于 1952 年，当时以 1950 年英国《仲裁法》为蓝本，制定了首部全国性的《马来西亚仲裁法》。该法的制定标志着马来西亚仲裁立法的重要发展，其结构完整、条文清晰，为马来西亚仲裁法律体系奠定了基础，《马来西亚仲裁法》也构成了马来西亚规制国际商事仲裁的主要法律依据。③ 2005 年，马来西亚对仲裁法进行了重大修订，形成了现行的《马来西亚仲裁法》，并于 2011 年进行了最新修订。该法体现了尊重当事人意思自治的原则④，对国内仲裁和国际仲裁实行了区分立法，即所谓的"双轨制"。这种立法模式旨在减少法院对仲裁程序的干预，特别是限制国内法院对国际仲裁案件的司法介入，以保障仲裁的独立性和效率。根据《马来西亚仲裁法》的规定，满足下列两个条件之一即可被认定为国际仲裁：①仲裁协议当事人一方营业地位于马来西亚之外的其他国家，且仲裁地或者主要义务履行地为该其他国家的。②仲裁协议中明确约定协议所管辖的事项涉及多个国家的。并且，不同于国内仲裁的仲裁员组庭模式，《马来西亚仲裁法》规定国际仲裁须由 3 名仲裁员组成。

马来西亚有关外国仲裁裁决方面的规定主要集中于 1958 年的《纽约公约》、

---

①②　Rinehart v Welker［2012］NSWCA 95［EB/OL］. https：//www.caselaw.nsw.gov.au/decision/54a636e730 04de94513d9757.

③　Iyllyana Che Rosli. International Commercial Arbitration in Malaysia［J］. Pertanika Journal of Social Science and Humanities，2021：105-117.

④　李莉. 马来西亚经济贸易仲裁制度介评［J］. 中国经贸导刊，2011（13）.

2005 年《马来西亚仲裁法》以及在 1958 年颁布并于 2006 年进行过修订的《判决互惠执行法》当中。马来西亚属于英联邦成员国之一，与英国和其他英联邦成员国保持着密切的交往关系，其国内的商事主体与其他英联邦国家商事主体的商事往来更为频繁。因此根据马来西亚《判决互惠执行法》，同时满足下列 3 个条件的法院判决或仲裁裁决经马来西亚高等法院批准登记之后能够得到承认和执行：①判决或裁决对各方当事人是终局的；②判决或裁决规定了金钱给付义务，且该款项不属于税款、罚款或类似性质的款项；③判决或裁决是在本法所列的国家和地区或在加入列表后作出（主要是英联邦国家和地区，包括英国、新加坡、新西兰、斯里兰卡、印度、文莱等国家）。

五、中国的国际商事仲裁立法及其特点

中国《仲裁法》于 1994 年颁布、1995 年实施，并于 2009 年、2017 年进行过两次小幅修订。2021 年，司法部公布《仲裁法（修订）（征求意见稿）》（以下简称《仲裁法修订草案》）。《仲裁法修订草案》广泛借鉴和吸收了《UNCITRAL 国际商事仲裁示范法》等国际立法经验及实践。从立法体例和条文表述的形式层面看，《仲裁法修订草案》仍然保持了 2017 年《仲裁法》的章节设置。然而在实质的内容上，《仲裁法修订法案》大量吸收并接纳了《UNCITRAL 国际商事仲裁法》和其他 UNCITRAL 示范法国家的立法实践，体现出了积极与国际通行商事仲裁惯例的立法态度，同时也与中国仲裁发展的实践相适应。具体规则主要体现在：第一，在《仲裁法》的总则部分增加"促进国际经济交往"的表述，这体现了我国鼓励并支持以国际商事仲裁这样的争端解决方式解决国际经贸纠纷。第二，在完善仲裁协议的内容上，参考国际惯例，加强意思表示的效力，不再硬性要求约定明确的仲裁机构，并规定了"仲裁地"标准，与国际仲裁惯例相接轨，增加我国对仲裁的友好度和吸引力。[1] 第三，在仲裁程序上增加"临时措施"一节，明确赋予仲裁庭作出临时措施的权力，包括财产保全、证据保全、行为保全和其他形式的临时措施。除此以外，还增加了指定紧急仲裁员的制度。第四，完善仲裁裁决撤销和执行制度。不再区分国内仲裁裁决和涉外仲裁裁决，采用统一的撤销标准；除程序问题外，只要仲裁裁决涉及因恶意串通、伪造证据等欺诈行为取得的，法院应当裁定撤销。授权执行法院审查裁决是否符合社会公

---

[1] 李海剑，汤丽．试析中国国际商事仲裁的改革和发展［J］．中共太原市委党校学报，2011（1）．

共利益，并将"违背社会公共利益"作为法院主动不予执行国内和涉外案件裁决的唯一事由。明确案外人在裁决有错误的情况下提起侵权之诉等救济途径。增加承认和执行外国仲裁裁决的条款。

第三节 《纽约公约》在 RCEP 成员国的适用情况

一、概述

在当今全球化进程不断深化的背景下，跨国商事活动呈现出日益增长的趋势。随之而来的，是跨国商事争端解决机制的迫切需求。各国普遍关注如何实现跨国商事争端的高效、公正解决。在这一背景下，《纽约公约》——即《承认及执行外国仲裁裁决公约》，扮演着至关重要的角色，它为跨国商事仲裁提供了一种普遍认可的框架，被誉为开启跨国商事仲裁大门的"金钥匙"。

《纽约公约》于 1958 年在纽约签署，并于 1959 年正式生效，它被广泛认为是迄今为止国际社会在国际商事仲裁领域最为成功和具有深远影响的法律文件之一。该公约的核心宗旨在于确立一个普遍的承认和执行跨国商事仲裁裁决的机制，从而为国际商事争端提供了一种高效且公正的解决途径①。

RCEP 成员国均为《纽约公约》的缔约国，这意味着仲裁裁决可在 RCEP 成员国间得到有效执行。中国于 1986 年正式加入《纽约公约》。自加入以来，中国一直积极践行公约的精神，并在互惠保留和商事保留的基础上②，致力于承认与执行外国仲裁裁决。

二、《纽约公约》在日本、韩国的适用情况

（一）日本

日本在 1961 年加入《纽约公约》时做了互惠保留，仅依据《纽约公约》承

---

① Dinis Braz Teixeira. Recognition and Enforcement of Annulled Arbitral Awards under the New York Convention [J]. Indian Journal of Arbitration Law, 2019, 8（1）: 1.

② 杜新丽. 论外国仲裁裁决在我国的承认与执行——兼论《纽约公约》在中国的适用 [J]. 比较法研究, 2005（4）.

认与执行仲裁地为公约缔约方所作出的裁决。因此，在《纽约公约》缔约方境内作出的仲裁裁决，日本应按照《纽约公约》的规定予以承认与执行；对于在非《纽约公约》缔约方境内作出的仲裁裁决，则可根据日本《仲裁法》的规定申请承认与执行。由于《仲裁法》有关承认与执行仲裁裁决的条件与《纽约公约》的规定是一致的，实际上仲裁地在任何国家的仲裁裁决都可以在日本申请承认与执行。

（二）韩国

韩国于 1973 年加入《纽约公约》，并作出了互惠和商事两项保留①。因此，在韩国作出的商事仲裁裁决，可以在其他公约成员国得到承认和执行；同时，在其他公约成员国作出的仲裁裁决，只要符合韩国法对"商事"的规定，也可以在韩国得到承认和执行。基于商事保留和互惠保留原则，韩国对适用《纽约公约》的外国仲裁裁决和不适用《纽约公约》的外国仲裁裁决分别作出规定，对适用《纽约公约》的外国仲裁裁决作出承认、执行"决定"制度的规定，对非《纽约公约》缔约国的仲裁裁决依旧保持旧《仲裁法》中的承认、执行"判决"制度。

三、《纽约公约》在澳大利亚、新西兰的适用

（一）澳大利亚

澳大利亚于 1975 年 3 月 26 日加入《纽约公约》，1975 年 6 月 24 日公约对澳大利亚正式生效，并且经澳大利亚国内立法程序，公约被并入《1974 年法案》之中。② 在以国内立法方式实施《纽约公约》时，澳大利亚对外国裁决的认定仅纳入了领土标准，即公约在澳大利亚的适用仅限于在澳大利亚以外的另一缔约国领土内作出的裁决。此外，根据《1974 年法案》的规定，如果裁决不是在另一缔约国领土内作出的，但申请执行人在澳大利亚或另一缔约国境内拥有惯常居所，仍然可以依据公约申请承认和执行。基于此，"领土"标准或"当事人惯常居所"标准两者符合其一，澳大利亚法院即可适用《纽约公约》的规定承认与执行外国裁决。

---

① Jack J Coe. International Arbitration in Korea ［J］. ICSID Review-Foreign Investment Law Journal，2018：736-742.

② Tobin J L. The Social Cost of International Investment Agreements：The Case of Cigarette Packaging ［J］. Ethics & International Affairs，2018：153-167.

中国与澳大利亚同为《纽约公约》的当事国，以下三个案例反映了澳大利亚法院承认与执行中国仲裁裁决或涉及中国当事人的仲裁裁决的态度和情况。

案例一：Castel 公司诉 TCL 空调器公司案（2013 年）中，中国 TCL 公司与澳大利亚 Castel 公司因独家销售协议纠纷，依据协议中的仲裁条款，向位于澳大利亚墨尔本的仲裁庭提起仲裁。仲裁庭依据维多利亚州法律作出有利于 Castel 公司的裁决。在仲裁裁决执行程序中，TCL 公司向澳大利亚联邦法院提出不予执行申请，理由是本案仲裁地位于墨尔本，不属于涉外裁决；仲裁庭审理中漠视自然正义，违反公共政策。澳大利亚联邦法院与高等法院均未支持 TCL 公司的请求，认定仲裁裁决可以予以执行。

案例二：Elders 诉北京格林进出口公司案（2014 年）中，澳大利亚 Elders 公司与北京格林公司因国际货物销售合同纠纷，依合同中的仲裁条款向中国国际经济贸易仲裁委员会提起仲裁。仲裁庭适用中国法，作出有利于北京公司的裁决。在仲裁裁决执行程序中，Elders 公司向澳大利亚法院提出中止执行的抗辩，主张在中国国际经济贸易仲裁委员会就后一起仲裁案件作出裁决之前，澳大利亚法院应中止执行第一份裁决。澳大利亚法官将拒绝承认与执行外国仲裁裁决的法定事由严格限于《1974 年法案》所确定的情形，彰显了慎用公共政策的态度。

案例三：叶某诉曾某申请承认与执行仲裁裁决案（2015 年）中，中国公民叶某与曾某因借款担保纠纷，根据借款合同中的仲裁条款，向厦门仲裁委员会提起仲裁。仲裁庭作出有利于叶某的裁决。叶某向澳大利亚联邦法院申请承认与执行裁决的同时，曾某以仲裁程序违法等理由向厦门市中级人民法院申请撤销该裁决，并在澳大利亚法院执行程序中，主张应暂时中止执行。澳大利亚联邦法院暂时中止执行程序，在等待中国法院对裁决撤销之诉作出结果期间，澳大利亚法院命令当事人提供了与裁决等额的担保。最终，中国法院驳回了曾某提出的撤销裁决的申请，澳大利亚法院恢复执行程序，判令裁决应予执行，要求被申请人执行赔偿费用。

（二）新西兰

《纽约公约》于 1983 年 4 月 6 日正式对新西兰生效，公约被并入新西兰1982 年的《仲裁法》中，在 1996 年新西兰正式颁布新的《仲裁法》（于 1997 年7 月 1 日生效）后，《纽约公约》也出现在了新《仲裁法》的第三章中，构成其中仲裁裁决承认和执行的一部分。虽然新西兰在加入《纽约公约》时对《纽约公约》作出了互惠保留，但这一保留并未贯彻到《1996 年仲裁法》中，该法规定仲裁裁决"不论在何处作出"均应执行（新西兰 1996 年《仲裁法案》第一章第 35 条、第 36 条）。除此之外，新西兰在加入《纽约公约》时并未做出商事保留。

四、《纽约公约》在新加坡、印度尼西亚、马来西亚的适用

（一）新加坡

新加坡于 1986 年 8 月 21 日成为《纽约公约》的缔约国之一，并与同年 9 月 19 日并入新加坡的仲裁法中一直保留至今。新加坡再加入《纽约公约》时作出了互惠保留①，没有做出商事保留新加坡的仲裁裁决可以在包括中国在内的 168 个国家得到承认和执行。由于中国在加入公约时同时作出了互惠和商事两项保留，因此只有新加坡的商事仲裁裁决可以确定能够在我国得到承认和执行。

截至目前，新加坡和中国已有一系列互相承认和执行对方仲裁裁决的案例。如 2021 年 11 月，上海金融法院裁定承认和执行新加坡国际仲裁中心仲裁庭作出的编号为 2020 年第 135 号仲裁裁决，要求中国公司支付本金等相关费用。上海金融法院认为，该案不存在仲裁裁决主体有误、不存在仲裁庭未及时通知给予对等答辩机会、仲裁庭仲裁员不存在问题等不予承认和执行的情形，承认和执行新加坡国际仲裁中心的仲裁裁决。又如 2023 年 4 月，新加坡高等法院作出判决，驳回了当事人提出的撤销执行北京仲裁委员会仲裁裁决的申请。高等法院认为仲裁庭没有超出其管辖权，仲裁裁决的执行不会违反公共政策，仲裁裁决没有得到有效执行，即便得到有效执行也不属于法定拒绝执行的理由，因此，新加坡高等法院驳回了当事人提出的撤销执行令的申请，承认与执行北京仲裁委员会作出的仲裁裁决。

（二）印度尼西亚

在印度尼西亚，有关仲裁裁决的执行与撤销方面的规定主要集中在 1999 年的《仲裁与替代性争端解决法》当中。印度尼西亚于 1999 年颁布了仲裁法。该法的颁布也符合世界各地国家仲裁法自由化和现代化的趋势。特别是，国际货币基金组织（International Monetary Fund）要求对印度尼西亚仲裁法进行改革，作为其一揽子援助计划的一部分，使印度尼西亚成为"更有利于投资的环境"。

---

① Zhao Y. The Singapore Mediation Convention：A Version of the New York Convention for Mediation？[J]. Journal of Private International Law，2021：92-100.

1999 年印度尼西亚《仲裁法》第 65 条至第 69 条载有具体条款，规定了仲裁机制，成为承认和执行外国仲裁裁决的机制和依据。从表面上看，其中大部分条款似乎沿用了 1990 年《印尼最高法院条例》的内容。根据 1999 年仲裁法的规定，外国仲裁裁决应根据向雅加达中央地方法院（Central Jakarta District Court）提交的申请予以承认和执行。雅加达中央地区法院是对该事项拥有专属管辖权的地区法院，根据向该法院提交的申请，外国仲裁裁决应得到承认和执行。地区法院院长签发执行证书的决定为最终决定，不得上诉，而拒绝执行或不签发执行证书的决定可直接向最高法院提出撤销。1999 年《仲裁法》第 66 条规定了可执行外国仲裁裁决的要求。1999 年《仲裁法》第 66 条规定了可执行外国仲裁裁决的要求，即：①裁决必须是在与印度尼西亚签订了承认和执行外国仲裁裁决条约的国家做出的——互惠要求；②裁决必须属于印度尼西亚法律规定的商法范围——"可仲裁性"要求；③裁决不得违反公共秩序。第 67（2）条规定了申请豁免者必须提交的文件，即：①裁决书正本或经核证无误的副本及其印度尼西亚语译文；②仲裁协议正本或经核证无误的副本及其印度尼西亚语译文；③裁决作出地印度尼西亚外交代表的声明，证明印度尼西亚和该国均受关于承认和执行外国仲裁裁决的条约的约束。

在印度尼西亚加入 1958 年《纽约公约》之前，印度尼西亚的民事诉讼法并不承认或执行外国仲裁裁决。印度尼西亚于 1981 年通过总统令加入该公约，并如前文所述，根据《公约》第 1（3）条就可仲裁性与程序正当性提出了保留。[①] 加入《公约》是通过 1981 年的总统令完成的：①承认和执行在另一缔约国领土上做出的外国仲裁裁决（所谓的"互惠保留"）；②根据印度尼西亚法律被视为商业性的法律关系所产生的分歧（所谓的"商业保留"）。然而，又过了 10 年，印度尼西亚法院才开始通过承认和执行外国仲裁裁决来落实《公约》。

虽然我国在加入《纽约公约》时作出了商事保留和互惠保留，我国仅对在缔约国领土内作出的商事仲裁裁决适用《纽约公约》，因此印度尼西亚的商事仲裁裁决可以在我国得到承认与执行。但是，值得注意的是，根据上述条款概述，1999 年《仲裁法》与 1958 年《纽约公约》之间至少存在两三处差异。首先，1999 年《仲裁法》的出发点似乎是外国仲裁裁决不可执行。尽管承认仲裁裁决

---

① Sugeng. Legal Protection for Recipients of Foreign Franchise Rights in Indonesia [J]. Indonesia Law Review, 2019, 9 (2), Article 1.

原则上是终局的并对当事人具有约束力，但第 66 条中列出的理由是"可执行的理由"。这不同于《公约》第 V 条措辞中所反映的推定，即外国仲裁裁决对当事人具有终局性和约束力。这不同于《公约》第 V 条措辞中所反映的推定，即外国仲裁裁决是可执行的，除非存在任何拒绝执行的理由。

其次，1958 年《纽约公约》第 V 条规定了拒绝执行的理由。1958 年《纽约公约》第五条规定的拒绝执行的理由在 1999 年《仲裁法》中没有重复。作为上文第一点所述的矛盾推定的逻辑结果，1999 年《仲裁法》没有任何特别条款列举拒绝执行的理由。在这种情况下，1999 年《仲裁法》第 66 条和第 67 条第（2）款实际上成为在不符合这些条款中的任何要求时拒绝执行的理由。从这个意义上说，与《公约》第五条相比，1999 年《仲裁法》提供的拒绝执行的理由更少——只重申了第五条中与可仲裁性和公共政策有关的理由。

（三）马来西亚

马来西亚在加入《纽约公约》时做了两项保留：一是互惠保留；二是商事保留。马来西亚只对来自另一《纽约公约》成员国的商事仲裁裁决进行承认与执行。[①] 外国仲裁裁决的申请人向马来西亚高等法院提出承认执行的申请时，具体程序依照《纽约公约》申请承认执行外国仲裁裁决的程序进行，按照相关规定缴纳费用，与申请执行马来西亚国内仲裁裁决的费用相同。当事人取得马来西亚国内仲裁裁决或《纽约公约》缔约国的国际仲裁裁决后，经向高等法院书面申请，可被予以承认并以判决的形式得到执行。当事人应当提供：①经认证的裁决书原件或经证明的裁决书复印件；②仲裁协议书原件或者经证明的裁决书复印件；③若裁决书不是以马来西亚官方语言或英文作成，申请人还应当提供经证明的裁决书或协议英文件。

五、《纽约公约》在越南、老挝的适用

（一）越南

越南于 1995 年加入《纽约公约》，除了作出互惠保留和商事保留两项外，越南只承认和执行在公约成员国领土范围内做出的仲裁裁决。

中国和越南均是《纽约公约》的成员国，中国的仲裁裁决可以在越南得到

---

① Davidson W S W, Rajoo S. The New Malaysian Arbitration Regime 2005 [J]. Malayan Law Journal Articles，2006a：131-144.

承认与执行。2022 年 12 月，越南最高人民法院作出裁定，撤销胡志明市高级人民法院所作裁定，维持胡志明市人民法院关于承认和执行上海国际仲裁中心仲裁裁决的决定。该案经历越南三级法院司法审查程序，是首宗经过越南最高人民法院复审后承认和执行的中国仲裁机构裁决。该起纠纷源于当事人间的买卖合同争议，上海国际仲裁中心依仲裁协议进行审理作出要求一方公司退还货款并赔偿损失的仲裁裁决。在越南法院申请承认执行的过程一波三折，越南最高人民法院在复审中认为，申请材料符合《纽约公约》和《越南民事诉讼法》的规定，而异议公司未能按照规定提交可以证明存在不予承认和执行上海国际仲裁中心仲裁裁决的证据，异议理由没有事实根据。

（二）老挝

老挝于 1998 年 9 月 15 日加入《纽约公约》且未作保留。但是，老挝对涉外或国际仲裁裁决的承认与执行并未依照《纽约公约》的规定进行审查。《经济纠纷解决法》所规定的条件限制更多。具体为：①争议各方当事人必须是 1958 年《纽约公约》缔约国的国民；②该仲裁裁决不得与老挝宪法和有关稳定、和平与环境的法律法规相冲突；③有义务支付仲裁裁决所确认债务的争议当事人必须在老挝境内拥有财产、业务运营、股权、银行存款或其他资产。

第四节　推动用仲裁解决 RCEP 区域经贸争端的路径

在区域全面经济伙伴关系协定（RCEP）作为全球最大经贸规模的自由贸易协定，捍卫了贸易自由化和多边贸易体制，革新了国际经贸规则体系的框架与功能，助推新型经济全球化发展趋势。在 RCEP 视域下，中国作为成员国之一，其市场主体在与各成员国进行跨领域经贸合作过程中，无疑将面临一系列复杂的互动关系。一方面，这种合作能够促进各方的互利共赢和共同发展；另一方面，也不可避免地会遭遇各种贸易摩擦和商事争端。从国际商事争端解决的角度来看，当出现争议时，必须存在一套能够被 RCEP 各成员国普遍接受的争端解决机制。① 虽然 RCEP 的第十九章专门规定了争端解决机制，但该机制主要适用于成

---

① 郭艳 . RCEP 生效推动国际商事争端解决多元化建设［J］. 中国对外贸易，2022（9）.

员国之间的国家层面争端，而非市场主体之间的争端。在诉讼与非诉讼纠纷解决模式中，针对 RCEP 框架下的国际商事争端，现有的诉讼与调解公约并未能完全覆盖所有成员国纷繁复杂的商事纷争，从而在一定程度上限制了争端解决的普遍性和有效性。因此，对于国际通行的商事仲裁机制在解决 RCEP 经贸争端中的应用，进行深入的探讨和研究显得尤为必要。

商事仲裁作为一种民间争议解决方式，是国家司法诉讼的有益补充。在国际商事交往中，仲裁往往是解决国际商事争议的首选。作为替代性争议解决的重要部分，尤其对经济运营而言具有重要作用。在 RCEP 区域内部，早在协议生效之前，为了发展仲裁事业，增强本国在国际商事仲裁中的竞争力，提升作为仲裁地在国际上的吸引力，各成员国已然在探索可行路径以优化本国国际商事仲裁环境方面做出了长足的努力。RCEP 区域内不乏新加坡、中国香港等全球知名仲裁地。为进一步促进 RCEP 区域内国际商事仲裁的顺利发展，加快推进区域内国际商事仲裁制度发展与改革确有必要，以鼓励和吸引国际商事主体积极运用仲裁方式解决商事纠纷。

一、对仲裁机构进行"去行政化"改革

仲裁机构在主体上的法律属性在 RCEP 区域内的各国立法上规定不一。以我国为例，通过观察我国仲裁机构的发展脉络可以发现，自从改革开放后直到《仲裁法》颁布前，我国所设立的仲裁机构隶属于行政机关，具有强烈的行政化色彩。[1]《仲裁法》的颁布改变了仲裁机构附属行政机关的现状，也改变了行政权与仲裁权集于一身的弊端，然而《仲裁法》对于仲裁机构性质的界定采取"限制否定性"的规定，对仲裁机构自身权能界定不明确也造成学界对仲裁机构性质的长期争论。

具体而言，仲裁机构去行政化改革主要包括以下几个方面：第一，立法明确仲裁机构性质：这一点可以向新加坡《仲裁法》进行学习和借鉴，在《仲裁法》中增加条款，明确仲裁委员会的公益性质和非营利目的。同时，规定负责仲裁机构设立、变更、登记、备案等事项的行政机关，确立其管理和监督职责，以减少行政干预，确保仲裁机构的独立运作。这种监督应通过法治化手段进行，以支持和规范仲裁机构的运作，而非直接干预。第二，强化仲裁机构法人制度：通过立

---

[1] 姜丽丽. 论我国仲裁机构的法律属性及其改革方向 [J]. 比较法研究，2019（3）.

法确立仲裁机构的法人地位，进一步强调其公益性。明确仲裁收费主要用于机构的运营和发展，而非利润分配。可以设立"仲裁机构发展专项资金"，以减少对政府财政和经费的依赖，增强机构的自给自足能力。第三，优化人事安排：在人事安排上，应明确仲裁机构负责人的选拔标准，以具备相应条件和资质的专职人员为主，逐步改变由地方政府领导兼任的做法。这有助于提高仲裁机构的专业性和公正性，确保仲裁决策的独立性和专业性。第四，增强透明度和问责机制：建立和完善仲裁机构的透明度和问责机制，确保其运作的公开性和公正性，增加公众对仲裁过程和结果的信任。

二、有序鼓励、引导并规范当事人的意思自治

商事仲裁的正当性建立在尊重当事人意思自治的基础之上。[①] 意思自治赋予当事人在争议事项上排除第三方干涉的权利，是仲裁程序启动的前提。没有当事人的合意，仲裁程序无法启动。尊重当事人意思自治与遵循仲裁规则并不矛盾。虽然仲裁程序的启动源于当事人的意愿，但仲裁程序的进行也遵循其内在的逻辑和规则。仲裁解决争议的效力，既来源于国家司法权的授权，也来源于当事人的诉权和意思自治的让渡。

尽管当事人的意思自治至关重要，但其适用也应受到国家法律的约束。当事人的意思自治不能超越国家法律设定的界限。原则上，仲裁协议和仲裁规则都是当事人合意的产物，在法律地位上并无优劣之分。然而，可以通过有序引导和当事人的选择，明确双方在仲裁程序中的优先级和适用性。在实践中，可以通过引导当事人明确其在仲裁协议中的选择，以确保仲裁规则与当事人意愿的一致性。这种引导有助于确保仲裁程序的公正性和效率。在尊重当事人意思自治的同时，仲裁机构和仲裁员应努力协调国家法律与仲裁规则之间的关系，确保仲裁程序既符合法律规定，又尊重当事人的意愿。比如 2017 年《ICC 仲裁规则》第 30 条第 1 款和 2016 年《SIAC 仲裁规则》第 5.2 条关于快速程序规则优先的规定，当事人同意以后即便仲裁协议具有相反的规定也应该优先适用仲裁规则。通过"规则优于相反约定"的规定确立在地位上平等的仲裁条款和仲裁规则之间的效力位阶，一旦当事人对强制性的特定仲裁规则进行了选择，这些条款的效力也就成为

---

① 王彦志，范冰仪．意思自治原则在国际商事法庭中的运用 [J]．东北师大学报（哲学社会科学版），2022（1）．

对其意思自治的约束，仲裁规则与当事人意思自治之间的冲突也将得到调和。

三、建立健全在线仲裁机制规范并有序推广

推广在线仲裁作为解决中国—东盟商事争议的一种高效手段，其实施需综合考虑法律规定与仲裁规则的衔接，并保留传统线下仲裁的优势。在线仲裁应充分利用其时空灵活性，实现包括网上立案、在线答辩、在线组庭、在线审理以及在线裁决在内的全流程网络化操作[①]。

确立有效的在线仲裁协议至关重要。该协议虽然是当事人意思自治的体现，但必须满足一定的形式和实质要求，如书面形式、可仲裁性以及双方的明确合意。尽管不同国家对协议形式的要求各有宽松，但书面形式的协议在国际社会中被普遍认可。

当事人应明确约定在线仲裁的地点。在没有上位法明确禁止的情况下，当事人可以根据意思自治原则自由选择仲裁地点。然而，为了避免立法缺失或当事人合意不一致所带来的风险，可以通过仲裁机构的规则调整，将所有在线仲裁案件的仲裁地统一确定为仲裁机构所在地。

区块链技术的应用可以为在线仲裁提供有力支持[②]。在司法领域，区块链技术能够提升电子证据的有效性，例如，投资贸易过程中产生的交易凭证、支付流水和物流轨迹等信息。通过区块链技术对这些互联网交易数据进行加密，可以使其成为仲裁庭在查明交易、资金和物流事实时的关键证据。在线仲裁系统应预留与区块链技术的接口，这不仅为仲裁员提供了基于其专业经验和自由心证对案件事实进行认定的决策支持，也实现了新技术在商事纠纷解决中的应用。

四、增加涉外仲裁员的数量并加强提升国际仲裁工作人员的专业技能

为了便于与国际规则相接轨、利用中国—东盟自贸区发展的优势，通过选择适格的仲裁员以及保证仲裁规则本身的灵活性，也是考虑保障当事人正当权利的重要内容。仲裁机构应致力于培养具备商业裁判思维和熟悉商事交易规则的仲裁员。这可以通过与法院、高校和科研机构建立合作机制来实现，以强化外部力量对商业裁判思维的支持。同时，建立半职业化的仲裁员队伍，将仲裁员的收入与

---

① 魏沁怡. 互联网背景下在线仲裁的适用机制研究 [J]. 河南社会科学，2020（7）.
② 康宁. 国际商事仲裁中的区块链应用与监管路径 [J]. 北京航空航天大学学报（社会科学版），2021（5）.

其处理案件的数量和质量挂钩，以提高仲裁的可预见性和公信力。

鉴于 RCEP 背景下的纠纷多涉及国际贸易投资，应广泛选聘具有丰富经验的国内仲裁从业人员和境外专业人士，组建一个涵盖经贸、法律、金融、涉外、矿业、知识产权、房地产等多个领域的仲裁员队伍。为了提高商事仲裁的国际化水平，应丰富仲裁员的地域和国籍构成。可以通过加大外籍仲裁员的聘用力度，特别是利用地缘优势，聘用与投资贸易往来密切的国家的仲裁员，从而提升仲裁机构的国际影响力和专业能力。[①]

在宏观方面，定期举办仲裁员培训和国际交流会议，以提升仲裁员的专业技能和国际视野。这不仅有助于仲裁员了解不同法域的仲裁实践，也有助于推广中国仲裁的国际形象。建立一套公正透明的仲裁员评价体系，对仲裁员的案件处理质量进行评价，并据此给予相应的激励，以鼓励仲裁员提供高质量的仲裁服务。

五、建立不予执行仲裁裁决上诉制度替代报核制度

报核制度对我国承认与执行仲裁的发展贡献颇大[②]，但其天然缺陷也形成了难以克服的痛点，未来走向中，不得不以发展的眼光探索另一种更为妥当的机制——仲裁裁决不予执行制度。不予执行仲裁裁决上诉制度在世界多个国家已有实践，在我国也存在立法空间，建立不予执行仲裁裁决上诉制度，回应着 RCEP 对于建立清晰互利且便利投资和贸易规则的需求。

总体而言，《纽约公约》第五条涉及 7 项不予承认和执行事由包括：①没有仲裁协议；②被申请人未收到指定仲裁员或仲裁程序通知或因他故未能申辩；③超裁；④仲裁庭的组成或仲裁程序与仲裁协议/仲裁地所在国仲裁法不符；⑤裁决对当事人无拘束力或已被仲裁地国家撤销、不予执行；⑥依执行地所在国法律争议事项不能仲裁；⑦承认和执行有违执行地国的公共政策。与我国涉外仲裁裁决的撤销或不予执行规定对比，第⑤项和第⑦项有较大不同，其余基本相同。

依据《纽约公约》，中国法院在处理相关案件时，确实拥有对案件实体部分进行审查的权力。因此，不应将此类事项简单归类为程序性问题，从而剥夺当事人寻求对其实质性权益进行救济的机会。《纽约公约》因其广泛的国际影响力而

---

① 朱德沛. 论国际商事仲裁的仲裁员国籍规则 [J]. 国际商务研究，2024（2）.
② 沈伟. 我国仲裁司法审查制度的规范分析——缘起、演进、机理和缺陷 [J]. 法学论坛，2019（1）.

成为仲裁裁决执行的重要法律基础，而与之相比，关于不予执行仲裁裁决的上诉机制尚未形成统一的国际法规则。在英美法系国家中，对于不予执行仲裁裁决的上诉实践较为普遍，而在法国、瑞典等大陆法系国家，也通过特别法的形式对此类问题进行了规定。面对时代的需求，中国的国际商事仲裁制度显示出与国际标准不匹配的滞后性。特别是在报核制度的不足逐渐显现的情况下，建立一个不予执行仲裁裁决的上诉制度，应被视为制度创新的重要方向。为了积极适应仲裁的国际化趋势，并发挥中国作为"负责任大国"的作用，建议对《民事诉讼法》第一百五十七条第二款进行调整。具体而言，应明确第一款第九项中关于"不予执行仲裁裁决"的决定可以提起上诉，以促进中国在 RCEP 背景下构建一个更加完善的涉外仲裁法律体系，从而为国际商事争议的妥善解决提供坚实的法律基础。

六、强化仲裁多元主体交流合作机制，建立健全国际商事仲裁合作机制

在当前国际社会治理的复杂环境中，非国家行为体面临着新的挑战和期待。全球治理的主体正在经历多元化发展，形成了一个由主权国家、市场力量和社会力量三方共同参与的治理模式，即所谓的"多元共治"。① 合作主义和共同繁荣原则进一步拓展了参与国际治理的主体范围，不仅局限于国家，还包括跨国公司、非政府组织等多元主体，这与现代全球治理的基本特征相契合。

国际商事仲裁实践表明，单边经济制裁的广泛运用直接影响了国际商事合同的履行，引发了大量国际商事争议，显著增加了仲裁协议效力、法律适用、仲裁程序推进以及裁决的承认和执行等事项的不确定性。国际商事仲裁制度尊重当事人意思自治、快捷高效、独立公正。由于单边经济制裁天然具有国际性，仅依靠国家层面的自我克制或国内立法无法从根本上减少其对国际商事仲裁制度产生的影响，现行国际商事仲裁立法也缺乏针对性措施。鉴于此，强化 RCEP 区域内各主体间联动的国际商事仲裁交流与合作亦是题中之义。

由此，在《区域全面经济伙伴关系协定》（RCEP）背景下，国际仲裁归于单一国家法律秩序的主张以及仲裁的威斯特伐利亚模式已经趋于落伍，实现以合作主义与共同繁荣原则为理论转向是时代之义，而 RCEP 背景下的国际商事仲裁的机制和理念也需要进一步的发展与创新。仲裁机构在此过程中扮演着重要角

---

① 黎群. 论国际商事仲裁合作机制的构建［J］. 法商研究，2023（3）.

色。例如，2022 年 8 月，中国国际经济贸易仲裁委员会在广西南宁设立了东盟庭审中心，旨在构建一个面向 RCEP 成员国，尤其是东盟国家的区域仲裁基地，为中国—东盟仲裁交流提供了新的思路。此外，类似于新加坡国际仲裁中心在上海设立代表处，北海仲裁委员会在新加坡成立北海亚洲国际仲裁中心，以及柬埔寨国家商事仲裁中心和吉隆坡区域仲裁中心与环宇中国东盟法律合作中心签署合作协议等举措，都是"走出去"与"引进来"的双向交流经验。这些经验为 RCEP 区域内各国间商事仲裁合作奠定了坚实的基础，并加强了仲裁领域多元主体之间的交流与合作机制。

在当前的国际商事环境中，任何一个国家的仲裁服务都面临着 RCEP 框架下商事纠纷解决的多元需求，这些需求挑战着传统的纠纷解决方式。中国与东盟商事仲裁合作机制的构想正是为了应对这一现实挑战。构建国际商事仲裁合作机制，其理念基础是共商共建共享和合作共赢。这种机制通过各国仲裁机构、组织和仲裁员的广泛参与，促进了仲裁服务业的整合。商事仲裁在解决纠纷的过程中，不仅能够促进文化和法律理念的融合，还有助于实现预防纠纷的效果。

为了实现这一目标，合作机制应广泛吸纳区域内通晓仲裁的专家和法律专业人士①，将他们纳入仲裁员名册和专家证人推荐名册。这些人才能够通过联合仲裁等创新机制，整合优势资源，为当事人提供多元化、便利化和专业化的仲裁服务。此外，合作机制还可通过联合制定和适用符合 RCEP 需求及国际发展新趋势的仲裁规则和合作协议，促进区域内各国在商事仲裁机构和组织上的内部变革。这将有助于提升和统一各国的仲裁实践水平和标准，实现以改革促进发展的长远目标。通过建立具有国际影响力的商事仲裁共同体，区域内国家将获得挑战西方在国际商事仲裁领域传统优势的机遇。这种合作不仅能够增强区域内仲裁服务的竞争力，还能够推动全球商事仲裁服务向更加公平、开放和多元的方向发展。

---

① 高燕. 打造国际商事仲裁目的地　加强涉外法律人才队伍建设 [J]. 国际法研究，2020（3）.

第六章

RCEP 区域经贸争端的调解解决

相较于诉讼和仲裁，调解高度尊重当事人的意思，在争端解决方面的灵活性最强。RCEP 区域内的不少国家有较为完善的调解立法及配套制度，部分国家加入了《联合国关于调解所产生的国际和解协议公约》（以下简称《新加坡调解公约》），使经国际商事调解所达成的纠纷解决协议的跨境认可和执行变得可行。

第一节 《新加坡调解公约》下的国际商事调解机制

《新加坡调解公约》由联合国国际贸易法委员会起草，联合国大会 2018 年 12 月 20 日表决通过，2019 年 8 月 7 日在新加坡开放签字，2020 年 9 月正式生效。目前，RCEP 区域内，仅新加坡、日本是该公约的缔约国（已签署和批准公约，且公约对该国生效），澳大利亚、中国、文莱、老挝、马来西亚、菲律宾、韩国已签署但尚未批准公约。

一、和解协议国际性的判定

《新加坡调解公约》将经国际商事调解程序所达成的、书面的纠纷解决协议称为"国际和解协议"。根据该公约第一条，满足"国际性"的和解协议有以下三种情形：第一，和解协议至少有两方当事人在不同国家设有营业地；第二，和解协议各方当事人设有营业地的国家并非和解协议所规定的相当一部分义务履行地所在国；第三，和解协议各方当事人设有营业地的国家并非与和解协议所涉事项关系最密切的国家。

缔约国在制定实施该公约的国内法时，对"国际性"的界定与公约并不完全相同。例如，日本《〈联合国关于调解所产生的国际和解协议公约〉实施法》（《調停による国際的な和解合意に関する国際連合条約の実施に関する法律》）第二条第三款所界定的"国际性"也分为三种情形：第一，全部或者部分当事人在日本境外拥有住所、主要事务所或营业所，包括全部或者部分当事人的股东（该股东持有已发行且有表决权的股份50%以上，或者持有股权50%以上，或者具备法务省令所规定的同等资质）在日本境外拥有住所、主要事务所或营业所的情形。第二，全部或者部分当事人在不同国家有住所、事务所、营业所（如果当事人有两个以上的事务所或营业所，则指根据当事人在达成协议时知道或者预见到的与协议所解决的纠纷有最密切关系的事务所或者营业所）。第三，全部或者部分当事人拥有住所、事务所或营业所的国家，与和解协议所规定的相当一部分义务履行地所在国或者与协议所涉事项有最密切关系的地方所属的国家不同。对比《新加坡调解公约》第一条对国际性的规定，日本的规定多出一类情形，即当事人在日本境外拥有住所、主要事务所或营业所的情形，特别是此类情形还囊括了当事人的绝对控股股东在日本境外拥有住所、主要事务所或营业所的情形。因此，日本国内法允许执行的国际和解协议的范围比公约所要求的更为宽泛。

二、缔约国在公约下的义务

虽然新加坡调解公约的起草参考了《承认与执行外国仲裁裁决公约》（以下简称《纽约公约》），两公约在很多方面具有相似性，但在对缔约国义务的表述上，两公约有较大的区别。《纽约公约》第三条对缔约国义务的表述采用的是"承认"公约下的裁决有效并"执行"此类裁决的表述。

《新加坡调解公约》也在第三条规定了缔约国的义务：一是按照本国程序规则并根据本公约规定的条件"执行"和解协议；二是允许当事人按照本国程序规则并根据本公约规定的条件"援引"和解协议，以证明和解协议所解决的事项已得到解决。第一项义务与《纽约公约》要求缔约国执行外国裁决的义务是相似的，而第二项义务则有显著不同。有学者认为，和解协议的终局性是相对的，[1] 因此才会有公约第六条关于并行申请制度的规定，即当事人如果认为和解协议是非终局的，可以寻求诉讼、仲裁等其他救济途径。鉴于公约第三条第二款采用的措辞是缔约国"应允许"当事人援引和解协议"以证明"该事项已得到解决，公约并不认为国际和解协议具有类似于《纽约公约》下外国裁决的终局性效力。相应地，缔约国的义务不是"承认"国际和解协议的最终有效性，而是给予当事人机会，用国际和解协议来证明有关事项已经通过国际商事调解得以解决。

第二节 RCEP 区域有影响力的国际商事调解机构及其规则

近年来，RCEP 区域不少国家开始重视国际商事调解在争端解决方面的作用，区域内的国际商事调解机构获得了发展契机。

一、新加坡国际调解中心

新加坡国际调解中心（Singapore International Mediation Centre，SIMC）是一个独立的非营利性组织，于 2014 年 11 月 5 日成立。SIMC 是在首席大法官孙达雷什·梅农（Sundaresh Menon）和律政部发起的工作组的建议下成立的，该工作组的初衷是推动新加坡发展为国际商事调解中心。[2]

除传统的商事调解服务外，SIMC 还与其他国际商事争端解决机构合作，提供仲裁—调解—仲裁、诉讼—调解—诉讼、调解—仲裁、调解—调解等多种争端解决服务。例如，SIMC 与新加坡国际商事法庭（SICC）建立了"诉讼—调解—诉讼"（LML）框架，以促进国际商事争端的友好解决。当事人可以选择在合同谈判阶段将"LML 示范条款"纳入合同，或者在任何其他时间（如发生争议后）另行达成"LML 协议"。此后，如果当事人首先将争端提交给 SICC，SICC

---

① 许军珂.《新加坡调解公约》框架下国际商事和解协议效力问题研究 [J]. 商事仲裁与调解，2020（3）：10.

② About SIMC [EB/OL]. [2024-07-25]. https：//simc. com. sg/about-simc.

将按照《新加坡国际商事法庭规则 2021》的要求受理案件，并在一方申请、另一方未有效反对的情况下将争端提交给 SIMC 调解。自调解程序开始之日起，SICC 的诉讼程序中止。SIMC 有 8 周的时间开展调解，8 周期满或者在此之前调解程序终结，则 SICC 的诉讼程序恢复。如果 8 周期满后当事人均有意继续进行调解，则可向 SICC 申请调解延期。如果当事人在 SIMC 的调解程序中成功解决了争端，并且希望将调解结果转化为法院令，则提交相关材料，由 SICC 出具法院令。即便当事人将"LML 示范条款"纳入合同或者另行达成"LML 协议"，当事人仍可随时协商将争端直接提交 SIMC 调解。①

2024 年 2 月，SIMC 与海牙航空仲裁院（Hague Court of Arbitration for Aviation）签署了谅解备忘录，以利用调解手段快速解决亚洲航空领域的纠纷。海牙航空仲裁院专门处理航空部门的内部纠纷，并致力于促进调解的使用。SIMC 管理的调解案件的 90% 只需 1 天时间，且和解率超过 70%。新加坡拥有亚洲最大、最多元化的航空生态系统，是全球航空航天价值链的关键节点，拥有 130 多家航空航天公司。在此背景下，双方的合作将为亚洲航空业提供替代性纠纷解决的有效选择。具体而言，该谅解备忘录要求双方在推动亚洲航空业纳入适当的争端解决示范条款，以将调解作为争端解决的首选，双方还将在联合活动和培训机会方面进行合作。②

SIMC《调解规则》将调解的自治性发挥到了极致。首先，虽然该《调解规则》适用于 SIMC 管理的所有调解程序（SIMC 与其他争端解决结构合作的项目程序除外），但调解当事人可以修改规则的内容。其次，SIMC 有自己的调解员名册，但当事人可以在名册之外选择调解员，且当事人可以选择 1 名或多名调解员主持调解。再次，当事人可以现场或远程，亲自或委派律师、顾问或其他人员参与调解。最后，当事人在调解前的预备会议上，可以讨论调解的方式、程序、时间安排等，并且当事人在调解的任何阶段都可以书面通知终止调解。

二、日本京都国际调解中心

2018 年 11 月 20 日，京都国际调解中心（Japan International Mediation Center

---

① Litigation-Mediation-Litigation Protocol［EB/OL］.［2024-07-25］. https：//www. judiciary. gov. sg/docs/default-source/sicc-docs/lml-protocol-（final）. pdf.

② Asia's First Specialized Alternative Dispute Resolution Mechanism for Mediation in the Aviation Industry Set to Take off［EB/OL］.［2024-07-25］. https：//newsroom. aviator. aero/asias-first-specialized-alternative-dispute-resolution-mechanism-for-mediation-in-the-aviation-industry-set-to-take-off/.

in Kyoto，以下简称"JIMC-Kyoto"）成立，它是日本首个专门性国际调解机构，主要对与海外交易相关的争端进行调解，以帮助日本企业和外国企业解决国际争端。

JIMC-Kyoto 由日本仲裁员协会（JAA）下属的一个委员会管理，该委员会由替代性争议解决领域的知名国际律师和大学教授组成。因此，该中心的用户可以利用 JAA 的人力资源和信息。此外，中心位于日本一流大学之一的同志社大学内，中心的用户可以在调解时使用同志社大学校园内的设施。中心还与京都主要寺庙之一的高台寺合作，使得中心可以利用高台寺辖区内的设施进行调解。①

值得一提的是，JIMC-Kyoto 与新加坡调解中心于 2020 年 9 月为应对新冠疫情建立了合作，以联合开展在线调解。2023 年 8 月，双方更新了合作方案，该合作方案下的调解有如下特点：第一，当事人可以选择向 JIMC-Kyoto 或 SIMC 提交调解申请，两机构将共同管理调解案件。第二，案件将由两名经验丰富的调解员解决，各机构指定 1 名调解员。第三，当事人将享受适应日本市场的固定且较低的费用。例如，对于金额低于 100 万美元的纠纷，各方支付 5000 美元（包括商品及服务税）；对于 500 万美元以上的纠纷，各方按标的 0.2% 的比例各自付费，且各方的费用封顶为 12000 美元。第四，调解完全在线进行，两机构均可提供现场调解的场所，但收费将高于在线调解。② 《新加坡调解公约》在 RCEP 区域内的缔约国仅有新加坡和日本，两国代表性国际商事调解机构之间的合作具有示范意义。

该中心的调解规则中比较具有特色的规定有三项：第一，中心在当事人同意的基础上，可以选任调解人辅助人。当事人可以对辅助人的人选提出异议；中心选任的调解人辅助人，除非双方当事人及调解人辅助人之间另有协议，否则为无偿。第二，详细列举了调解保密的对象，包括：当事人提出开始调解程序的申请或者当事人希望参加调解程序的事实，当事人就该纠纷的解决在调解程序中表明的意见或者提出的建议，调解过程中当事人进行的陈述或者承认，调解人提出的建议，当事人表示愿意接受调解人提出的和解方案的事实，专门为调解程序准备的书面材料。第三，当事人一方认为有必要保全自己的权利时，可以开始仲裁或者审判程序，该程序的开始并不意味着调解协议的放弃或调解程序的结束。

---

① 京都国際調停センターについて［EB/OL］．［2024-07-25］．https：//www.jimc-kyoto-jpn.jp/about2/index.php.

② JIMC-SIMC Protocol［EB/OL］．［2024-07-25］．https：//simc.com.sg/jimc-simc-protocol.

第三节　RCEP 成员国商事调解立法的更新

随着《新加坡调解公约》的出台以及联合国国际贸易法委员会《国际商事调解及调解产生的国际和解协议示范法》在 2018 年的更新，RCEP 区域内一些国家对本国的商事调解立法进行了补充和更新，特别是作为公约缔约国的新加坡和日本。

一、新加坡

调解作为替代性纠纷解决的方式之一，其在新加坡的历史源远流长。新加坡传统调解的典型代表是中国式调解和马来式调解。在华人社区流行的中国式调解中，调解员与当事人的私人联系是任免的重要考虑因素，调解员多为有一定权威且受尊重的男性，通过说理、教育等方式达成调解。在马来村庄流行的马来式调解由头人或长老依据《古兰经》进行调解。[①] 20 世纪 90 年代，始于 70 年代的西方调解运动蔓延到新加坡，对当代新加坡的调解文化产生了决定性的影响。

目前，根据调解主体的不同，新加坡的调解主要有法院调解和民间调解两大类型。法院调解主要由地方法院主持，处理民事纠纷，社区、骚扰和就业纠纷，以及轻微刑事违法案件。民间调解机构有新加坡调解中心和新加坡国际调解中心，主要处理商事争议，世界知识产权组织仲裁与调解中心（新加坡办事处）在知识产权领域的争端解决方面也有较高知名度。

（一）商事调解立法更新概况

近年来，新加坡大力推进商事调解法律体系的构建。2017 年 1 月 9 日，新加坡议会通过了《2017 年调解法》（Mediation Act 2017），主要内容包括调解及调解协议的定义、适用范围、调解服务提供者及认证机构的指定、与诉讼程序的关系、保密义务及其例外、和解协议转化为法庭命令以及调解相关法律的修改。该法为新加坡的商事调解提供了较为完整的法律框架。

---

① 申琛. 新加坡商事调解制度化及国际化路径研究——以《新加坡公约》的实施为背景 [J]. 国际商务研究，2024，45（2）：66.

新加坡是第一批签署并批准《新加坡调解公约》的国家，且未对公约作任何保留。为在国内实施该公约，新加坡出台了《2020 年新加坡调解公约法》（Singapore Convention on Mediation Act 2020）。此后，该法与《2017 年调解法》处于并行实施的状态。

（二）《2017 年调解法》下的商事调解制度

根据该法第 3 条对"调解"的界定，调解指 1 名或 1 名以上调解员协助争议各方确定争议问题，探讨争议解决方案，促进双方彼此交流沟通，最终使得双方当事人自愿达成调解协议的过程。在适用范围上，该法适用于两类调解：一是调解全部或部分在新加坡进行的；二是调解协议明确约定适用该法或者新加坡法律的。该法第 6 条第 2 款将两大类调解排除适用：一是任何制定法所规定的调解，例如，《社区调解中心法》所规定的社区调解；二是法院主持或下令进行的调解。此外，第 6 条第 3 款、第 4 款授权律政部部长下令拓宽或缩小该法的适用范围，以保留适用范围上的灵活性。在有关调解的具体规定上，该法有四个方面值得关注。

第一，法庭程序的中止。根据该法第 8 条，如果诉讼当事人之间有调解协议（如合同中的调解条款），则调解协议的当事人可以向法院提出申请，以暂停诉讼、移付调解。法院可以接受申请，下令暂停诉讼，并可以酌情作出临时或补充命令以维护当事人的权利。根据该条的措辞，在合同载有多层次争议解决条款的情况下，即便该条款中没有具体指定调解服务提供者，法院也可下令暂停诉讼。因此，该规定有利于鼓励当事人践行调解约定。

第二，调解保密及其例外。原则上，调解通信（Mediation Communication，指与调解有关的任何说过或做过的事、编制的任何文件或提供的任何信息）应予保密，任何人不得将其披露给调解外的任何第三人，且调解通信不得作为证据在诉讼、仲裁或纪律处分程序中使用（法院或仲裁庭依据第 11 条予以许可除外）。披露的例外情形可分为以下几类：一是经调解所有当事人的同意予以披露，或者对于由调解当事人以外的其他人发出的调解通信，经该调解通信发出人的同意予以披露；二是调解通信的内容是在披露时公众已可获知的信息，但因非法披露而进入公共领域的信息除外；三是有合理理由相信，为了防止或尽量减少对任何人的伤害危险，披露是必要的；四是为研究、评估或教育目的所作的披露，并且不直接或间接地披露或可能披露调解通信制作者或与调解通信有关的任何人的身份；五是为寻求法律建议进行披露；六是按有关法律规定进行披露，例如，《儿童及青少年法》规定的有合理理由认为披露有助于阻止或减少虐待、忽视、遗弃、剥削儿童或青少年的情形，《仲裁法》《国际仲裁法》规定的仲裁员担任调解员时的特定情形；七是披露是为了协助执法机构调查成文法所规定的犯罪行为，或调解通信涉及成文法所规定的犯罪行为，或调解通信是为了促进任何非法目的而作出的；八是披露是监管机构履行职责或职能所必需。调解保密及其例外规则早前分散在普通法中，《2017 年调解法》将其法典化，以便为调解当事人提供更好的可预期性。①

第三，调解结果的可执行性。在普通法中，经调解所达成的争议解决协议（以下简称"和解协议"）通常被视为合同加以执行，因此法院需依据合同原则确定该协议的有效性，如错误和胁迫是常见的影响其效力的因素。这种执行机制造成的不便主要有以下三方面：一是法院确认合同效力的程序需要额外的花费；二是可能损害调解的保密性，因为法院需将调解商谈内容作为证据加以审查；三是给和解协议执行带来了不确定性。《2017 年调解法》第 12 条为此提供了一套快速、稳定的执行机制：凡经调解就某一争议达成了和解协议，且法院尚未就该争议启动诉讼程序，则该协议的任何一方可在征得该协议所有其他各方的同意后，以书面形式向法院申请将该协议记录为法庭命令，该法庭命令与其他类型的法院判决或命令具有同等执行力。除非法院同意延期，申请一般应在达成和解的 8 周内提出。只有经指定的调解服务提供者或者经认证的调解员主持进行调解所达成的书面的、各方签字的和解协议，才能被转化为法庭命令。②

在五种情况下，法庭可以拒绝将和解协议转化为法庭命令的申请，包括：一是由于无行为能力、欺诈、虚假陈述、胁迫、错误或任何其他使得合同无效的理由，导致该协议无效或可被撤销；二是协议所解决的事项不能通过调解加以解决；三是协议的任何条款不能通过法庭命令强制执行；四是协议所解决的争议事项涉及儿童福利或监护权，且和解协议的全部或部分条款不符合该儿童的最大利益；五是赋予协议强制执行力违背公共政策。

第四，外国调解员和律师在新加坡参与调解不构成《法律职业法》下的未

---

① Mediation Act to commence from 1 November 2017 ［EB/OL］．［2024 - 07 - 25］．https：//www. mlaw. gov. sg/news/press-releases/mediation-act-to-commence-from-1-november-2017/.

② "指定的调解服务提供者"以及服务于调解员认证的"经批准的认证机制"需由新加坡律政部依据《2017 年调解法》第 7 条的授权加以指定。目前，新加坡国际调解中心、新加坡调解中心、争议管理三方联盟以及世界知识产权组织仲裁与调解中心是"指定的调解服务提供者"，新加坡国际调解协会认证机制是"经批准的认证机制"。

授权执业，无须因此受罚。这一规定再次体现了新加坡对国际商事调解的支持，为各方选择调解员和律师提供了灵活性，并鼓励外国调解员和律师将新加坡作为调解地。①

（三）《2020年新加坡调解公约法》下的国际和解协议执行机制

加入联合国的《新加坡调解公约》后，新加坡选择了双轨制路径对接该公约，即允许调解当事人依据《2020年新加坡调解公约法》寻求公约所提供救济，同时保留《2017年调解法》已经构建的救济机制，从而为和解协议当事人提供一套广泛的救济选择。②

在适用范围上，《2020年新加坡调解公约法》适用于针对商事类争议、经过调解程序所达成的国际和解协议，并排除了可作为法院判决或仲裁裁决加以执行的国际和解协议，③ 以及针对家事、继承和雇佣类争议的国际和解协议，这与《新加坡调解公约》的适用范围完全一致。值得一提的是，各方不必拘泥于使用"调解"一词来描述他们的国际和解协议，以便依据《2020年新加坡调解公约法》得到认可或执行。例如，在 Ram Niranjan v Navin Jatia 案中，经调解达成的和解协议解决了与家族企业有关的各种争议并被载入一份"谅解备忘录"，而该协议作为调解所达成的和解协议得到执行。④

《2020年新加坡调解公约法》与《2017年调解法》存在重叠适用的可能。具体而言，经新加坡国际调解中心、新加坡调解中心、世界知识产权组织仲裁与调解中心或者新加坡国际调解协会的认证调解员主持调解，所达成的商事类争议（家事、继承和雇佣类争议除外）的国际和解协议，可以任意择一适用。其原因在于，商事类争议的国际和解协议属于《2020年新加坡调解公约法》的适用对象；与此同时，上述三家调解机构是《2017年调解法》所要求的"指定的调解

---

① Indranee Rajah S. C. Mediation Moves［EB/OL］.［2024-07-25］. https：//www. mlaw. gov. sg/files/ NoteonMediationAct. pdf.

② Second Reading Speech by Senior Minister of State for Law，Mr Edwin Tong SC，on Singapore Convention of Mediation Bill［EB/OL］.［2024-07-25］. https：//www. mlaw. gov. sg/news/parliamentary-speeches/second-reading-speech-by-senior-minister-of-state-for-law-mr-edwin-tong-sc-on-singapore-convention-of-mediation-bill/.

③ 例如，如果当事人将争议提交新加坡国际商事法庭，在法庭的引导下当事人暂停诉讼、将争议交付调解或其他 ADR 程序，且在达成和解协议后由新加坡国际商事法庭将和解协议内容记录为"同意令"（Consent Order），则该同意令应当遵从判决的承认与执行程序，而非国际和解协议的执行或援引程序。

④ Alexander Nadja，Shouyu Chong. Leading the Way for the Recognition and Enforcement of International Mediated Settlement Agreements：The Singapore Convention on Mediation Act 2020［J］. Singapore Academy of Law Journal，2022，34（1）：10-11.

服务提供者"，新加坡国际调解协会的认证机制是"经批准的认证机制"，从而满足依据该法申请将和解协议转化为法庭命令的实质性条件。然而，如果当事人按照《2017 年调解法》所规定的条件和程序将国际和解协议转化为法庭命令，则该法庭命令与法院判决的执行力相当，不再适用《2020 年新加坡调解公约法》，只能作为判决加以承认和执行。

在基于国际和解协议的救济方面，《2020 年新加坡调解公约法》第四条给国际和解协议当事人提供的救济选项有以下三方面：第一，向高等法庭（High Court）申请将和解协议记录为法庭命令，以便此后执行和解协议的内容，或者供当事人在和解协议所解决事项的相关诉讼中用以证明该事项已通过调解得到解决。① 第二，在高等法庭或上诉法庭受理的案件中，如果该案件的一方当事人是国际和解协议的当事人，并且诉讼所涉争议是申请人认为已由该和解协议解决了的事项，则国际和解协议的一方当事人可以向该法庭申请援引该协议，以便证明该事项已经得到解决。第三，当事人在《新加坡调解公约》外的现有法律权利和救济得到保留，例如，如果当事人愿意，可以继续依靠合同原则来执行或援引其国际和解协议。

在"调解""商事""国际性"等关键词的定义，申请救济的条件，法院拒绝申请的理由，并行申请或请求等方面，《2020 年新加坡调解公约法》的规定与《新加坡调解公约》保持一致，此处不予赘述。《2020 年新加坡调解公约法》第8 条有关撤销法庭命令的规定值得关注，《新加坡调解公约》未提及此事项。

二、日本

目前，日本尚无统一规范商事调解的立法。调解法律框架的两大支柱为《民事调解法》（《民事調停法》）和《促进使用庭外纠纷解决程序法》（《裁判外纷争解决手续の利用の促进に关する法律》，以下简称《ADR 促进法》）。另有一些关于调解的法律规定散落于《民事调停规则》《民事诉讼法》《外国注册律师法》等法律之中。2023 年 4 月，日本通过了《ADR 促进法》修正案，该修正案

---

① 申请将国际和解协议的内容记录并转化为法庭命令，并不改变其原本的合同属性。并且，和解协议的任何一方当事人仍可基于该国际和解协议向《新加坡调解公约》的其他缔约国申请执行或援引该和解协议。参见 Second Reading Speech by Senior Minister of State for Law，Mr Edwin Tong SC，on Singapore Convention of Mediation Bill ［EB/OL］. ［2024－07－25］. https：//www. mlaw. gov. sg/news/parliamentary－speeches/second-reading-speech-by-senior-minister-of-state-for-law-mr-edwin-tong-sc-on-singapore-convention-of-mediation-bill/.

旨在进一步推广使用非诉纠纷解决程序，建立能够将经认证的纠纷解决程序达成的和解予以强制执行的制度。

2024 年 4 月 1 日，《新加坡调解公约》对日本正式生效。日本为贯彻实施该公约而制定的国内法，即《〈联合国关于调解所产生的国际和解协议公约〉实施法》（《調停による国際的な和解合意に関する国際連合条約の実施に関する法律》）同步施行。

在日本，调解大致分为法院附设调解、行政调解以及民间调解三大类型，商事争议可通过法院附设调解和民间调解得以解决，此处介绍和分析这两类调解及其相关立法。

（一）法院附设调解及相关立法

日本根据《民事调解法》设立了法院附设调解制度，实行调审分立又保持了功能上的互补，称之为"调停"制度。调解是指经设置于法院里的调解委员会的斡旋、调停，使当事人达成解决纠纷合意的程序。① 其属于法院附设的纠纷解决机制，在案件还没有进入到诉讼程序之前进行调解，是审判机关处理民事纠纷的一种非诉讼方式。因此，法院附设调解与法院诉讼是两个相对独立的程序，调停程序由专门的机构调停委员会和专职法官进行，并有专门的程序法律规定。但是，调停程序与诉讼程序作为两个阶段相互衔接，两者有一定的相互关联性，可以认为调停程序是被"嵌入"诉讼程序中间，甚至不妨说调停是纠纷在进入诉讼程序后可以展开的另一种处理进路。②

根据所处理案件类型的不同，法院附设调解可以分为民事调解和家事调解。民事调解可用于解决除家事案件外的所有民事案件（包括商事案件）。家事调解仅处理家事类案件，且适用"调解前置主义"原则，即当事人遇到婚姻家庭纠纷要先申请家事调解，调解不成的才可通过审判来解决。法院附设调解的利用率较高，近年来，民事调解每年的受案量超过 30000 件，家事调解每年的受案量超过 13000 件。③

民事调解的启动程序灵活、简单，应当事人申请或者法院依职权均可启动该程序。任何一方当事人可单方面依据《民事调解法》随时向法院提出调解请求，

① 中村英郎．新民事诉讼法讲义［M］．北京：法律出版社，2001：14.

② 王亚新．对抗与判定——日本民事诉讼的基本结构［M］．北京：清华大学出版社，2002.

③ Haruo Okada. International Mediation in Japan-Establishment of JIMC-Kyoto and Other Latest Developments［EB/OL］．［2024-07-25］．https：//www. moj. go. jp/content/001344256. pdf.

且一方当事人的申请即可满足调解程序的启动条件。如果受到召唤的调解案件当事人无正当理由拒不出席，法院可根据《民事调解法》第 34 条对其处以 5 万日元以下的罚款。如果当事人选择直接起诉而未申请调解，则受理案件的法院可以依据《民事调解法》第 20 条的规定，在其认为适当的情况下依职权将诉讼案件交由调解程序处理，即"交付调解"。在诉讼程序初期，法院无须取得双方当事人的同意即可交付调解，但是在案件争议焦点和证据整理完毕后，若无双方当事人的同意则不得依职权交付调解。

调解员的角色一般由调解委员会来担任。根据《民事调解法》第 5 条至第 9 条的规定，调解委员会由 1 名调解主任和 2 名以上调解委员共同组成，调解主任由地方法院从法官中指定，调解委员则从事先准备的调解委员名单中指定。调解委员并非法院正式人员，由法院从具有 5 年以上执业经验的律师中予以任命。当事人无权选择调解主任和调解委员，但可依法否决被指定的调解委员。例外情况下，如果法院认为适当，可以单独由法官进行调解。

调解结果分为以下三种情况：第一，调解成功。若当事人经调解达成合意，该合意将被记入笔录，该记载与诉讼和解具有同等的法律效力，即在义务人不履行所载义务时权利人可以向法院申请强制执行。对于法院依职权交付调解的，则调解成功视为撤诉。第二，调解失败。如果调解委员会或单独主持调解的法官认为当事人间无达成合意的可能或者达成的合意不适当，并且未作出代替调解的决定，则可以调解失败终结该调解案件。第三，法院作出代替调解的决定。如果当事人间无达成合意的可能，法院认为适当时，可以依据《民事调解法》第 17 条的规定，在听取组成该调解委员会的民事调解委员的意见的基础上，综合考虑公平及其他案件情况，在不违反双方调解请求的限度内，依职权作出解决纠纷的决定。该决定可以命令当事人支付金钱、交付物或进行其他财产性的给付。对于该决定，当事人可以提出异议申请，如果异议申请被驳回或者当事人未在规定期限内提出异议申请，则该决定有效，且与诉讼和解具有同等的法律效力。在调解失败以及法院所作出的代替调解决定因当事人提出有效异议而失效的情况下，申请人自收到相关通知之日起两周内又提起关于调解请求的诉讼时，申请人的调解申请日将被视为起诉日，从而使得调解产生诉讼时效中断的效果。

综上所述，日本的民事调解具有两个鲜明特点：一是当事人意思自治的范围非常有限；二是调解委员会或调解法官在调解程序中的能动性较强。例如，法官可以依职权启动调解程序，当事人不能自主选择调解员，在调解成功无望时法院可以作出代替调解的决定。此外，《民事调解法》第 12 条第 7 款规定调解委员会可依职权调查事实，并可应申请或依职权进行其认为必要的证据调查。

（二）民间调解及相关立法

由于非诉争议解决方式的重要性日益凸显，民间调解成为日本当前现代化争议解决体系的重要组成部分。民间调解的法律依据主要为 2004 年颁布的《ADR 促进法》，该法于 2007 年 4 月 1 日生效，2023 年最新修正。该法涵盖总则、认证争议解决机构的条件、争议解决机构收费、公示、违反认证规则的机构或个人应当如何处罚等。

民间 ADR 机构指具备专门领域的知识并具备根据实际情况迅速解决争议的合适程序的社会团体，其作为公正的第三方在调解的过程中发挥作用，具体包括各地的律师协会、司法代书协会、行政代书协会、医疗纠纷处理委员会以及专门解决交通事故、产品质量、消费者信任等纠纷的行业机构。《ADR 促进法》第 6 条至第 7 条详细列举了民间 ADR 机构取得认证的条件和例外情形。然而，认证并非民间 ADR 机构开展争议解决业务的强制性门槛，未取得认证的调解机构仍可以从事调解业务，但其调解程序及结果的法律效力与认证调解机构的有所不同。

根据《ADR 促进法》第 25 条至第 27 条的规定，经认证的 ADR 机构所开展的调解有中断诉讼时效、中止诉讼程序、免除前置调解三种效果。第一，在经认证的争议解决程序因当事人达成和解无望而被终结时，若当事人在收到终结通知书之日起 1 个月内以相同事由起诉，则争议解决申请提出之日将被视为诉讼提出之日，所以此类调解有中断诉讼时效的效果。第二，在诉讼进行中，如果当事人约定将争议提交经认证的争议解决程序或已开始此类程序，则当事人可共同向法院申请暂停诉讼，管辖法院可以决定将诉讼程序推迟不超过 4 个月的时间，以等待法院外程序的结果，所以此类调解有中止诉讼程序的效果。第三，在家事类以及请求增减地租类依法应当调解前置的案件中，如果当事人已经在起诉前将争议提交给经认证的争议解决程序而该程序因和解不成被终结的，则该争议不必提交诉前调解。例外情况下，如果管辖法院认为合理，仍可以依职权将案件提交调解。

2023 年通过的《ADR 促进法》最新修正案主要明确了"特定和解"的含义及其执行力。特定和解指在经认证的争议解决程序中所达成的和解。为执行特定和解的协议内容，当事人应根据该法第 28 条向法院提交申请（允许用电子方式提交申请），请求法院下达执行令。该法第 29 条列举了不适用特定和解执行条款（第 28 条）的例外情形，主要包括：消费者与经营者之间的合同纠纷相关的特定和解，个人劳动纠纷相关的特定和解，人身和家庭事务（与赡养义务相关的金钱索赔除外）相关的特定和解，以及《〈联合国关于调解所产生的国际和解协议公约〉实施法》下的国际和解协议。总而言之，该修正案为"特定和解"的强制执行力提供了制度性保障。

（三）实施调解公约的立法

《〈联合国关于调解所产生的国际和解协议公约〉实施法》（以下简称《日本实施法》）是日本为实施《新加坡调解公约》而制定的国内法。该法对"调解""国际和解协议"等关键概念的定义、排除适用的情形、申请执行国际和解协议的条件以及拒绝申请的理由、并行申请等事项的规定与公约一致。该法需引起注意的规定有：

第一，该法并不局限于"商事"类争议的国际和解协议。《新加坡调解公约》第 1 条第 1 款将公约的适用范围限定于针对"商事"争议的国际和解协议，公约未对"商事"一词进行定义，但明确排除了"一方当事人（消费者）为个人、家庭或者家居目的进行交易"以及"与家庭法、继承法或者就业法有关"的事项。《日本实施法》涵盖了民事及商事争议，不过该法第 4 条排除适用了针对消费者合同、个人劳动争议、人身及家事争议的国际和解协议。相较而言，《日本实施法》所涵盖的国际和解协议范围可能更为宽泛，至少某些类型的国际和解协议能否适用公约尚有疑问但在日本法下则确定无疑。例如，针对侵权造成的财产损失争议所达成的国际和解协议，毫无疑问可以适用《日本实施法》，是否属于公约意义上的"商事"则有待论证。

第二，该法第 2 条第 3 款对"国际性"的定义包含了"全部或者部分当事人在日本境外拥有住所、主要事务所或营业所，包括全部或者部分当事人的股东（该股东持有已发行且有表决权的股份百分之五十以上，或者持有股权百分之五十以上，或者具备法务省令所规定的同等资质）在日本境外拥有住所、主要事务所或营业所的情形"，比《新加坡调解公约》的范围更为宽泛。[1] 例如，两家主营业地和住所地均在日本的公司将争议提交日本境外的调解机构并最终达成和解协议，并且和解协议下的义务均需在日本履行，则该和解协议并不符合《新加坡

---

① 本章第一节第一部分对此有论述。

调解公约》对国际性的定义，不属于公约意义上的国际和解协议。然而，只要该争议双方或一方的控股股东（需持股 50% 以上）在日本境外拥有住所、主要事务所或营业所，则该和解协议属于《日本实施法》所规定的国际和解协议，从而依据该法得到执行。这一规定显然有助于促进日本的外国投资者选择用调解方式解决商事争议。

第三，该法第 3 条规定其仅适用于国际和解协议的当事人同意可根据《新加坡调解公约》或与执行该公约有关的法律和条例进行民事强制执行的情况。由于《新加坡调解公约》对调解结果所赋予的执行力与大多数国家普通民众对调解的传统认知相差较大，公约第 8 条第 1 款允许缔约国作出保留，将"和解协议当事人已同意适用本公约"作为公约适用的前提。因此，《日本实施法》第 3 条的规定符合公约要求，避免了争议解决结果与当事人预期不一致的情况发生。

第四，该法采取了"间接执行"的模式。有意执行国际和解协议的一方当事人应当以债务人为被申请人，向有管辖权的法院提出执行申请。该法就法院对该申请的排他性管辖权、移送管辖等管辖事项作出了详细规定。受理申请的法院可根据具体情况决定是否开展口头辩论。最终，受理申请的法院应作出书面判决，并在判决中说明国际和解协议的主要文本、当事人和法定代表人以及法院的决定。

总体而言，《日本实施法》在适用范围上的规定非常明确，与现有民事诉讼、庭外调解制度的衔接较为流畅。

三、韩国

根据提供调解服务的部门来划分，韩国的调解主要分为由法院提供的法院附设调解、由各行政机构提供的行政调解，以及由专业调解机构提供的民间调解三类。

（一）法院附设调解及相关立法

法院附设调解又称为"司法型调解"，[①] 分为民事调解和家事调解。与普通诉讼程序相比，民事调解程序更简单、更快捷、成本更低，因此利用率较高。例如，2021 年民事调解案件有 88715 件，家事调解案件有 13502 件。[②]

---

① 金容吉. 韩国调解制度的现状及评价 [J]. 山东科技大学学报（社会科学版），2024，26（1）：32.

② Sae Youn Kim, Joonhak Choi. Mediation in South Korea [J]. Revista Brasileira de Alternative Dispute Resolution，2023，9（1）：146.

法院附设调解的法律依据是 1990 年出台的《民事调解法》，该法 30 余年历经 11 次修订，最新修订于 2020 年，本次修订对法院内主管调解或调解委员会的法官的职权以及调解程序作出了详细规定。另一重要的法律依据是《民事调解规则》，该规则补充规定了调解的程序性事项。此外，一些具体的部门法对特定领域争议的调解作出了规定，例如，《电子金融交易法》《版权法》等。

韩国《民事调解法》第 1 条明确了其立法目的，即"以适当、公平、迅速和有效的方式解决民事纠纷，同时尊重当事人用调解程序自愿和自主解决纠纷的努力"。该规定体现了对调解当事人自愿性和自主性的重视。然而，由于此类调解受法院主导，因此兼具自愿性与强制性的特点。

法院附设调解的启动分为两种情况：第一，因当事人申请调解而启动调解程序。调解申请具有中止消灭时效的效力。然而，如果调解申请人撤回调解申请，或者申请人因未按时到庭而被视为撤回调解申请（《民事调解法》第 31 条第 2 款规定），则除非申请人在申请撤回或被视同撤回后 1 个月内提起诉讼，否则该调解申请不产生中止消灭时效的效力。第二，诉讼案件的受案法院在其认为确有必要时，将案件转入调解程序。根据该法第 6 条的规定，在上诉审判作出判决之前，受案法院都可将案件提交调解。

调解案件由负责调解的法官处理。负责调解的法官可以自行调解，或者让 1 名常任调解委员（常任处理《民事调解法》所规定的调解相关事务的调解委员）或调解委员会进行调解。如果当事人申请由调解委员会进行调解，调解法官应当批准。在诉讼案件中，如果受案法院认为应将该案交付调解，可以选择自行调解。受案法院自行调解的情况下，可以让受命法官或受托法官负责调解，该受命法官或受托法官与调解法官的权限相同。

韩国实行调解委员制，调解委员的任职标准和程序由《调解委员规则》规定。调解委员分为常任调解委员和一般调解委员。常任调解委员的选拔门槛较高，有资格单独主持调解，也有资格担任调解委员会的调解长。调解委员会由 1 名调解长和 2 名以上调解委员组成，调解长可由调解法官、常任调解委员、决定自行调解的诉讼案件合议庭的审判长、受命法官或受托法官担任（详见《民事调解法》第 9 条）。因调解委员具有较强的民间性、亲和性以及专业的广泛性，适于调解多数当事人之间利害关系严重对立的案件，亲属、合伙人等关系密切的人之间发生的情绪对立严重的案件，建筑工程、医疗纠纷等专业领域的案件。

调解程序的终结可分为以下三种情况：第一，调解失败，包括当事人未能达成一致的调解协议以及调解法官认为当事人的协议不适当两种情形。第二，调解成功，则应将当事人协商一致的内容载入调解书，该调解书根据《民事调解法》第 29 条具有与审判和解同等的效力。第三，调解法官做出代替调解的决定，指调解法官对当事人未达成协议的案件或当事人所达成协议的内容不适当的案件，可以依职权考虑当事人的利益或其他所有情况，在不违反申请人申请宗旨的情况下，为公平解决案件而做出决定。如果被申请人未能在听证日期出席调解，调解法官也可在其认为合理的情况下依职权做出代替调解的决定。对于代替调解的决定，当事人可以提出异议，期限为收到载有该决定的文书后两周内。

《民事调解法》对调解程序与诉讼程序的有效衔接进行了妥善的安排，具体情况有四种：第一，诉讼案件的受案法院在其认为确有必要时，可将案件转入调解程序。第二，调解法官因待解决事项不宜调解或者一方申请调解的目的不适当而做出终止调解的决定后，调解当事人向法院起诉，则调解申请日将被视为诉讼提起日。第三，调解失败后，调解当事人向法院起诉，则该诉讼将被视为在调解申请日提起。第四，调解当事人在法定期限内对调解法官代替调解的决定提出异议，则该诉讼将被视为在调解申请日提起。

此外，《民事调解法》对调解保密以及违反保密要求的惩罚、调解信息在后续诉讼中不得被援用也作出了规定。

（二）行政调解及相关立法

韩国的行政调解较为发达，在各行政部门的支持下设立了 60 多个行政调解委员会。[①] 行政调解机构属于特殊法人，具有公益属性，负责处理环境、医疗、消费者权益保护等争议。

行政调解的法律依据多为特定领域的专门立法。例如，《消费者框架法案》规定了消费者争议调解机制，《环境争议调解法》规定了环境类争议调解机制，《金融消费者保护法》规定了消费者为一方当事人的金融类争议调解机制。类似的专门立法还有《住房租赁保护法》《垄断监管与公平贸易法》《互联网地址资源法》等。下文以消费者争议的行政调解机制为例，分析说明韩国的行政调解制度。

《消费者框架法案》要求韩国消费者院设立消费者争议调解委员会，由后者负责消费者争议的行政调解。根据该法第 61 条的规定，消费者争议调解委员会

---

① 深圳市蓝海法律查明和商事调解中心 . 韩国商事调解制度概览［J］. 人民调解，2023（12）：56.

的委员名额上限为 150 人，其中 5 人为全职的常任委员（含主任 1 人），其余委员为兼职。

消费者争议调解程序的期限为 30 天，从调解委员会收到调解申请之日起算，调解委员会有权基于正当理由予以延期。如果在规定期限内调解成功，调解委员会主任应及时通知当事各方调解的内容。当事人有权在收到该通知后 15 日内表示接受或反对调解结果，未及时反对的，视为接受。如果调解当事人均主动接受或者被视同接受了调解结果，则调解委员会应当制作调解书，调解委员会主任和当事人均应当在调解书上签名、盖章或者签名。被视同接受调解结果的，调解书上无须该当事人的签名或盖章。

在法律适用上，消费者争议调解优先适用《消费者框架法案》有关此类调解的特殊规定，该法未加规定的、有关调解委员会运作和调解程序的问题均适用《民事调解法》。

相较于法院附设调解，消费者争议调解的专业性、独立性更强，且有制度性保障，主要体现在以下两方面：第一，调解委员的任职资格保障了调解的专业性。具备担任消费者争议调解委员资格的情形有：在学院、大学或授权研究机构担任或曾经担任相当于或高于副教授的职位，并专研消费者权益相关的领域；担任或曾经担任四级或以上公职人员或公共机构的同等职位，并在涉及消费者权益的任何业务中有实践经验；具备法官、检察官、律师资格；在消费者组织担任或曾经担任执行官；在商业实体或行业协会担任或曾经担任执行官；在涉及消费者权益的业务中具有广泛学识和丰富经验的其他人员。第二，调解委员由公平贸易委员会的主席任命，任期 3 年，任期内不得违反其意愿、以法定理由外的其他理由予以解聘。由于消费者争议调解的专业性和独立性，公众对其认可度逐年提升，近年来该委员会受案数量的显著上升佐证了这一点。2015~2020 年，该委员会的受案量从 3771 件稳步提升至 5265 件。①

（三）民间调解发展动态

民间调解指由私人调解机构或独立调解员提供的调解。目前，韩国尚无针对民间调解的专门立法。

相较于另外两类调解，韩国民间调解的发展较为缓慢，其原因有多方面。首

---

① Consumer Dispute Settlement Commission［EB/OL］.［2024-07-25］. https：//www. kca. go. kr/eng/sub. do? menukey=6025.

先，民间调解缺乏法律依据，不仅无专门立法，甚至存在法律上的阻碍。例如，《律师法》第 109 条规定，不具有律师资格的人为获取金钱或其他利益而提供诉讼或非诉讼案件服务的，将被处以 7 年以下有期徒刑或 5000 万韩元以下罚款，这对民间调解的发展造成了阻碍。其次，韩国的法院附设调解和行政调解并非市场化收费，它们依法收取相对低廉的费用，在费用上比市场化收费的民间调解更具优势。

近年来，韩国对民间调解的重视程度有所提升。首要原因是，随着《新加坡调解公约》的生效，韩国官方开始关注和研究该公约，韩国司法部于 2021 年 3 月启动成立了实施公约的国内立法工作组。① 此外，2022 年韩国 POSCO 能源公司所参与的 10 亿美元级调解案件的成功及公开报道有效提升了专业人士对民间调解和国际调解的关注度。②

目前，一些韩国仲裁机构开设了调解业务。例如，大韩商事仲裁院（KCAB）已为国内争议开设调解服务多年，并与韩国调解协会定期共同开展调解专家培训。2020 年 9 月，韩国国际调解中心（KIMC）成立，该机构对标《新加坡调解公约》为商业伙伴和教育项目提供私人调解服务。

第四节　推动用调解解决 RCEP 区域经贸争端的路径

随着 RCEP 区域经贸往来的日益频繁，区域内商事主体之间的经贸争端有所增加。商事调解国际环境和区域环境的优化，将促使当事人更多地选择调解这种成本低、灵活性高的争端解决方式。在国际层面，《新加坡调解公约》一定程度上为国际和解协议的跨境执行和援引扫清了障碍。然而，RCEP 区域仅新加坡和日本正式加入了该公约，澳大利亚、中国、文莱、老挝、马来西亚、菲律宾、韩国虽已签署，但对批准公约尚存疑虑。特别是，《新加坡调解公约》不要求确认

---

① MOJ Launches Task Force on Domestic Legislation to Implement Singapore Convention on Mediation［EB/OL］.［2024-07-25］. https：//moj. go. kr/bbs/moj_ eng/49/545022/artclView. do.

② Sangchul Kim, Hangil Lee & Hannah Lee. Mediation：South Korean perspectives［EB/OL］.［2024-07-25］. https：//globalarbitrationreview. com/review/the-asia-pacific-arbitration-review/2025/article/mediation-south-korean-perspectives.

调解地和国际和解协议来源地，使得国际和解协议"去国籍化"，加之公约的非互惠性特点，导致缔约方不得不承担更多国际执行义务并承受"案件国际转移"风险。① 在此背景下，商事调解区域环境的优化就显得至关重要。

一、推动区域内国际商事调解整体质量的提高

目前，RCEP 区域内商事调解的质量参差不齐。新加坡、中国香港地区的商事调解起步较早、配套制度比较完善，国际声誉良好。日本、韩国、中国的国际商事调解刚起步不久，其他国家的国际商事调解欠发达。在此背景下，新加坡、日本以外的国家因无国际公约义务，承认和执行其他国家商事调解所达成的纠纷解决协议②的动力不足，顾虑较多，从而较难实现区域内国际和解协议的跨境执行和援引。为此，应协同推进区域内国际商事调解整体质量的提高。

从新加坡、中国香港地区的经验来看，商事调解国内立法的制定和完善固然必不可少，商事调解行业发展的配套制度同样重要。其中，调解员和调解机构认证的区域协调、调解国内立法的更新与现代化，是提高商事调解质量的有效手段，其在区域层面的协同推进较为可行。

（一）调解员和调解机构认证的区域协调

新加坡、中国香港地区的国际商事调解认可度高，与其调解员和调解机构的认证机制不无关系。新加坡《2017 年调解法》第 12 条规定，只有经指定的调解服务提供者或认证调解员所主持的调解所达成的和解协议，才可申请法院记录协议内容并将其制作成法庭命令。这项规定旨在为有强制执行力的调解提供质量上的保障。然而，因为《新加坡调解公约》并不允许缔约国对申请跨境执行或援引的国际和解协议设置任何实质性的条件，第 12 条并不适用于依据公约在新加坡申请执行或援引的国际和解协议。这就造成了新加坡在和解协议执行方面"外松内紧"的尴尬局面。如果能在 RCEP 区域层面形成统一的调解员和调解机构的认证机制，将极大地缓解新加坡的上述困局。

更为重要的是，RCEP 区域内有的国家已建立商事调解员认证机制，有的尚未建立此类机制，商事调解机构的发展水平极不均衡。例如，澳大利亚自 2008 年起建立了"国家调解员认证体系"（National Mediator Accreditation System），但

---

① 许志华. 我国批准《新加坡调解公约》的问题与对策［J］. 中国法律评论，2023（2）：208.
② 下文采纳《新加坡调解公约》的表述，将当事人之间经国际商事调解所达成的纠纷解决协议称为"国际和解协议"。

该体系遭受些许诟病。① 我国的统一调解员认证体系尚未形成。由此导致的结果是，各国的商事调解质量不一，影响了商事调解在社会公众心中的形象。

因此，在 RCEP 区域层面建立统一的调解机构和调解员认证机制，将有助提高区域内商事调解的整体水平，从而促进区域内经贸争议的当事人选择区域内的认证调解机构或认证调解员解决争议。

（二）商事调解国内立法的更新与现代化

从新加坡、中国香港地区的经验来看，商事调解的发展与兴旺离不开调解国内立法的保驾护航。韩国民间调解的发展明显落后于法院附设调解和行政调解，部分原因在于民间调解立法空白而后两类调解有立法的支持。

在这方面，联合国国际贸易法委员会于 2018 年发布的《国际商事调解及调解产生的国际和解协议示范法》可以成为各国调解立法参照的对象。联合国国际贸易法委员会有关国际商事仲裁的示范法已经对商事仲裁国内立法的统一化和现代化产生了积极的影响，② 文莱、柬埔寨、日本、马来西亚、缅甸、菲律宾、韩国、新加坡和泰国等 RCEP 成员的仲裁国内立法均参考了仲裁示范法。由此可推，同样性质的调解示范法在统一 RCEP 成员商事调解国内立法方面也有较大的潜力。

与此同时，RCEP 区域内成员国的立法机关可以定期举行研讨，就本国调解立法及实践所产生的问题、解决尝试及其效果进行交流，以促进区域内调解国内立法整体水平的提高。鉴于新加坡在这方面的经验比较丰富，且政府层面对于推动国际商事调解的发展运用颇为重视，而我国在区域内的经济、文化影响力俱佳，且近年来不断推进多元纠纷解决格局的形成和完善，因此我国可以联合新加坡，牵头推动 RCEP 区域内成员国立法机关定期交流机制的建立和运行。2023 年11 月 1 日公布的《中华人民共和国最高人民法院与新加坡共和国最高法院关于通过诉中调解框架管理"一带一路"倡议背景下国际商事争议的合作谅解备忘录》体现了两国中央政府层面联合促进国际商事争议解决合作的意愿，也是这方面的初步尝试。未来，两国立法机关进行合作，引领和推动 RCEP 区域成员国立法机关定期交流机制的形成也不无可能。

---

① Mandy Zhang. To Certify, or Not Certify: A Comparison of Australia and the U. S. in Achieving National Mediator Certification [J]. Pepperdine Dispute Resolution Law Journal, 2008, 8 (2): 307.

② Edouard Adelus, Judith Knieper. The Impact of UNCITRAL Arbitration and Mediation? [J]. International Business Law Journal, 2020 (4): 425.

二、尝试制定国际和解协议跨境执行与援引的区域协定

联合国主持制定的《新加坡调解公约》所确立的国际和解协议跨境执行与援引机制理论上是可行的，但该公约"去国籍化"和非互惠性的特点使得缔约方不得拒绝调解质量缺乏制度性、体系性保障的国际和解协议，这是不少国家对加入该公约仍有疑虑的重要原因。相同主题的区域协定或许是消除此类疑虑的有效手段，但需要注意以下两点：

第一，制定国际和解协议跨境执行与援引的区域协定的物质基础是 RCEP 区域内国际商事调解整体质量大幅提升，其相关措施本节第一部分已经予以分析。

第二，批判吸收《新加坡调解公约》的制度框架和具体内容。公约所确立的成员国基本义务、拒绝给予救济的理由等是经过广泛讨论并具有一定科学性的，应该予以继承。但是，区域协定应摒弃公约的"去国籍化"和非互惠性特点，其原因有两点。一是只有确定国际和解协议的来源地，才能判断调解程序的质量是否有制度性、体系性的保障（如前文提及的区域调解员认证机制、高水平调解国内立法等）。二是区域协定保持一定的封闭性，设置一定的门槛并无不妥。《纽约公约》坚持互惠性要求，仍取得了巨大的成功，这从一定程度上证明了互惠性要求不会实质性妨碍调解、仲裁类条约的有效实施。

参考文献

［1］ About SIMC ［EB/OL］. ［2024-07-25］. https：//simc. com. sg/about-simc.

［2］ Adeline Chong. Moving towards Harmonization in the Recognition and Enforcement of Foreign Judgment Rules in Asia ［J］. Journal of Private International Law, 2020, 16 (1)：31-68.

［3］ Agreement between Australia and Japan for an Economic Partnership, Chapter 14, Article 14. 19：Review ［EB/OL］. ［2024-04-03］. https：//investmentpolicy. unctad. org/international-investment-agreements/treaty-files/3058/download.

［4］ Agreement between the European Union and Japan for an Economic Partnership, Chapter 21：Dispute Settlement ［EB/OL］. ［2024-05-20］. https：//investmentpolicy. unctad. org/international-investment-agreements/treaty-files/5693/download.

［5］ Agreement between the United States of America, the United Mexican States, and Canada, Chapter 14, Annex 14D, Article 14. D. 5：Conditions and Limitations on Consent ［EB/OL］. ［2024-04-03］. https：//investmentpolicy. unctad. org/international-investment-agreements/treaty-files/6008/download.

［6］ Agreement between the United States of America, the United Mexican States, and Canada, Chapter 14, Article 14. D. 6：Selection of Arbitrators ［EB/OL］. ［2024-03-22］. https：//investmentpolicy. unctad. org/international-investment-agreements/

treaty-files/6008/download.

［7］ Alexander Nadja, Shouyu Chong. Leading the Way for the Recognition and Enforcement of International Mediated Settlement Agreements: The Singapore Convention on Mediation Act 2020 ［J］. Singapore Academy of Law Journal, 2022, 34 （1）: 1-50.

［8］ Alex Mills. The Hague Choice of Court Convention and Cross-Border Commercial Dispute Resolution in Australia and the Asia-Pacific ［J］. Melbourne Journal of International Law, 2017, 18 （1）: 1-15.

［9］ Amin Rasheed Shipping Corp v Kuwait Insurance Co. ［1984］ AC 50.

［10］ Anthea Roberts. Incremental, Systemic, and Paradigmatic Reform of Investor-State Arbitration ［J］. The American Journal of International Law, 2018, 112 （3）: 410-432.

［11］ Anthony Gray. Choice of Law: The Presumption in the Proof of Foreign Law ［J］. UNSW Law Journal, 2008, 31 （1）: 136-157.

［12］ Appellate Body Report on Japan-Taxes on Alcoholic Beverages, WT/DS8/AB/R.

［13］ Appellate Body Report on United States-Standards for Reformulated and Conventional Gasoline, WT/DS2/AB/R.

［14］ Ardavan Arzandeh. Reconsidering the Australian Forum （Non） Conveniens Doctrine ［J］. International and Comparative Law Quarterly, 2016, 65 （2）: 475-492.

［15］ Asia's First Specialized Alternative Dispute Resolution Mechanism for Mediation in the Aviation Industry Set to Take off ［EB/OL］. ［2024-07-25］. https://newsroom. aviator. aero/asias-first-specialized-alternative-dispute-resolution-mechanism-for-mediation-in-the-aviation-industry-set-to-take-off/.

［16］ Australia-Hong Kong Investment Agreement （2019）, Article 24: Submission of a Claim to Arbitration ［EB/OL］. ［2024-05-20］. https://investmentpolicy. unctad. org/international-investment-agreements/treaty-files/5830/download.

［17］ Australia-United States FTA （2004）, Chapter 11, Article 11. 16: Consultations on Investor-State Dispute Settlement ［EB/OL］. ［2024-04-03］. https://investmentpolicy. unctad. org/international-investment-agreements/treaty-files/

2682/download.

　[18] Australia – Uruguay BIT（2019），Article 14：Settlement of disputes between a Party and an investor of the other Party［EB/OL］．［2024 – 05 – 20］．https：//investmentpolicy. unctad. org/international – investment – agreements/treaty – files/5853/download.

　[19] Barton Legum. Visualizing an Appellate System［M］//Federico Ortino，Audley Sheppard，Hugo Warner. Investment Treaty Law：British Institute of International and Comparative Law. London：British Institute of International and Comparative Law，2006：124 – 126.

　[20] Breavington v Godleman［1988］169 CLR 41.

　[21] Brinkerhoff Maritime Drilling Corp v PT Aircast Indonesia［1992］2 SLR（R）345.

　[22] Brooke Guven，Lise Johnson. The Policy Implications of Third – Party Funding in Investor – State Dispute Settlement［R/OL］. Columbia Center on Sustainable Investment Working Paper，2019［2024 – 03 – 14］. https：//scholarship. law. columbia. edu/cgi/viewcontent. cgi? article = 1007&context = sustainable _ investment _ staff-pubs.

　[23] Buttes Gasand Oil Co v Hammer［1982］AC 888.

　[24] Canada – Ukraine Modernized Free Trade Agreement（2023），Article 17. 38：Third Party Funding［EB/OL］.［2024 – 03 – 21］. https：//investmentpolicy. unctad. org/international – investment – agreements/treaty – files/8324/download.

　[25] Céline Todeschini – Marthe. Dispute Settlement Mechanisms under Free Trade Agreements and the WTO：Stakes，Issues and Practical Considerations：A Question of Choice?［J］. Global Trade and Customs Journal，2018（13）．

　[26] Chen L. Will Virtual Hearings Remain in Post – pandemic International Arbitration?［J］. International Journal for the Semiotics of Law，2024：829 – 849.

　[27] Ch. 06 The Conflict of Laws［EB/OL］.［2024 – 07 – 25］. https：//www. singaporelawwatch. sg/About – Singapore – Law/Overview/ch – 06 – the – conflict – of – laws.

　[28] Comprehensive and Progressive Agreement for Trans – Pacific Partnership，Chapter 9：Investment［EB/OL］.［2024 – 03 – 14］. https：//investmentpolicy.

unctad. org/international−investment−agreements/treaty−files/8281/download.

［29］Comprehensive Economic and Trade Agreement（CETA）between Canada of the One Part，and the European Union and its Member States，Annex 29−C：Rules of Procedure for Mediation［EB/OL］．［2024−04−03］．https：//investmentpolicy. unctad. org/international−investment−agreements/treaty−files/3593/download.

［30］Comprehensive Economic and Trade Agreement（CETA）between Canada of the One Part，and the European Union and its Member States，Chapter 8，Article 8. 2：Scope［EB/OL］．［2024−03−29］．https：//investmentpolicy. unctad. org/international−investment−agreements/treaty−files/5380/download.

［31］Comprehensive Economic and Trade Agreement（CETA）between Canada of the One Part，and the European Union and its Member States，Chapter 8［EB/OL］．［2024−03−10］．https：//investmentpolicy. unctad. org/international−investment−agreements/treaty−files/5380/download.

［32］Comprehensive Economic and Trade Agreement（CETA）between Canada of the One Part，and the European Union and its Member States，Chapter Eight，Article 8. 27（4）［EB/OL］．［2024−05−05］．https：//investmentpolicy. unctad. org/international−investment−agreements/treaty−files/5380/download.

［33］Comprehensive Economic and Trade Agreement（CETA）between Canada，of the one part，and the European Union and its Member States，of the Other Part，Article 8. 26：Third Party Funding［EB/OL］．［2024−03−20］．https：//investmentpolicy. unctad. org/international−investment−agreements/treaty−files/5380/download.

［34］Comprehensive Economic and Trade Agreement（CETA）between Canada，of the One Part，and the European Union and its Member States，of the Other Part，Chapter 8，Article 8. 30：Ethics［EB/OL］．［2024−03−10］．https：//investmentpolicy. unctad. org/international−investment−agreements/treaty−files/5380/download.

［35］Consumer Dispute Settlement Commission［EB/OL］．［2024−07−25］．https：//www. kca. go. kr/eng/sub. do? menukey＝6025.

［36］Damberg v Damberg［2001］NSWCA 87.

［37］Daniela C，Leany L. The Non−ratification of Bilateral Investment Treaties in Brazil：A Story of Conflict in a Land of Cooperation［J］. Review of International Political Economy，2015，22（5）：1055−1086.

［38］ Davidson W S W , Rajoo S. The New Malaysian Arbitration Regime 2005 ［J］. Malayan Law Journal Articles，2006a：131-144.

［39］ Dinis Braz Teixeira. Recognition and Enforcement of Annulled Arbitral Awards under the New York Convention ［J］. Indian Journal of Arbitration Law，2019，8（1）：1.

［40］ DNH（BD）. Enforcing Foreign Judgments in Malaysia：Reciprocal Enforcement of Judgments Act 1958 ［EB/OL］.［2024-07-25］. https：//dnh. com. my/enforcing-foreign-judgments-in-malaysia-reciprocal-enforcement-of-judgments-act-1958/.

［41］ Draft text on Investment Protection and Investment Court System in the Transatlantic Trade and Investment Partnership （TTIP）［EB/OL］.［2024-04-15］. https：//ec. europa. eu/commission/presscorner/detail/en/MEMO_ 15_5652.

［42］ Drew，Napier LLC. Legal 500 Country Comparative Guides-Singapore Litigation ［EB/OL］.［2024-07-25］. https：//www. legal500. com/guides/wp-content/uploads/sites/1/2024/07/Singapore-Litigation-1. pdf.

［43］ Ease of Doing Business Rank ［EB/OL］.［2024-06-07］. https：//data. worldbank. org/indicator/IC. BUS. EASE. XQ？end=2019&skipRedirection=true&start=2019&view=bar.

［44］ Edouard Adelus，Judith Knieper. The Impact of UNCITRAL Arbitration and Mediation？［J］. International Business Law Journal，2020（4）：419-432.

［45］ Edward K H Ng. Revisiting International Tort Actions in Hong Kong ［J］. Hong Kong Journal of Legal Studies，2019，13：19-38.

［46］ Eng Liat Kiang v Eng Bak Hern ［1995］2 SLR（R）851.

［47］ EU-New Zealand FTA（2023），Chapter 26：Dispute Settlement ［EB/OL］.［2024-05-20］. https：//investmentpolicy. unctad. org/international-investment-agreements/treaty-files/8382/download；New Zealand-United Kingdom FTA（2022），Chapter 31：Dispute Settlement ［EB/OL］.［2024-05-20］. https：//assets. publishing. service. gov. uk/media/6216194bd3bf7f4f0b29b5e1/uk-new-zealand-free-trade-agreement-chapter-31-dispute-settlement. pdf.

［48］ European Commission Document 52019PC0457：The Functioning of the Appellate Tribunal ［EB/OL］.［2024-03-29］. https：//eur-lex. europa. eu/legal-content/EN/TXT/？qid＝1571043676275&uri＝COM：2019：457：FIN.

［49］European Commission－Press Release：Commission Proposes New Investment Court System for TTIP and other EU Trade and Investment Negotiations ［EB/OL］.［2024－04－15］. https：//ec. europa. eu/commission/presscorner/api/files/document/print/en/ip_15_5651/IP_15_5651_EN. pdf.

［50］EU－Singapore Investment Protection Agreement （2018），Article 3. 8：Third Party Funding ［EB/OL］.［2024－03－20］. https：//investmentpolicy. unctad. org/international－investment－agreements/treaty－files/5714/download.

［51］EU－Viet Nam Investment Protection Agreement （2019），Article 3. 37：Third－Party Funding ［EB/OL］.［2024－03－20］. https：//investmentpolicy. unctad. org/international－investment－agreements/treaty－files/5868/download.

［52］Gao H S. The Investment Chapter in the Regional Comprehensive Economic Partnership：Enhanced Rules without Enforcement Mechanism ［J］. ERIA Discussion Paper Series，2022 （446）：27.

［53］Gareth Hughes，et al. Japan's New Arbitration and Mediation Laws ［EB/OL］. https：//www. debevoise. com/insights/publications/2023/05/japans － new － arbitration－and－mediation－laws#：~：text＝The% 20Mediation% 20Act% 20sets% 20out% 20a% 20mechanism% 20for，law% 20for% 20Japan% E2% 80% 99s% 20future% 20accession%20to%20the%20Convention.

［54］Gaukrodger D，Gordon K. Investor－state Dispute Settlement：A Scoping Paper for the Investment Policy Community ［J］. OECD Publishing，OECD Working Papers on International Investment，2012 （3）：19.

［55］Gwendolyn Gn，Jong Yuh. The Law of Recognition and Enforcement of Arbitration Awards in Singapore ［J］. 14 Sing. L. Rev，1993 （220）.

［56］Haruo Okada. International Mediation in Japan－Establishment of JIMC－Kyoto and Other Latest Developments ［EB/OL］.［2024－07－25］. https：//www. moj. go. jp/content/001344256. pdf.

［57］Huang Renting. A Comparative Law Analysis on Some Recent Developments in the Conflict of Law Rules of Contract in Japan and China ［J］. Japanese Yearbook of International Law，2008 （51）：314－326.

［58］ICSID Annual Report 2023：p22，p24 ［EB/OL］.［2024－06－02］. https：//icsid. worldbank. org/sites/default/files/publications/ICSID _ AR2023 _ ENG-LISH_ web_ spread. pdf.

［59］ICSID Arbitration Rules（2022），Rule 52：Decisions on Costs［EB/OL］. ［2024-05-05］. https：//icsid. worldbank. org/sites/default/files/Arbitration_ Rules. pdf.

［60］ICSID Arbitration Rules 2022，Rule 58：Timing of the Award.

［61］ICSID Arbitrator Declaration，in Effect on 15 February［EB/OL］. ［2024-03-25］. https：//view. officeapps. live. com/op/view. aspx? src = https% 3A% 2F% 2Ficsid. worldbank. org%2Fsites%2Fdefault%2Ffiles%2FICSID_ Arbitrator_ Declaration. docx&wdOrigin = BROWSELINK.

［62］ICSID Convention，Regulations and Rules［EB/OL］. ［2024-03-10］. https：//icsid. worldbank. org/sites/default/files/documents/ICSID_ Convention. pdf.

［63］ICSID Fact-finding Rules（2022），Chapter IV，Rule 12：Sessions and Work of the Committee［EB/OL］. ［2024-04-05］. https：//icsid. worldbank. org/rules-regulations/fact-finding/rules/chapter-iv-conduct-of-the-fact-finding-proceeding.

［64］ICSID Mediation Rules，Rule 2：Mediation Proceedings［EB/OL］. ［2024-04-05］. https：//icsid. worldbank. org/sites/default/files/documents/ICSID _ Mediation. pdf.

［65］ICSID News Releases. Honduras Denounces the ICSID Convention［EB/OL］. ［2024-03-29］. https：//icsid. worldbank. org/news-and-events/communiques/honduras-denounces-icsid-convention.

［66］ICSID Rules and Regulations，in Effect on 10 April 2006［EB/OL］. ［2024-03-10］. https：//icsid. worldbank. org/sites/default/files/ICSID% 20Convention%20English. pdf.

［67］ICSID Rules and Regulations，in Effect on 1 January 2003［EB/OL］. ［2024-03-10］. https：//icsid. worldbank. org/sites/default/files/ICSID_ Conv%20Reg%20Rules_ EN_ 2003. pdf.

［68］ICSID Secretariat. Proposals for Amendment of the ICSID Rules（Working Paper#1，v. 3）［EB/OL］. ［2024-03-29］. https：//icsid. worldbank. org/sites/default/files/publications/WP1_ Amendments_ Vol_3_ WP-updated-9. 17. 18. pdf.

［69］IMF：Coordinated Direct Investment Survey（CDIS）［EB/OL］. ［2024-

06-02］Coordinated Direct Investment Survey-Inward/Outward Direct Investmen-IMF Data.

［70］IMF：World Economic Outlook，April 2024 ［EB/OL］．［2024-06-05］．https：//www. imf. org/en/Publications/WEO/Issues/2024/04/16/world-economic-outlook-april-2024? cid＝ca-com-compd-pubs_ belt.

［71］Indranee Rajah S C. Mediation Moves ［EB/OL］．［2024-07-25］．https：//www. mlaw. gov. sg/files/NoteonMediationAct. pdf.

［72］Initial Draft on the Regulation of Third-party Funding ［EB/OL］．［2024-03-17］．https：//uncitral. un. org/zh/thirdpartyfunding.

［73］Investment Arbitration Rules of the Singapore International Arbitration Centre，1st Edition，2017 ［EB/OL］．［2024-03-20］．https：//siac. org. sg/wp-content/uploads/2022/06/SIAC-Investment-Rules-2017. pdf.

［74］Investment Protection Agreement between the European Union and its Member States，of the One Part，and the Republic of Singapore，of the Other Part，ANNEX 8，Article 3 ［EB/OL］．［2024-03-14］．https：//investmentpolicy. unctad. org/international-investment-agreements/treaty-files/5714/download.

［75］Investment Protection Agreement between the European Union and its Member States，of the One Part，and the Socialist Republic of Viet Nam of the Other Part，Article 3. 46：Transparency of Proceedings ［EB/OL］．［2024-03-14］．https：//investmentpolicy. unctad. org/international-investment-agreements/treaty-files/5868/download.

［76］Iyllyana Che Rosli. International Commercial Arbitration in Malaysia ［J］．Pertanika Journal of Social Science and Humanities，2021：105-117.

［77］Jack J Coe. International Arbitration in Korea ［J］．ICSID Review-Foreign Investment Law Journal，2018：736-742.

［78］Jan P. Moral Hazard in International Dispute Resolution ［J］．ICSID Review-Foreign Investment Law Journal，2010，25 （2）：339-355.

［79］JIMC-SIMC Protocol ［EB/OL］．［2024-07-25］．https：//simc. com. sg/jimc-simc-protocol.

［80］JIO Minerals FZC and others v Mineral Enterprises Ltd. ［2011］ 1 SLR 391 （CA）．

［81］ Karpik v Carnival plc ［2023］ HCA 39.

［82］ Keyes Mary. Foreign Law in Australian Courts：Neilson v Overseas Projects Corporation of Victoria Ltd. ［J］. Torts Law Journal，2007，15：9-33.

［83］ Las Vegas Hilton Corp v Khoo Teng Hock Sunny ［1997］ 1 SLR 341.

［84］ Leggett C，Stewart G. Australia and the System of Arbitration in Singapore ［J］. The Economic and Labour Relations Review，2014：115-129.

［85］ Litigation-Mediation-Litigation Protocol ［EB/OL］. ［2024-07-25］. https：// www. judiciary. gov. sg/docs/default-source/sicc-docs/lml-protocol- （final）. pdf.

［86］ Louise Freeman，Shivani Sanghi. Enforcement of Foreign Judgement 2020 （Fifth Edition） ［M］. London：Global Legal Group，2020：126.

［87］ Low Tuck Kwong v Sukamto Sia ［2014］ 1 SLR 639 （CA）.

［88］ Mandy Zhang. To Certify，or Not Certify：A Comparison of Australia and the U. S. in Achieving National Mediator Certification ［J］. Pepperdine Dispute Resolution Law Journal，2008，8 （2）：307-329.

［89］ Man Yip. The Resolution of Dispute before the Singapore International Commercial Court ［J］. International and Comparative Law Quarterly，2016，65 （2）：439-473.

［90］ Matthew Hodgson，Yarik Kryvoi，Daniel Hrcka. 2021 Empirical Study：Costs，Damages and Duration in Investor-State Arbitration ［J］. BIICL，2021：10-26.

［91］ Mediation Act to Commence from 1 November 2017 ［EB/OL］. ［2024-07-25］. https：//www. mlaw. gov. sg/news/press-releases/mediation-act-to-commence-from-1-november-2017/.

［92］ Mitsuo Matsushita，Thomas J Schoenbaum，Peteros C Mavroidis & Michael Hahn. The World Trade Organization：Law，and Policy ［M］//彭岳. WTO 争端解决报告先例价值之争 ［J］. 法学评论，2019 （6）.

［93］ Model Text for the Indian Bilateral Investment Treaty，Chapter IV，Article14. 3：Exhaustion of Local Remedies，Notice and Consultation ［EB/OL］. ［2024-04-03］. https：//www. mygov. in/sites/default/files/master_ image/Model%20Text%20for%20the%20Indian%20Bilateral%20Investment%20Treaty. pdf.

［94］ MOJ Launches Task Force on Domestic Legislation to Implement Singapore Convention on Mediation ［EB/OL］. ［2024-07-25］. https：//moj. go. kr/bbs/

moj_ eng/49/545022/artclView. do.

［95］ Murakami Takako v Wiryadi Louise Maria ［2007］ 4 SLR 565.

［96］ Neilson v Overseas Projects Corporation of Victoria Ltd. ［2005］ HCA.

［97］ Nitish Monebhurrun. Novelty in International Investment Law: The Brazilian Agreement on Cooperation and Facilitation of Investments as a Different International Investment Agreement Model ［J］. Journal of International Dispute Settlement, 2017, 8 （1）: 79-100.

［98］ Noah Rubins. Judicial Review of Investment Arbitration Awards ［M］ //Federico Ortino, Audley Sheppard, Hugo Warner. Investment Treaty Law: British Institute of International and Comparative Law. London: British Institute of International and Comparative Law, 2006: 75-81.

［99］ Nottage, Luke. International Commercial Arbitration in Australia: What's New and What's Next? ［J］. Journal of International Arbitration, 2013: 190-205.

［100］ Oceanic Sun Line Special Shipping Co Inc v Fay ［1988］ 165 CLR 197.

［101］ Overseas Union Insurance Ltd v Turegum Insurance Co ［2001］ SGHC 147.

［102］ Overview of a Mediation-ICSID Mediation （2022） ［EB/OL］. ［2024-04-05］. https: //icsid. worldbank. org/procedures/mediation/overview/2022.

［103］ Pacific Alliance - Singapore FTA （2022）, Chapter 8, Article 8. 23: Third Party Funding ［EB/OL］. ［2024 - 03 - 20］. https: //investmentpolicy. unctad. org/international-investment-agreements/treaty-files/6439/download.

［104］ Pat Ranald. Suddenly, The World's Biggest Trade Agreement Won't Allow Corporations to Sue Governments ［EB/OL］. ［2024-06-07］. https: //www. bilaterals. org/? suddenly-the-world-s-biggest-trade&lang=en.

［105］ Phillips v Eyre, 6 L. R. Q. B. 1, 28 （1870, Queen's Bench）.

［106］ PT Hutan Domas Raya v Yue Xiu Enterprise （Holdings） Ltd. ［2001］ 1 SLR （R） 104.

［107］ PT Jaya Putra Kundur Indah v Guthrie Overseas Investments Pte Ltd. ［1996］ SGHC 285.

［108］ Queen Mary. 2021 International Arbitration Survey ［Z］. 2021-05-06.

［109］ RCEP, Chapter 17, Article 17. 11: Screening Regime and Dispute Settlement ［EB/OL］. ［2024-06-07］. https: //investmentpolicy. unctad. org/international-investment-agreements/treaty-files/6032/download.

［110］Regie National Des Usines Renault Sa v Zhang ［2002］187 ALR 1 （High Court of Australia）.

［111］Regional Comprehensive Economic Partnership, Chapter 10, Article 10.18: Work Programme ［EB/OL］. ［2024-06-07］. https: //investmentpolicy. unctad. org/international-investment-agreements/treaty-files/6031/download.

［112］Reservations of Belarus ［EB/OL］. ［2024-04-15］. https: //www. singaporeconvention. org/jurisdictions/belarus.

［113］Reservations of Saudi Arabia ［EB/OL］. ［2024-04-15］. https: // www. singaporeconvention. org/jurisdictions/saudi-arabia.

［114］Richard Taylor. Choice-of-Forum provisions in Regional Trade Agreements and Their Implications for International Dispute Resolution and International Law ［J］. Global Trade and Customs Journal, 2008 （3）.

［115］Rickshaw Investments Ltd v Nicolai Baron von Uexkull ［2007］1 SLR 377.

［116］Rosehana Amin. International Jurisdiction Agreements and the Recognition and Enforcement of Judgments in Australian Litigation: Is There a Need for the Hague Convention on Choice of Court Agreements ［J］. Australian International Law Journal, 2010, 17 （1）: 113-132.

［117］Ryuichi Yamakawa. Transnational Dimension of Japanese Labor and Employment Laws: New Choice of Law Rules and Determination of Geographical Reach ［J］. Comparative Labor Law & Policy Journal, 2010, 31 （2）: 347-374.

［118］Sae Youn Kim, Joonhak Choi. Mediation in South Korea ［J］. Revista Brasileira de Alternative Dispute Resolution, 2023, 9 （1）: 145-152.

［119］Sangchul Kim, Hangil Lee & Hannah Lee. Mediation: South Korean Perspectives ［EB/OL］. ［2024-07-25］. https: //globalarbitrationreview. com/review/ the-asia-pacific-arbitration-review/2025/article/mediation-south-korean-perspectives.

［120］SCC Policy: Disclosure of Third Parties with an Interest in the Outcome of the Dispute ［EB/OL］. ［2024-03-14］. https: //sccarbitrationinstitute. se/sites/ default/files/2023-05/scc_policy_disclosure_third_parties_2023. pdf.

［121］Second Reading Speech by Senior Minister of State for Law, Mr Edwin

Tong SC, on Singapore Convention of Mediation Bill [EB/OL]. [2024-07-25]. https: //www. mlaw. gov. sg/news/parliamentary-speeches/second-reading-speech-by-senior-minister-of-state-for-law-mr-edwin-tong-sc-on-singapore-convention-of-mediation-bill/.

[122] Side Instruments Signed by New Zealand and Other Parties [EB/OL]. [2024-05-20]. https: //www. mfat. govt. nz/en/trade/free-trade-agreements/free-trade-agreements-in-force/cptpp/comprehensive-and-progressive-agreement-for-trans-pacific-partnership-text-and-resources#bookmark4.

[123] Siemens AG v Holdrich Investments Ltd [2010] 3 SLR 1007.

[124] Silvia Constain. ISDS Growing Pains and Responsible Adulthood [C] // Jean E. Kalicki, Anna Joubin-Bret. Reshaping the Investor-state Dispute Settlement System: Journeys for the 21st Century. Leiden: Brill Nijhoff, 2015.

[125] Singapore International Commercial Court User Guides [EB/OL]. [2024-07-25]. https: //www. judiciary. gov. sg/docs/default-source/news-and-resources-docs/sicc-user-guides- (as-at-31-dec-2021). pdf? sfvrsn=72096d67_2.

[126] Spiliada Maritime Corp v Cansulex Ltd. [1987] AC 460.

[127] Spiliada Maritime Corp v Cansulex Ltd. [1986] UKHL 10.

[128] Statement by the United States on the Precedential Value of Panel or Appellate Body Reports under the WTO Agreement and DSU [EB/OL]. [2024-07-27]. https: //ustr. gov/sites/default/files/enforcement/DS/Dec18. DSB. Stmt. (Item%204_Precedent). (public). pdf.

[129] Stavros Brekoulakis. The Impact of Third Party Funding on Allocation for Costs and Security for Costs Applications: The ICCA-Queen Mary Task Force Report [EB/OL]. [2024-05-05]. https: //arbitrationblog. kluwerarbitration. com/2016/02/18/the-impact-of-third-party-funding-on-allocation-for-costs-and-security-for-costs-applications-the-icca-queen-mary-task-force-report/.

[130] Sugeng. Legal Protection for Recipients of Foreign Franchise Rights in Indonesia [J]. Indonesia Law Review: Article 1, 2019, 9 (2).

[131] Sun Y, Tu Y. An Introduction to the Japan Commercial Arbitration Association and JCAA Arbitration Rules, Wuhan Zhicheng Times Cultural Development Co., Ltd. Proceedings of 1st International Symposium on Education [A]//Culture and Social

Sciences（ECSS 2019）. Atlantis Press，9（2019）.

［132］ Supreme Court Decision 2012Da23832 Decided May 30，2017： Decision on the Recognition and Enforcement of a Foreign Judgment ［J］//Asian Business Lawyer，2017，20： 199-210. Enforcement of Foreign Judgement 2020（Fifth Edition）. London： Global Legal Group，2020.

［133］ Susan D Franck. The Legitimacy Crisis in Investment Treaty Arbitration： Privatizing Public International Law through Inconsistent Decisions ［J］. Fordham Law Review，2005（73）： 1544-1546.

［134］ Tadashi Kanzaki. Jurisdiction over Consumer Contracts and Individual Labor-Related Civil Disputes ［J］. Japanese Yearbook of International Law，2012，55： 306-322.

［135］ Takashi B，Yamamoto. Japanese Court Jurisdiction over International Cases ［J］. Comparative Law Yearbook of International Business，2008，30： 1-24.

［136］ The United Nations Commission on International Law Working Group Ⅲ： Comments from the Government of the Republic of Korea on the Draft Working Paper on Standing Multilateral Mechanism： Selection and Appointment of ISDS Tribunal Members and Related Matters ［EB/OL］. ［2024-05-20］. https： //uncitral. un. org/ sites/uncitral. un. org/files/media-documents/uncitral/en/uncitral_ wgiii_ comments_ by_ korea. pdf.

［137］ Tiong Min Yeo. The Contractual Basis of the Enforcement of Exclusive and Non-Exclusive Choice of Court Agreements ［J］. Singapore Academy of Law Journal，2005，17（1）： 306-360.

［138］ Tobin J L. The Social Cost of International Investment Agreements： The Case of Cigarette Packaging ［J］. Ethics & International Affairs，2018： 153-167.

［139］ Tokyo High Court，Judgment，October 24，2006，H. T.（1243）131 ［2007］.

［140］ UNCITRAL Rules on Transparency in Treaty-based Investor-State Arbitration ［EB/OL］. ［2024-03-10］. https： //uncitral. un. org/sites/uncitral. un. org/ files/media-documents/uncitral/en/rules-on-transparency-e. pdf.

［141］ United Nations Commission on International Trade Law Working Group Ⅲ： Annex Table 01： FDI inflows，by Region and Economy，1990-2022，Annex Table

02：FDI Outflows, by Region and Economy, 1990 – 2022 ［EB/OL］．［2024 – 06 – 02］．https：//unctad. org/topic/investment/world – investment – report.

［142］ United Nations Commission on International Trade Law Working Group Ⅲ Document A/CN. 9/WG. Ⅲ/WP. 159/Add. 1：Possible Reform of Investor – State Dispute Settlement （ISDS） Submission from the European Union and its Member States ［EB/OL］．［2024 – 04 – 12］．https：//documents. un. org/doc/undoc/ltd/v19/004/ 19/pdf/v1900419. pdf？token = CNHIKS5jpCZ2QBWBSS&fe = true.

［143］ United Nations Commission on International Trade Law Working Group Ⅲ Document A/CN. 9/WG. Ⅲ/WP. 162：Possible Reform of Investor – State Dispute Settlement （ISDS） Submission from the Government of Thailand ［EB/OL］．［2024 – 05 – 20 ］．https：//documents. un. org/doc/undoc/gen/v19/013/91/pdf/v1901391. pdf？ token = TiPD4jf5rel9CUVSzX&fe = true.

［144］ United Nations Commission on International Trade Law Working Group Ⅲ Document A/CN. 9/WG. Ⅲ/WP. 163：Submission from the Governments of Chile, Israel and Japan ［EB/OL］．［2024 – 05 – 20］．https：//documents. un. org/doc/undoc/ltd/v19/015/35/pdf/v1901535. pdf？token = q57hwRk9kNvhTJL0a3&fe = true.

［145］ United Nations Commission on International Trade Law Working Group Ⅲ Document A/CN. 9/WG. Ⅲ/WP. 171：Possible Reform of Investor – State Dispute Settlement （ISDS） Submission from the Government of Brazil ［EB/OL］．［2024 – 05 – 05］． https：//documents. un. org/doc/undoc/ltd/v19/045/74/pdf/v1904574. pdf？token = O izHtiaRMYfhfsUSih&fe = true.

［146］ United Nations Commission on International Trade Law Working Group Ⅲ Document A/CN. 9/WG. Ⅲ/WP. 172：投资人与国家间争端解决（投资争端解决）制度可能进行的改革：第三方出资——可能的解决办法 ［EB/OL］．［2024 – 03 – 17］．https：//documents. un. org/doc/undoc/ltd/v19/083/89/pdf/v1908389. pdf？ token = kPbV3Ww58cgTz7wsVK&fe = true.

［147］ United Nations Commission on International Trade Law Working Group Ⅲ Document A/CN. 9/WG. Ⅲ/WP. 177：Possible Reform of Investor – State Dispute Settlement （ISDS） Submission from the Government of China ［EB/OL］．［2024 – 05 – 20］． https：//documents. un. org/doc/undoc/ltd/v19/073/85/pdf/v1907385. pdf？token = C4iOyiokvB9CJ4nveV&fe = true.

［148］United Nations Commission on International Trade Law Working Group Ⅲ Document A/CN. 9/WG. Ⅲ/WP. 177：Possible Reform of Investor–State Dispute Settlement（ISDS）Submission from the Government of China［EB/OL］.［2024-05-20］. https：//documents. un. org/doc/undoc/ltd/v19/073/86/pdf/v1907386. pdf？token＝BD13soK1CzeFgdyXW3&fe＝true.

［149］United Nations Commission on International Trade Law Working Group Ⅲ Document A/CN. 9/WG. Ⅲ/WP. 179：Submission from the Republic of Korea［EB/OL］.［2024-05-20］. https：//documents. un. org/doc/undoc/ltd/v19/082/56/pdf/v1908256. pdf？token＝9SSlM6t5wcc7IBDl43&fe＝true.

［150］United Nations Commission on International Trade Law Working Group Ⅲ Document A/CN. 9/WG. Ⅲ/WP. 239：Draft Statute of a Standing Mechanism for the Resolution of International Investment Disputes［EB/OL］.［2024-05-20］. https：//documents. un. org/doc/undoc/gen/v24/008/78/pdf/v2400878. pdf？token＝s7jbCnc AsQu32WyMA0&fe＝true.

［151］United Nations Commission on International Trade Law Working Group Ⅲ：Possible Reform of Investor–State Dispute Settlement（ISDS）Appellate Mechanism［EB/OL］.［2024-03-29］. https：//uncitral. un. org/sites/uncitral. un. org/files/media–documents/uncitral/en/wp_224–e. pdf.

［152］United Nations Convention on Transparency in Treaty–based Investor–State Arbitration［EB/OL］.［2024-03-10］. https：//uncitral. un. org/sites/uncitral. un. org/files/media–documents/uncitral/en/transparency–convention–e. pdf.

［153］United Nation Trade and Development（UNCTAD）. World Investment Report 2023［EB/OL］.［2024-03-10］. https：//unctad. org/publication/world–investment–report–2023.

［154］Vinmar Overseas（Singapore）Pte Ltd. v PTT International Trading Pte Ltd［2018］SGCA 65.

［155］World Bank Group Policy Research Working Paper：Shantayanan Devarajan, Delfin S. Go, Csilla Lakatos, Sherman Robinson, Karen Thierfelder. Traders' Dilemma：Developing Countries' Response to Trade Disputes［EB/OL］.［2024-06-07］. https：//documents1. worldbank. org/curated/en/115171541615454756/pdf/WPS8640. pdf.

［156］Yoshimi Ohara, Shota Toda. Gaining Momentum in International Arbitration with New Legislative Updates ［J］. The Asia－Pacific Arbitration Review 2025, 2024（45-57）.

［157］Yuko Nishitani. Treatment of Foreign Law-Dynamics towards Convergence? ［M］. Springer International Publishing AG, 2017.

［158］Yuko Okano. Japanese Court Cases Involving East Asian Citizens and Corporations-Law Applicable to International Transactions with Chinese, Taiwanese, and Korean Parties before Japanese Courts ［J］. Japanese Yearbook of International Law, 2014, 57: 243-286.

［159］Zhao Y. The Singapore Mediation Convention: A Version of the New York Convention for Mediation? ［J］. Journal of Private International Law, 2021: 92-100.

［160］《澳大利亚仲裁法》。

［161］曹建明, 何小勇. 世界贸易组织（第三版）［M］. 北京: 法律出版社, 2011.

［162］陈辉萍. 美国投资者与东道国争端解决机制的晚近发展及其对发展中国家的启示 ［J］. 国际经济法学刊, 2007, 14（3）: 99-124.

［163］陈瑶, 应力. CPTPP 国有企业章节的评价与中国应对 ［J］. 宁波大学学报, 2021, 34（2）: 123-132.

［164］陈咏梅. WTO 法在区域贸易协定解释中的适用探究 ［J］. 现代法学, 2014, 36（4）: 154-163.

［165］丁亚南. 可持续发展视野下的投资者与东道国争端解决机制 ［J］. 天津法学, 2022, 38（3）: 41-50.

［166］董志勇, 李成明. 全球失衡与再平衡: 特征、动因与应对 ［J］. 国外社会科学, 2020（6）: 105-116.

［167］杜涛. 中国批准海牙《选择法院协议公约》的法律问题及对策 ［J］. 武汉大学学报（哲学社会科学版）, 2016, 69（4）: 88-96.

［168］杜新丽. 论外国仲裁裁决在我国的承认与执行——兼论《纽约公约》在中国的适用 ［J］. 比较法研究, 2005（4）.

［169］范存祺, 莫敏. RCEP 与亚太地区重叠式自由贸易区整合 ［J］. 东北亚论坛, 2024, 33（2）: 114-126.

［170］冯硕. 大变局时代的国际仲裁——2021 年国际仲裁调查报告述评

［J］. 商事仲裁与调解，2021（4）.

［171］傅攀峰. 单边仲裁员委任机制的道德困境及其突围——以 Paulsson 的提议为核心［J］. 当代法学，2017，31（3）：119-134.

［172］高燕. 打造国际商事仲裁目的地　加强涉外法律人才队伍建设［J］. 国际法研究，2020（3）.

［173］吴沈洁，肖冰. 国际争端解决机制的司法化困境及其改革进路［J］. 外交评论（外交学院学报），2023，40（5）：128-154.

［174］龚柏华，朱嘉程. ICSID 投资仲裁机制新近改革与中国立场研究［J］. 上海经济，2022（6）：57-73.

［175］龚柏华，朱嘉程. 国际投资仲裁机制的问题与改革建议［J］. 上海法学研究集刊，2019（17）：101.

［176］龚苗，屈文生. 韩国外商投资促进法［C］//华东政法大学，浙江工商大学，华东政法大学.《上海法学研究》集刊，2022（10）：174.

［177］郭华春. 第三方资助国际投资仲裁之滥诉风险与防治［J］. 国际经济法学刊，2014，21（2）：85-97.

［178］郭艳. RCEP 生效推动国际商事争端解决多元化建设［J］. 中国对外贸易，2022（9）.

［179］郭子平. 我国国际商事调解特区立法：问题争议、解决机制及制度贡献［J］. 深圳大学学报（人文社会科学版），2022（4）.

［180］中国对外投资合作发展报告（2022）［EB/OL］.［2024-06-02］. http：//fec. mofcom. gov. cn/article/tzhzcj/tzhz/upload//%E4%B8%AD%E5%9B%BD%E5%AF%B9%E5%A4%96%E6%8A%95%E8%B5%84%E5%90%88%E4%BD%9C%E5%8F%91%E5%B1%95%E6%8A%A5%E5%91%8A%EF%BC%882022%EF%BC%89. pdf.

［181］韩立余. WTO 争端解决中的案例法方法［J］. 现代法学，2008，30（3）：123-133.

［182］胡海龙. 选择法院协议损害赔偿救济的法理基础与实践进路［J］. 法律适用，2022（12）：161-172.

［183］纪文华，黄萃. WTO 与 FTA 争端解决管辖权的竞合与协调［J］. 法学，2006（7）：37-42.

［184］江苏省南京市中级人民法院民事裁定书［Z］.（2016）苏 01 协外认

3 号。

[185] 姜丽丽．论我国仲裁机构的法律属性及其改革方向 [J]．比较法研究，2019（3）．

[186] 蒋慧．RCEP 背景下中国—东盟商事仲裁协同机制研究 [J]．江汉论坛，2021（8）．

[187] 金容吉．韩国调解制度的现状及评价 [J]．山东科技大学学报（社会科学版），2024，26（1）：31-32.

[188] 靳也．投资者—国家争端解决机制改革的路径分化与中国应对策略研究 [J]．河北法学，2021，39（7）：142-158.

[189] 京都国際調停センターについて [EB/OL]．[2024-07-25]．https：//www．jimc-kyoto-jpn．jp/about2/index．php．

[190] 康宁．国际商事仲裁中的区块链应用与监管路径 [J]．北京航空航天大学学报（社会科学版），2021（5）．

[191] 赖震平．我国商事仲裁制度的阙如——以临时仲裁在上海自贸区的试构建为视角 [J]．河北法学，2015（2）．

[192] 黎群．论国际商事仲裁合作机制的构建 [J]．法商研究，2023（3）．

[193] 李海剑，汤丽．试析中国国际商事仲裁的改革和发展 [J]．中共太原市委党校学报，2011（1）．

[194] 李莉．马来西亚经济贸易仲裁制度介评 [J]．中国经贸导刊，2011（13）．

[195] 李诗娴．论 WTO 争端解决机制改革的价值趋向与规则构造：以 RCEP 为参照样本 [J]．暨南学报，2024，46（1）：97-111.

[196] 梁意．论上诉机构存废背景下的 WTO 争端解决机制改革 [J]．法学，2022，493（12）：175-192.

[197] 林惠玲．再平衡视角下条约控制机制对国际投资争端解决的矫正——《投资者国家间争端解决重回母国主义：外交保护回来了吗?》述论 [J]．政法论坛，2021，39（1）：150-160.

[198] 刘斌．全球经济治理体系变革与国际经贸规则重构 [J]．国家治理，2023（21）：34-39.

[199] 刘仁山，黄志慧．国际民商事合同中的默示选法问题研究 [J]．现代法学，2014，36（5）：147-161.

［200］刘笋．国际投资仲裁裁决的不一致性问题及其解决［J］．法商研究，2009，26（6）：139-147.

［201］刘一行．ISDS 改革背景下国际投资调解的困境成因及纾解［J］．商事仲裁与调解，2023（6）：75-78.

［202］吕宁宁，蒋欣．比较视角下的 RCEP 争端解决机制研究［J］．国际法学刊，2023（4）：131-154.

［203］欧阳媛．国际法治反腐经验及其启示［J］．人民检察，2013（20）．

［204］彭岳．WTO 争端解决报告先例价值之争［J］．法学评论，2019，37（6）：84-97.

［205］彭岳．数字丝绸之路跨国法律秩序的建构与完善［J］．中国法学，2024（3）：124-143.

［206］漆彤．投资争端解决机制现代化改革的重要里程碑——评 2022 年 IC-SID 新规则［J］．国际经济评论，2023（3）：51-67.

［207］漆彤，胡安琪．论投资争端预防的巴西范式及其借鉴［J］．武汉理工大学学报（社会科学版），2021，34（6）：77-85.

［208］全毅．CPTPP 与 RCEP 协定框架及其规则比较［J］．福建论坛（人文社科版），2022（5）：53-65.

［209］《日本民事诉讼法》。

［210］《日本商事仲裁协会商事仲裁规则》。

［211］山东省德州市中级人民法院民事裁定书［Z］．（2018）鲁 14 协外认 1 号。

［212］商务部．中华人民共和国政府和坦桑尼亚联合共和国政府关于促进和相互保护投资协定［EB/OL］．［2024-04-03］．http：//tfs. mofcom. gov. cn/article/Nocategory/201111/20111107819474. shtml.

［213］申琛．新加坡商事调解制度化及国际化路径研究——以《新加坡公约》的实施为背景［J］．国际商务研究，2024，45（2）：65-76.

［214］深圳市蓝海法律查明和商事调解中心．韩国商事调解制度概览［J］．人民调解，2023（12）：56-58.

［215］沈伟．我国仲裁司法审查制度的规范分析——缘起、演进、机理和缺陷［J］．法学论坛，2019（1）．

［216］石现明．新加坡国际国内商事仲裁制度比较研究［J］．东南亚纵横，

2011（4）．

［217］史晓丽．区域贸易协定争端解决机制追踪的"场所选择条款"探析［J］．政法论坛，2008，26（2）：106-113．

［218］孙志煜．"规则导向"的理论疏解：以区域贸易协定争端解决机制为例［J］．暨南学报（哲学社会科学版），2017，39（7）：93-101．

［219］唐塞潇．国际商事仲裁早期处置机制的价值平衡和制度构建［J］．武大国际法评论，2019（2）．

［220］唐妍彦．巴西国际投资争端解决模式改革及对中国的启示［J］．拉丁美洲研究，2021，43（2）：64-85．

［221］王缉思，贾庆国，唐永胜，等．美国战略探析与中美关系前景展望［J］．国际经济评论，2024（2）：9-49．

［222］王晓杰．第三方资助国际投资仲裁费用担保问题探究［J］．商事仲裁与调解，2023（4）：38-53．

［223］王亚新．对抗与判定——日本民事诉讼的基本结构［M］．北京：清华大学出版社，2002．

［224］王彦志，范冰仪．意思自治原则在国际商事法庭中的运用［J］．东北师大学报（哲学社会科学版），2022（1）．

［225］魏丹，唐妍彦．从国际投资规则的旁观者到引领者——巴西 CFIA 模式研究［J］．武大国际法评论，2019（5）：63-83．

［226］魏沁怡．互联网背景下在线仲裁的适用机制研究［J］．河南社会科学，2020（7）．

［227］吴心伯．论中美战略竞争［J］．世界经济与政治，2020（5）：96-130．

［228］习近平在第三届"一带一路"国际合作高峰论坛开幕式上的主旨演讲［EB/OL］．［2024-06-07］．http：//w8ww. mofcom. gov. cn/article/syxwfb/202310/20231003446760. shtml．

［229］《香港国际仲裁中心仲裁规则（2024 版）》。

［230］《新加坡国际仲裁法》（International Arbitration Act）。

［231］《新加坡国际仲裁中心报告（2021 年）》，2022 年 4 月 17 日。

［232］《新加坡国际仲裁中心仲裁规则（2016 版）》。

［233］徐树，陈雪雯．国际投资仲裁中第三方资助的披露规则研究［J］．国际法学刊，2020（3）：113-139．

［234］徐占忱. 共建"一带一路"为全球发展开辟新空间［EB/OL］.［2024-06-05］. http：//theory. people. com. cn/n1/2024/0516/c40531-40237035. html.

［235］许军珂.《新加坡调解公约》框架下国际商事和解协议效力问题研究［J］. 商事仲裁与调解，2020（3）：3-15.

［236］许志华. 我国批准《新加坡调解公约》的问题与对策［J］. 中国法律评论，2023（2）：204-217.

［237］杨国华. 论 RCEP 与 WTO 规则的关系［J］. 国际商务研究，2021，42（5）：3-10.

［238］殷敏，葛琛. RCEP 竞争政策争端解决规则的困境及中国应对［J］. 竞争政策研究，2022（4）：5-16.

［239］于占洋. ISDS 改革视野下国际多边投资争端解决中心的构建方案及实施路径［J］. 法学前沿，2023（4）：237.

［240］曾令良. 从"中美出版物市场准入案"上诉机构裁决看条约解释的新趋势［J］. 法学，2010（8）：12-17.

［241］张励，黎亚洲. RCEP 成员国的认知差异及其影响［J］. 现代国际关系，2024（1）：101-118.

［242］张玉卿. WTO 争端解决机制的优势与不足［EB/OL］.［2024-07-28］. https：//finance. sina. cn/sa/2012-01-16/detail-ikftpnnx8472782. d. html？from＝wap.

［243］赵维田. 世界组织的法律制度［M］. 吉林：吉林出版社，2000.

［244］赵玉意，董子晖. RCEP 投资争端解决机制的选项及中国的政策选择［J］. 国际贸易，2022（8）：79-88.

［245］中村英郎. 新民事诉讼法讲义［M］. 北京：法律出版社，2001.

［246］中国国际经济贸易仲裁委员会. 中国国际商事仲裁年度报告（2020-2021）［Z］. 2021-09-13.

［247］《中国国际贸易仲裁委员会仲裁规则（2023 版）》。

［248］中国自由贸易区服务网：商务部谈区域贸易协定与 WTO 的关系：两个轮子相互促进［EB/OL］.［2024-05-25］. http：//fta. mofcom. gov. cn/article/fzdongtai/202110/46017_1. html.

［249］中华人民共和国人民政府网. 如何深入实施国有企业改革深化提升行动（政策问答·2024 年中国经济这么干）［EB/OL］.［2024-06-12］. https：//www. gov. cn/zhengce/202402/content_6929982. htm.

［250］中华人民共和国商务部，国家统计局，国家外汇管理局．2022 年度中国对外直接投资统计公报［EB/OL］．［2024-06-02］．http：//images. mofcom. gov. cn/fec/202310/20231030091915777. pdf.

［251］中华人民共和国商务部．中国外资统计公报 2023［EB/OL］．［2024-06-02］．http：//images. mofcom. gov. cn/wzs/202310/20231010105622259. pdf.

［252］钟立国．RCEP 竞争政策条款研究［J］．竞争政策研究，2021（1）：31-39.

［253］钟立国．论区域贸易协定争端解决机制的模式及其选择［J］．法学评论，2012，30（3）：57-64.

［254］钟立国．自由贸易协定竞争政策研究［M］．北京：法律出版社，2023.

［255］朱德沛．论国际商事仲裁的仲裁员国籍规则［J］．国际商务研究，2024（2）．